이 책을 먼저 읽어 본 이들의 후기

완주를 꿈꾸는 이들에게 확실한 이정표가 되어 줄 책이다. 국가대표 선수로, 러닝 문화 확산을 이끌었던 코치로 오랫동안 활동했던 세 명의 저자가 그들 경험과 노하우를 이 책에 아낌없이 쏟아냈다.

— 황영조(국민체육진흥공단 마라톤팀 감독, 1992년 바르셀로나 올림픽 남자 마라톤 금메달리스트)

달리기의 시대다. 나에게 달리기는 회복과 명상의 시간이자 집필의 영감을 얻거나 새로운 계획을 구상하는 공간이다. 《러닝&마라톤 무작정 따라하기》는 나와 같은 사람들에게 적합한, 달리기의 즐거움을 오래 지속하려면 어떻게 달려야 하는지 알려 주는 안내서다. 자칫 놓치기 쉬운, 그러나 꼭 알아야 할 핵심들을 보기 좋게 정리해 설명한다.
달리기를 소개하는 여타 다른 콘텐츠에는 자극적인 섬네일과 험악한 경고들이 넘쳐나지만, 이 책은 차분하고 담백하게 달리기의 본질과 실천법을 전한다. 언제 어느 때 꺼내 볼 수 있는 교과서적인 콘텐츠로 독보적이다.

— 정희원(서울아산병원 노년내과 교수, 《저속노화 마인드셋》 저자)

현대인들은 누구나 질병 없이 건강하게 오래 살기를 원한다. 운동은 최상의 보약이며 예방 의학이다. 이 책은 부상을 예방하고 효율적인 러닝의 길라잡이로 기본 원리를 쉽고 명확하게 설명한다. 효율적인 러닝을 하고자 하는 사람에게 운동 방법, 시간, 빈도, 강도, 주의 사항 등 알기 쉽게 설명한 책으로, 지금 운동을 시작하려고 하는 초보자부터 상당한 수준에 있는 마라토너까지 활용할 수 있는 '러닝의 정석'과 같은 책이다.

— 김복주(한국체육대학교 중장거리부 교수, 1986년 서울 아시안게임 800m 금메달리스트)

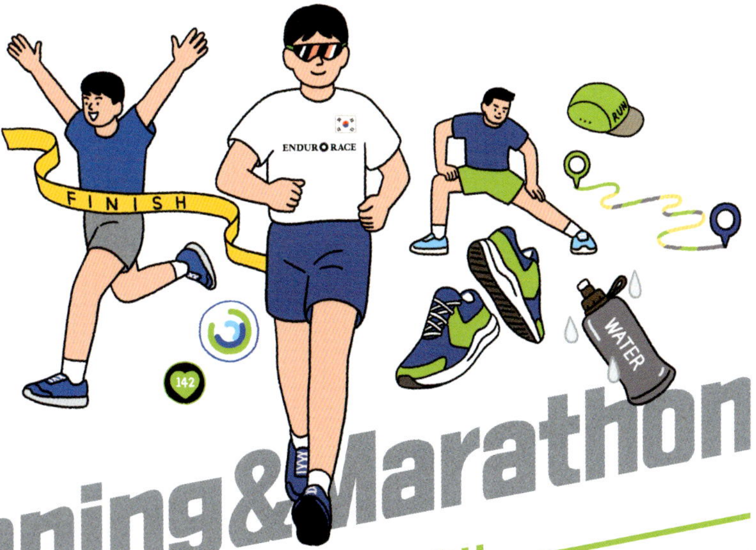

Running&Marathon

800m부터 마라톤까지 대한민국 국가대표 출신
코치가 알려주는 러닝 완벽 가이드

러닝 & 마라톤 무작정 따라하기

김병현
문보성
배성훈
(엔듀로레이스) 지음

길벗

서문

첫 발을 내딛는 당신에게

처음 러닝화를 신었던 열 살, 그 시절엔 그저 빨리 달리는 것이 전부인 줄 알았습니다. 육상 트랙에 처음 섰을 때만 해도 러닝이 이렇게나 깊고 넓은 세계로 이어질 줄은 몰랐습니다. 그저 앞서고 싶은 열망에 달려왔지만, 러닝은 생각보다 복잡했습니다. 치열한 훈련과 수많은 경기를 거치며 우리는 러닝이 단순한 '운동'을 넘어 삶에 깊은 가치를 전해 준다는 사실을 깨달았습니다.

《러닝&마라톤 무작정 따라하기》를 집필하며 저희는 다시 초심으로 돌아가 모든 러너에게 진심 어린 조언과 실질적인 지침을 전하고자 했습니다. 이 책이 단순한 훈련 가이드북을 넘어, 초급 러너부터 전문 선수까지 건강하고 바르게 달릴 수 있도록 돕는 든든한 동반자가 되는 것을 목표로 삼았습니다.

최근 러닝을 시작하는 분들이 많아졌지요. 많은 사람들이 러닝을 일상에서 자신을 돌보는 방법으로 삼고 즐기고 있습니다. 모든 러너가 그 즐거움을 오래도록 이어가면 좋겠지만, 갑작스러운 부상과 누적된 피로, 체력의 한계 등으로 러닝을 그만두는 이들도 적지 않습니다. 당장 문밖으로 나가기만 하면 시작할 수 있는 러닝이지만, 사실 그 즐거움과 성취를 오래도록 누리기 위해서는 몇 가지 준비가 필요합니다. 이 책은 모든 러너가 부상 없이 오래도록 러닝을 즐기기 위해 꼭 알아야 할 거의 모든 내용을 담았습니다. 구체적으로는 올바른 자세와 호흡법, 장비 선택법, 부상 예방법, 회복법, 영양과 멘탈 관리법까지 다룹니다.

그뿐만 아니라 기록을 갱신하며 자신의 한계에 도전하는 러너들을 위한 내용도 수록했습니다. 이들에게는 무엇보다 같은 에너지로 더 빠르고 더 오래 달릴 수 있는 '효율적인 달리기'가 필요합니다. VO_2max(최대산소섭취량), 환기역치(VT), 러닝 이코노미(RE) 등 과학적인 원리에 대한 설명과, 국가대표 선수로서의 경험을 바탕으로 제시하는 훈련 프로그램은 이들에게 확실한 도움이 될 것입니다.

러닝은 우리 몸의 심장, 폐, 근육을 유기적으로 연결하는 과정 속에서 나 자신을 이해하고 발견하게 만듭니다. 러너로서의 여정에는 고된 순간도 있고 포기하고 싶은 날도 있지만, 그만큼의 성취와 회복도 있습니다. 이 책이 여러분이 더 나은 자신을 만들어가는 여정에 도움이 되기를 바랍니다.

차례

서문 첫 발을 내딛는 당신에게 · 6
이 책의 활용법 · 14
러닝 필수 용어 · 16

PART 1
러닝의 기초

첫째 마당 효율적인 러닝을 위한 자세와 기술

01 시선 · 27
올바른 시선이 러닝 자세를 결정한다 | 적절한 시선 처리법

02 호흡 · 31
호흡, 자연스럽게 그리고 전략적으로 | 러닝 페이스에 따라 달라지는 호흡

03 팔치기 · 33
효율적인 추진력을 만드는 기술

04 하체 · 35
이상적인 하체 정렬이 추진력을 만든다 | 하체 움직임의 핵심은?

05 착지 · 38
부드럽게 그리고 자연스럽게 | 착지의 종류 | 어떤 착지가 더 좋을까? | 추천하는 착지법

심화학습 | 러닝 자세를 분석하는 가장 효과적인 방법 · 43

둘째 마당 안정적인 페이스를 만드는 호흡과 리듬

06 호흡과 케이던스 · 48
케이던스란? | 조화롭게 연결되는 호흡과 케이던스 | 리듬과 케이던스 그리고 착지의 연결성

07 나만의 러닝 리듬을 찾는 법 · 52
편안한 호흡과 자연스러운 페이스가 리듬 찾기의 핵심 | 러닝 리듬을 찾기 위한 3가지 포인트 | 숙련된 러너를 위한 리듬 찾기

셋째 마당 쾌적한 달리기를 위한 장비와 준비물

08 러닝화 선택하기 · 60
나에게 맞는 러닝화를 찾아보자 | 1단계 자신의 발 모양 체크하기 | 2단계 착지 주법의 유형 체크하기 | 3단계 러닝화 매장에서 테스트하기

09 러닝 의류 선택하기 · 67
날씨와 계절에 따라 어떻게 선택해야 할까? | 의류 핏은 어떻게 선택하면 좋을까?

10 스포츠워치 및 기타 장비 선택 요령 · 74
스포츠워치, 러닝 숙련도에 따라 선택하라 | 무엇보다 내가 필요로 하는 기능이 있는지가 중요

넷째 마당 러닝 퍼포먼스 향상을 위해 알아야 할 3대 지표

11 러너가 알아야 할 3대 지표 · 80

12 VO₂max: 호흡과 페이스 조절의 과학 · 82
VO_2max란? | VO_2max가 중요한 이유 | VO_2max 측정 방법 | VO_2max를 향상시키는 방법

심화학습 | 러너라면 한 번은 CPET를 받아 보세요 · 92

심화학습 | 에너지 대사량을 결정하는 호흡교환율(RER)의 이해 · 94

13 환기역치(VT): 호흡을 넘어 피로를 지배하라 · 98
환기역치(VT)란? | 환기역치를 파악하는 방법: LT 검사 vs. CPET | 전문 검사 없이 환기역치의 추세를 가늠하는 방법 | 러닝에서 환기역치는 왜 중요할까? | 환기역치를 향상시키는 방법

심화학습 | 젖산의 재발견: 러닝과 젖산의 관계 · 107

14 러닝 이코노미: 적은 힘으로 멀리 가는 원동력 · 112

러닝 이코노미란? | 러닝 이코노미가 왜 중요할까? | 러닝 이코노미를 확인하는 방법 | 러닝 이코노미를 향상시키는 방법

심화학습 | 러닝에 대해 잘못 알려진 상식 10 · 117

PART 2

실전! 러닝

다섯째 마당 러닝 훈련의 종류

15 조깅: 달리기의 첫걸음 · 124

조깅이란 | 수준별 조깅 방법

16 심박수 트레이닝: 모든 러너가 쉽게 즐긴다 · 128

쉽게 따라할 수 있지만 아쉬움이 큰 심박수 트레이닝 | 심박수 트레이닝의 원리 | 심박수 트레이닝 설계를 위한 3가지 방식 | 심박수 기반 트레이닝의 장단점

17 LSD 트레이닝: 오래 지치지 않고 달리기 · 133

LSD 트레이닝이란? | LSD 트레이닝의 생리학적 효과 | 수준별 LSD 훈련법 | LSD 트레이닝 시 주의사항 | 현재 상태에 맞게 무리하지 않고 점진적으로 훈련 강도를 높이자

18 파틀렉 트레이닝: 속도에 리듬을 타다 · 140

파틀렉 트레이닝이란? | 파틀렉 트레이닝, 어떻게 할까? | 수준별 파틀렉 훈련법 | 마라톤 완주를 위한 파틀렉 트레이닝

19 인터벌 트레이닝: 빠르게, 더 빠르게 달리기 위해 · 146

인터벌 트레이닝이란? | 수준별 인터벌 훈련법 | 인터벌 트레이닝 시 주의사항

20 지속주 트레이닝: 멈추지 않고 달리는 힘 · 151

지속주 트레이닝이란? | 수준별 지속주 훈련법 | 지속주 트레이닝 시 주의사항

21 템포런 트레이닝: 기록 단축의 열쇠 · 155

템포런 트레이닝이란? | 수준별 템포런 훈련법 | 템포런 트레이닝 시 주의사항

심화학습 | 고지대 트레이닝 · 160

심화학습 | 이것만은 기억하세요 1 트레이닝 종류와 비교 · 164

심화학습 | 이것만은 기억하세요 2 트레이닝 전후 워밍업과 쿨다운 방법 · 165

여섯째 마당   목표별 훈련 프로그램

22 러닝 훈련 설계의 핵심 · 167
러닝 훈련의 5가지 원칙
심화학습 | 본격적인 훈련 전, 반드시 3가지를 준비하세요 · 172

23 러닝 입문자를 위한 6주 훈련 프로그램 · 176
체력 향상과 러닝 습관을 만드는 6주 훈련 프로그램의 포인트 | 6주 훈련은 이렇게 진행된다 | '러닝'을 몸에 익힌다는 가벼운 마음으로 | 6주 훈련 계획표

24 10km 완주를 위한 8주 훈련 프로그램 · 181
초중급 러너를 위한 8주 훈련 프로그램의 포인트 | 8주 훈련은 이렇게 진행된다 | 패턴만 익히면 훈련 진행이 수월해진다 | 목표별 8주 훈련 계획표

25 하프 마라톤 완주를 위한 10주 훈련 프로그램 · 189
중급 러너를 위한 10주 훈련 프로그램의 포인트 | 10주 훈련은 이렇게 진행된다 | 목표별 10주 훈련 계획표

26 풀코스 마라톤 완주를 위한 12주 훈련 프로그램 · 202
고급 러너를 위한 12주 훈련 프로그램의 포인트 | 12주 훈련은 이렇게 진행된다 | 목표별 12주 훈련 계획표
심화학습 | 트레드밀을 활용해 체계적인 러닝 훈련을 할 수 없을까요? · 216
심화학습 | 실전! 수준별 트레드밀 훈련법 · 220

PART 3
레벨업 러닝

일곱째 마당   러닝 보강 운동

27 러닝 퍼포먼스의 숨은 비밀 · 225
러닝 속도와 보강운동의 관계 | 보강 운동의 종류

28 달리기에 꼭 필요한 전신 코어 강화 운동 · 230
러너에게 코어 운동이 중요한 이유 | 전신 코어 운동 8가지 | ① 푸시업 | ② 시티드 피치 | ③ 싯업 | ④ 플랭크 힙 드롭 | ⑤ 슈퍼맨 | ⑥ 글루트 브릿지 | ⑦ 스쿼트 | ⑧ 카프레이즈 | 전신 코어 운동이 러닝에 미치는 긍정적인 영향

29 러닝 감각을 향상시키는 밸런스 운동 · 240
러너에게 밸런스 운동이 중요한 이유 | 러너들에게 추천하는 밸런스 운동 6가지 | ① 티 밸런스 | ② 러닝 밸런스 | ③ 러닝 밸런스 점프 | ④ 러닝 밸런스 리듬 | ⑤ 러닝 밸런스 프론트 점프(양발) | ⑥ 러닝 밸런스 프론트 점프(외발)

30 부상 방지와 회복의 열쇠, 유연성 운동과 스트레칭 · 248
스트레칭, 왜 중요할까? | 스트레칭의 종류와 운동법 | ① 동적 스트레칭 | ② 정적 스트레칭 | ③ 수동적 스트레칭 | ④ 능동적 스트레칭 | 운동 강도별 스트레칭 방법 | 잘못된 스트레칭과 주의사항

31 러닝 자세 교정을 위한 소도구 활용 보강 운동 · 269
맨몸 보강 운동과 장비(미니허들) 보강 운동, 이렇게 다르다 | 초보 러너에게 추천하는 미니허들 운동

32 크로스 트레이닝 · 272
추천하는 크로스 트레이닝

심화학습 | 이어서 진행해 보세요! 추가 보강 운동 6가지 · 275
 – ① 복합저항성 운동 ② 계단 운동 ③ 서킷 트레이닝 ④ 피치 운동 ⑤ 스킵 운동 ⑥ 리듬 운동

여덟째 마당 부상 예방과 컨디셔닝

33 러너들이 흔히 겪는 부상들 · 293
다시 달리기 위한 준비 | 러너들이 흔히 겪는 부상들

34 부상 극복과 회복을 위한 6단계 · 298
1단계 초기 응급 관리: 염증 완화와 통증 억제 | 2단계 통증 관리: 온열 요법 | 3단계 재활 운동 시작: 근력과 유연성 회복 | 4단계 자세와 움직임 교정: 부상 원인 점검과 개선 | 5단계 단계적 복귀: 점진적 훈련 재개 | 6단계 정신적 회복과 자신감 회복

심화학습 | 부상 극복을 위한 6가지 마음가짐 전략 · 303

35 러너를 위한 최적의 회복 전략 · 306
진정한 회복이란? | 저강도 훈련 후 최적의 회복법 | 중·고강도 훈련 후 최적의 회복법

36 근육 회복의 핵심, 마사지와 폼롤링 · 312
러닝 후 신체에서 일어나는 변화 | 혈액 순환을 돕는 가장 강력한 회복 전략 | 마사지 도구 활용법

37 부위별 마사지 포인트와 관리 요령 · 320
발바닥 | 발목 | 무릎 | 장경인대

아홉째 마당 영양과 식단

38 러너를 위한 기초 영양학 · 334
에너지는 어디에서 올까? | 탄수화물 | 지방 | 단백질 | 러닝 중 우리 몸은 어떻게 에너지를 만들까? | 영양 전략 | 러닝 퍼포먼스를 위한 에너지 시스템 활용법

39 대회 전 탄수화물 로딩 방법 · 344
탄수화물 로딩이란? | 엘리트 마라톤 선수들의 탄수화물 로딩 전략 | 마스터즈 러너의 식이요법

40 러너에게 좋은 보충제 · 351
보충제! 언제, 무엇을, 어떻게 섭취해야 할까? | 보충제 과다 섭취 시 발생할 수 있는 주요 부작용 | 보충제 섭취 시 기억할 점

열 번째 마당 멘탈 관리

41 목표 설정과 동기부여 · 358
SMART 목표 설정 | 동기부여를 지속하는 방법 | 러닝을 습관으로 만드는 실천 전략 | 목표 달성을 위한 멘탈 관리법

42 스트레스 관리와 집중력 향상 · 364
러닝 중 스트레스 관리가 중요한 이유 | 집중력을 높이는 러닝 훈련

43 경기 전 긴장 완화법 · 368
대회 전날: 긴장을 줄이는 컨디션 조절법 | 경기 당일: 출발선에서 긴장을 컨트롤하는 방법

44 멘탈 강화를 위한 훈련법 · 374
훈련의 완성은 '멘탈' | 훈련 후 멘탈 강화법: '포기하고 싶은 순간'을 대비하라 | 경기 중 멘탈 강화법: '30킬로미터의 벽'을 넘는 법 | 경기 후 멘탈 유지법: 완주 후 목표를 다시 설정하라

부록 데이터 기반 러닝이란? · 380
부록 추천 앱과 장비 · 383
부록 대표적인 마라톤 대회 · 385
부록 러닝 커뮤니티 정보 · 389

엔듀로레이스 소개 · 391
참고문헌 · 392

이 책의 활용법

이 책은 크게 7개의 주제로 구성되어 있습니다. 러닝은 단순히 달리기만 반복하는 것이 아니라, 과학적 원리와 체계적인 훈련이 뒷받침될 때 비로소 꾸준한 발전을 이룰 수 있는 운동입니다.

러닝의 기본 원리부터 구체적인 훈련 방법 그리고 심리적인 준비까지 포괄적으로 다루고 있으니 자신의 실력을 객관적으로 파악하고, 목표에 맞춰 단계적으로 성장하는 것을 목표로 활용하시기 바랍니다.

러닝의 첫걸음, 기초 다지기

러닝을 시작할 때 반드시 알아야 할 기본적인 이론과 자세, 장비 선택법 등을 다룹니다. 특히 초보 러너가 놓치기 쉬운 올바른 자세와 장비 선택에 중점을 두었습니다. 러닝의 첫걸음을 안전하고 효과적으로 시작할 수 있는 노하우를 첫째 마당~셋째 마당에서 만나 보세요.

내 몸을 이해하고, 훈련 목표 설정하기

개인의 유산소 능력을 진단하고 목표에 맞는 훈련법을 제시합니다. 넷째 마당 '러닝 업그레이드 3대 지표'에서는 VO_2max(최대산소섭취량), 환기역치(VT, Ventilatory Threshold), 러닝 이코노미(RE, Running Economy)를 소개하고 이를 활용해 자신의 상태를 점검하는 방법을 안내합니다. 이 장은 심폐 능력을 중심으로 보다 과학적이고 체계적인 훈련을 위한 기반이 됩니다.

러닝 기술과 훈련법 익히기

러닝을 잘하기 위해서는 단순히 오래 달리는 것이 아니라 체계적인 기술과 훈련이 필요합니다. 다섯째 마당에서는 지구력과 페이스 유지 능력을 향상시키기 위한 템포런, 지속주, 인터벌 훈련 등을 소개합니다. 초보자는 기본 개념부터 익히고, 점차 난이도를 높이며 적용해 보시기 바랍니다.

훈련 계획 세우기와 목표 달성 전략

러닝 훈련 목표를 설정하고 체계적으로 계획하는 것은 실력 향상의 핵심입니다. 여섯째 마당에서는 주간 및 월간 훈련 계획 수립법과 거리별 훈련 구성 방법을 안내합니다. 초보 러너부터 숙련된 러너까지 수준에 맞춰 훈련을 설계할 수 있도록 구성했습니다.

부상 예방과 컨디셔닝 방법

러닝 중 부상은 가장 큰 위험 요소입니다. 일곱째 마당과 여덟째 마당에서는 부상을 예방하고 회복을 돕는 스트레칭, 보강 운동, 재활 방법을 소개합니다. 장거리 러너와 초보 러너 모두가 안전하게 러닝을 지속할 수 있도록 컨디셔닝 전략을 배워 보세요.

러너를 위한 영양과 식단 가이드

러닝 성과는 훈련뿐 아니라 적절한 영양 섭취에서도 비롯됩니다. 러닝 전·중·후 식단 구성, 회복을 위한 식사 전략, 글리코겐 보충과 수분 관리 등 실전에서 바로 활용할 수 있는 팁들을 아홉째 마당에서 소개합니다.

러닝을 위한 심리적 준비

러닝은 마음의 힘도 요구하는 운동입니다. 열 번째 마당에서는 스포츠 멘탈 훈련, 집중력 유지 방법, 레이스 전후의 긴장 완화 전략 등 정신적인 회복 탄력성을 기를 수 있는 다양한 팁을 담고 있습니다. 러닝을 보다 즐겁고 안정적으로 지속할 수 있도록 돕습니다.

러닝 필수 용어

러닝을 시작하면 다양한 용어를 접하게 됩니다. 처음에는 생소하게 느껴질 수 있지만, 개념을 알고 나면 훈련이나 대회 준비가 훨씬 쉬워집니다. 여기서 소개하는 용어들은 러닝을 배우는 데 꼭 필요한 핵심 개념입니다.

러닝 기본 트레이닝 개념 (가나다순)

- **LSD** Long Slow Distance **달리기** (긴 거리 천천히 달리기)

러너에게 꼭 필요한 기본적인 지구력 훈련입니다. 느린 속도로 오래 달려야 하며, 초보자에게도 좋은 훈련 방법입니다. 마라톤 준비에도 큰 도움이 됩니다.

- **거리주** Distance-based Running

'5킬로미터 달리기'처럼 목표 거리를 정해 그만큼 달리는 방식입니다. 훈련 거리의 기준이 명확해, 성취감을 높이는 데 효과적입니다.

- **변속주** Pace Variation Run (속도 변화를 주는 훈련)

구간별로 페이스를 다르게 설정하여 달리는 훈련입니다. 예를 들어, 1킬로미터는 천천히, 다음 1킬로미터는 빠르게 달리는 방식입니다.

- **빌드업 런** Build-up Run (속도 점진적 증가 훈련)

천천히 출발해 점차 속도를 올리는 러닝입니다. 몸을 다치지 않고 자연스럽게 속도를 올리고 싶을 때 유용합니다.

- **서킷 트레이닝** Circuit Training (순환 훈련)

여러 가지 운동을 조합해 한 번에 진행하는 훈련입니다. 러닝과 근력 운동을 함께할 때 유용합니다.

- **시간주** Time-based Running

특정한 거리를 정하지 않고 '30분 동안 달리기'처럼 시간을 기준으로 달리는 방식입니다. 초보자도 거리 부담 없이 훈련할 수 있습니다.

- **야소 800** Yasso 800

바트 야소(Bart Yasso)의 이름에서 유래된 훈련법입니다. 800미터를 빠르게 달린 뒤, 400미터를 가볍게 조깅하며 회복하는 것을 한 세트로 반복합니다. 예를 들어 800미터를 3분에 달리고 400미터를 3분에 회복 조깅하며 이 세트를 10회 반복할 수 있다면, 마라톤 3시간 완주 가능성을 가늠할 수 있습니다.

- **워밍업 조깅** Warm-up Jogging (준비 운동 러닝)

본격적인 운동 전에 몸을 풀어 주는 가벼운 러닝입니다. 부상을 예방하고 러닝 성능을 높이기 위해 꼭 필요합니다.

- **인터벌 트레이닝** Interval Training (고강도 달리기 + 회복 반복 훈련)

빠르게 달리는 구간과 천천히 달리는 구간을 번갈아 반복하는 훈련입니다. 체력을 단련하고 스피드를 향상시키는 데 매우 효과적입니다.

- **조깅** Jogging

가볍고 편안한 속도로 달리는 러닝입니다. 보통 회복을 위해 사용하거나 워밍업(준비 운동)으로 활용됩니다. 숨이 차지 않을 정도로 편하게 뛰는 것이 중요합니다.

- **지속주** Steady Run (일정한 페이스 유지 훈련)

마라톤 레이스를 대비해 자신의 목표 페이스를 유지하며 뛰는 훈련입니다. 러닝의 기본은 리듬을 유지하는 것이므로, 꾸준한 페이스 감각을 익히기에 좋습니다.

- **쿨다운** Cool Down (마무리 러닝)

본 운동이 끝난 후 몸을 서서히 회복하는 과정입니다. 가벼운 조깅과 스트레칭을 통해 근육을 이완시키고 피로를 줄일 수 있습니다.

- **타임 트라이얼** Time Trial (기록 테스트 러닝)

자신의 최고 기록을 목표로 정해진 거리(예: 5킬로미터, 10킬로미터 등)를 최대 퍼포먼스로 달려 보는 훈련입니다.

- **테이퍼링** Tapering (대회 전 훈련량 줄이기)

마라톤이나 대회를 앞두고 컨디션을 최상으로 유지하기 위해 훈련량을 점차 줄여 나가는 과정입니다.

- **템포런** Tempo Run (적당히 힘든 강도로 달리기)

'약간 힘들다'고 느껴지는 페이스로 20~40분 동안 달리는 훈련입니다. 페이스 감각을 향상시키는 데 효과적이며 심폐지구력과 유산소 능력 개선에도 큰 도움이 됩니다.

  └ **리듀스 템포런** Reduced Tempo Run (점진적으로 거리를 줄이며 강도를 높이는 훈련)

기존 템포런과 비슷하지만, 달리는 거리는 줄이면서 강도를 높여 가는 방식입니다.

- **파틀렉 트레이닝** Fartlek Training

자유롭게 속도를 조절하며 달리는 훈련입니다. 예를 들어, 가로등 하나는 빠르게, 다음 가로등까지는 천천히 달리는 방식입니다.

- **힐 트레이닝** Hill Training (언덕 달리기 훈련)

언덕을 오르내리는 훈련으로, 하체 근력을 키우고 러닝 효율성을 높이는 데 효과적입니다.

러닝 기술 및 보강 운동

- **계단 운동** Stair Training

계단을 오르내리며 하체 근력을 키우고 심폐지구력을 향상시키는 훈련입니다.

- **밸런스 운동** Balance Training (균형 감각 훈련)

한 발로 서서 균형을 잡거나 보수볼을 활용해 착지 안정성을 기르는 운동입니다.

- **스킵 운동** Skip Drills (발목 & 무릎 탄력 운동)

무릎을 높이 들고 뛰는 연습으로, 러닝 시 다리를 빠르게 움직이는 능력을 키우는 데 도움이 됩니다. 발목과 무릎 탄력을 키우는 데 효과적입니다.

- **유연성 운동** Flexibility Training (가동성 훈련)

관절과 근육을 부드럽게 만들어 부상을 예방하는 운동입니다. 스트레칭이나 요가 등이 이에 해당합니다.

- **코어 운동** Core Training (몸의 중심 근력 강화 훈련)

플랭크, 슈퍼맨, 브리지 같은 운동으로 몸의 중심을 강화하여 달릴 때 안정적인 자세를 유지할 수 있도록 도와줍니다.

- **피치 운동** Pitch Drills (케이던스 향상 훈련)

빠른 발걸음을 익히기 위한 훈련입니다. 발을 지면에 짧게 닿게 하며 속도를 올리는 데 효과적입니다.

마라톤 대회 관련 용어

- **BIB** (빕 번호표)

마라톤이나 대회 참가자가 가슴이나 허리에 다는 번호표입니다. 보통 참가자의 고유 번호와 타이밍 칩이 포함되어 있어 공식 기록을 측정하는 역할을 합니다.

- **DNF** Did Not Finish (완주 실패)

레이스에 참가했지만 완주하지 못한 경우를 의미합니다. 부상이나 컨디션 문제로 인해 중도 포기하는 경우 DNF로 기록됩니다.

- **DNS** Did Not Start (출발하지 않음)

대회에 등록했지만 출발선에 서지 않은 경우입니다. 부상이나 개인 사정으로 인해 출전하지 못한 경우 DNS로 표시됩니다.

- **PB / PR** Personal Best/Record (개인 최고 기록)

본인이 달린 가장 빠른 기록을 의미합니다. 'PB를 갱신했다'는 표현은 기존보다 기록이 향상되었음을 뜻합니다.

- **Sub 3** (서브 3)

마라톤(42.195킬로미터)을 3시간 이내에 완주하는 것을 의미합니다. 비슷한 개념으로 Sub 4(4시간 이내), Sub 5(5시간 이내) 등이 있습니다.

- **네거티브 스플릿** Negative Split (후반부 가속 전략)

마라톤에서 전반보다 후반을 더 빠르게 달리는 전략입니다. 체력을 잘 분배하며 페이스를 조절해야 성공할 수 있습니다.

- **이븐 스플릿** Even Split (일정한 페이스 유지)

레이스 전 구간을 일정한 속도로 유지하며 달리는 전략입니다. 꾸준한 페이스 감각이 중요합니다.

- **페이스메이커** Pacer (일정한 페이스 유지 도우미)

특정 목표 시간(예: 4시간 완주)에 맞춰 일정한 페이스로 달리는 러너를 말합니다. 마라톤 대회에서는 참가자들이 페이스를 조절할 수 있도록 공식 페이스메이커가 운영되기도 합니다.

러닝 사이언스 및 생리학

- **RPE** Rate of Perceived Exertion (자각적 운동 강도)

자신의 운동 강도를 주관적으로 평가하는 척도입니다. 1~10단계로 구분하며, 1은 매우 쉬운 운동, 10은 최대 강도의 운동을 의미합니다. 심박수 측정이 어려운 초보자도 쉽게 활용할 수 있습니다.

- **VO₂max** (최대산소섭취량)

심폐지구력의 척도이며, 우리 몸이 운동 중 사용할 수 있는 최대 산소량을 의미합니다. VO₂max가 높을수록 심폐지구력이 뛰어나고, 더 오랫동안 빠르게 달릴 수 있습니다.

- **러닝 이코노미 / 러닝 경제성** Running Economy

러닝 이코노미는 에너지를 효율적으로 사용하는 능력을 의미합니다. 같은 속도로 달릴 때 산소소비량이 적을수록 러닝 이코노미가 높다고 봅니다. 즉, 같은 속도로 더 적은 에너지를 쓰면서 달릴 수 있는 능력을 말하죠. 착지 효율, 보폭 조절, 케이던스 등이 러닝 이코노미에 영향을 미칩니다.

- **심박수 존 훈련** Heart Rate Zone Training

심박수를 기준으로 훈련 강도를 조절하는 방법입니다. 러닝 강도를 심박수 기준으로 5개 존으로 구분하여 훈련하며, 각 존의 특성을 이해하면 훈련 목적에 맞는 최적의 강도로 운동할 수 있습니다.

- Zone 1(50~60%): 매우 가벼운 강도. 회복 러닝 및 워밍업에 적합
- Zone 2(60~70%): 기초 지구력 향상. LSD 훈련에서 많이 사용
- Zone 3(70~80%): 지속주 훈련, 마라톤 페이스 익히기
- Zone 4(80~90%): 템포런 및 젖산역치(LT) 훈련에 적합
- Zone 5(90~100%): 최대 심박수에 가까운 강도. 인터벌 및 스프린트 훈련에 사용

- **젖산역치** LT, Lactate Threshold

운동 중 혈액 속 젖산이 급격히 증가하기 시작하는 지점을 의미합니다. 젖산역치가 높을수록 강한 강도로 오래 달릴 수 있습니다. 이를 높이기 위해 템포런과 인터벌 훈련이 효과적입니다.

- **환기역치** VT, Ventilatory Threshold

운동 중 호흡이 급격히 가빠지기 시작하는 지점을 의미합니다. 환기역치가 높을수록 더 빠른 속도로 오랫동안 달릴 수 있습니다. 이를 높이기 위해 템포런과 인터벌 훈련이 효과적입니다.

러닝 메커니즘 및 신체 요소

- **보폭** Stride Length (한 걸음의 길이)

달릴 때 한 발을 착지한 후 반대 발이 닿을 때까지의 거리입니다. 보폭이 너무 길면 오버스트라이드(무리한 착지)로 부상의 원인이 될 수 있으며, 너무 짧으면 속도를 내기 어렵습니다. 적절한 보폭과 케이던스의 균형이 중요합니다.

- **수직 진폭** Vertical Oscillation (상체의 상하 움직임)

러닝 중 몸이 위아래로 얼마나 많이 움직이는지를 나타냅니다. 수직 진폭이 크면 에너지가 낭비되기 때문에 가급적 낮추는 것이 이상적입니다.

- **심박수** Heart Rate (분당 심장 박동 수)

운동 중 심장이 1분 동안 뛰는 횟수를 의미합니다. 러닝 강도를 조절할 때 활용되며, 심박수 존 훈련(Zone Training)과 연계해 사용하면 효율적으로 체력을 향상시킬 수 있습니다.

- **지면 접촉 시간** GCT, Ground Contact Time (발이 지면에 닿아 있는 시간)

발이 땅에 닿아 있는 시간을 의미합니다. 일반적으로 짧을수록 러닝 이코노미가 높아지고 반발력을 잘 활용할 수 있습니다. 고급 러너일수록 지면 접촉 시간이 짧은 경향이 있습니다.

- **케이던스** Cadence (보폭 빈도)

1분 동안 발을 몇 번 내딛는지를 의미합니다. 보통 170~190spm(steps per minute)이 적절한 범위로 알려져 있습니다. 케이던스를 높이면 착지 시간이 줄어들고 러닝 효율성이 증가합니다.

러닝 장비 및 신발 관련 용어

- **제로드롭** Zero Drop (발뒤꿈치와 앞발의 높이가 같은 신발)

힐드롭이 없는 신발을 의미하며, 맨발 달리기와 비슷한 느낌을 줍니다. 자연스러운 러닝 자세를 유도하지만, 익숙하지 않은 러너는 종아리 피로도가 높아질 수 있어 적응이 필요합니다.

- **카본화** Carbon-Plated Shoes (탄소 플레이트 러닝화)

신발 미드솔(중창)에 탄소 섬유 플레이트가 내장된 러닝화입니다. 탄성을 높여 추진력을 증가시키고, 에너지 손실을 줄이는 역할을 합니다. 최근 마라톤 엘리트 선수들도 카본화를 사용하면서 기록 단축에 도움을 받고 있습니다.

- **토박스** Toe Box (신발 앞부분 공간)

신발 앞부분에 위치한 공간으로, 발가락이 움직일 수 있는 여유 공간입니다. 토박스가 좁으면 발이 조여서 불편할 수 있고, 너무 넓으면 착지 시 안정성이 떨어질 수 있습니다. 자신의 발에 맞는 토박스를 선택하는 것이 중요합니다.

- **힐드롭** Heel-to-Toe Drop (발뒤꿈치와 앞발의 높이 차이)

러닝화의 발뒤꿈치(힐)와 앞발(토)의 높이 차이를 의미합니다. 일반적으로 10밀리미터 이상이면 높은 힐드롭, 4밀리미터 이하이면 낮은 힐드롭으로 분류됩니다. 힐드롭이 낮을수록 자연스러운 착지(미드풋, 포어풋 착지)를 유도합니다.

부상 및 회복 관련 용어

- **DOMS** Delayed Onset Muscle Soreness (지연성 근육통)

운동 후 24~48시간 뒤에 나타나는 근육통입니다. 새로운 운동이나 강도 높은 훈련을 하면 발생할 수 있으며, 가벼운 스트레칭과 휴식을 통해 회복할 수 있습니다.

- **불완전 휴식** Incomplete Rest (고강도 훈련 중 조깅으로 회복하는 방식)

인터벌 트레이닝이나 서킷 트레이닝에서 완전히 쉬는 것이 아니라, 가벼운 조깅을 하면서 회복하는 방법입니다. 심박수를 완전히 낮추지 않고, 적정한 수준에서 유지하는 것이 특징입니다.

- **봉크** Bonking (에너지 고갈 현상)

장거리 러닝 중 체내 글리코겐이 고갈되면서 극심한 피로와 탈진을 경험하는 현상입니다. 이를 방지하기 위해 장거리 훈련 전에는 충분한 탄수화물을 섭취하고, 달리는 중에도 에너지 보충이 필요합니다.

- **아킬레스건** Achilles Tendon (발뒤꿈치 힘줄)

종아리 근육과 발뒤꿈치를 연결하는 힘줄로, 러너들에게 가장 중요한 부위 중 하나입니다. 아킬레스건염(염증)이 생기면 러닝이 어려워질 수 있으므로, 적절한 스트레칭과 강화 운동이 필요합니다.

- **장경인대** IT Band, Iliotibial Band (무릎 옆 인대)

허벅지 바깥쪽에서 무릎까지 연결된 인대로, 러너들에게 흔한 부상 부위입니다. 장경인대증후군(ITBS)이 발생하면 무릎 바깥쪽에 통증이 생길 수 있으며, 보강 운동과 마사지가 필요합니다.

- **횡문근융해증** Rhabdomyolysis (심각한 근육 손상 증상)

과도한 운동이나 외상 등으로 인해 골격근 세포가 파괴되면서 근세포 내에 있던 내용물(특히 미오글로빈 등)이 혈액으로 유출되어 신장에 손상을 일으킬 수 있는 질환입니다. 대표적인 증상으로는 심한 근육통과 근력 저하, 짙은 갈색 소변이 있으며, 적절한 조치가 늦어질 경우 급성 신부전으로 진행될 수 있어 주의가 필요합니다.

기타 러닝 관련 용어

- **마스터즈** Masters Runner

일반적으로 엘리트 선수를 제외한 20대 이상의 아마추어 러너들을 지칭합니다. 하지만 연령과 관계없이 마라톤이나 러닝을 진지하게 즐기는 러너라면 누구나 마스터즈로 불릴 수 있습니다.

- **테이핑** Taping

관절이나 근육을 보호하고 부상을 예방하기 위해 사용되는 스포츠 테이프를 부착하는 것을 말합니다. 무릎, 발목, 종아리 등에 붙여 통증을 완화하고 지지력을 높이는 역할을 합니다.

PART 1
러닝의 기초

첫째 마당

효율적인 러닝을 위한 자세와 기술

01 시선

02 팔치기

03 호흡

04 하체

05 착지

누구나 시작할 수 있지만 아무나 오래 즐기지 못하는 러닝

러닝은 누구나 시작할 수 있는 운동입니다. 하지만 오래 꾸준히 달리는 일은 결코 쉽지 않습니다. 잠깐 빠르게 달리는 건 어렵지 않지만, '오래 가는 러너'가 되기 위해서는 다른 능력이 필요합니다. 그 차이를 만드는 가장 큰 요인이 바로 '부상'입니다.

처음에는 기초가 부족해도 러닝을 시작할 수 있습니다. 하지만 달리는 시간이 길어지고 거리가 늘어날수록, 부족한 기초 체력과 기술은 몸에 부담이 되어 결국 러닝을 멈추게 만듭니다. 코칭 현장에서 가장 안타까운 순간은 이런 이야기를 들을 때입니다.

"달리기를 시작했는데 무릎이 아파서 그만뒀어요."

"고관절이나 발목이 계속 아파서 이제는 뛰지 않아요."

처음에는 자신의 호흡과 리듬에 집중하며 러닝을 통해 하루의 작은 여유를 즐기던 분들이 부상으로 인해 그 시간조차 가지지 못하게 되는 겁니다. 그럴 때마다 이런 생각이 듭니다.

'그때 자세를 조금만 더 다듬었더라면 어땠을까?'

'기초 체력이나 러닝 기술을 조금만 더 챙겼더라면 달라지지 않았을까?'

러닝을 오래 즐기기 위해 꼭 필요한 것이 바로 기초 체력, 러닝 기술, 그리고 올바른 자세입니다. 그래서 엔듀로레이스 코치진이 가장 먼저 강조하는 것도 이 3가지입니다.

좋은 자세가 효율적인 러닝을 만든다

좋은 러닝 자세는 더 효율적인 달리기를 가능하게 할 뿐만 아니라, 부상을 예방하고 더 오랫동안 달릴 수 있도록 도와줍니다. 올바른 자세와 기술을 익히는 일은 초보 러너뿐 아니라 숙련된 러너에게도 꼭 필요한 과정입니다.

러닝에서 자세가 중요한 이유는 단순히 보기 좋은 폼을 만들기 위해서가 아니라, 신체에 가해지는 부담을 줄이고 에너지를 더 효율적으로 사용하기 위해서입니다. 잘못된 자세는 특정 부위에 불필요한 긴장을 주거나 필요 이상의 근육을 쓰게 만들어 피로가 빨리 찾아오게 합니다. 처음에는 사소하게 느껴질 수 있지만, 자세의 작은 차이는 장거리 러닝에서 큰 차이를 만들어 냅니다.

이번 장에서는 러닝 자세에서 특히 중요한 5가지 요소인 시선, 호흡, 팔치기, 하체 움직임, 착지에 대해 하나씩 알아보겠습니다.

올바른 시선이 러닝 자세를 결정한다

많은 초보 러너가 달릴 때 어디를 바라봐야 할지 몰라 어려움을 겪습니다. 올바른 시선 처리는 효율적인 러닝 자세를 유지하는 데 중요한 역할을 합니다.

러닝 시 적절한 시선 방향은 약 15~20미터 앞 지면입니다. 시선이 중요한 이유는 턱의 위치에 영향을 미치기 때문입니다. 시선을 너무 멀리 두면 턱이 들리고 허리가 젖혀집니다. 반대로 너무 가까이 보면 허리가 굽고 턱이 목 쪽으로 붙으며 호흡이 불편해질 수 있습니다. 따라서 시선을 적절히 조절해 턱의 위치를 안정적으로 유지하는 것이 핵심입니다.

짧은 거리에서는 문제가 되지 않지만, 장거리로 갈수록 코어 근육이 약해지며 자세가 무너지기 쉽습니다. 이로 인해 관절 주변 근육의 기능이 저하되면서 허리, 고관절, 무릎, 발목 등에 부담이 가중됩니다. 러닝 후반으로 갈수록 이러한 현상이 심해지기 쉬운데요. 이때 시선을 바르게 유지하면 피로를 늦추고 효율적인 러닝 자세를 오래 유지할 수 있습니다.

잘못된 시선 처리

시선을 너무 멀리 두면
턱이 들리고
허리가 젖혀진 상태가 됩니다

시선을 너무 가깝게 두면
턱이 숙여지고 자세가 구부정해져
호흡이 불편해집니다

적절한 시선 처리법

혼자 달릴 때
- 정면을 기준으로 10~15미터 앞 지면을 바라보며 달립니다.

함께 달릴 때
- 나보다 키가 큰 사람 뒤에서 뛴다면 앞 사람의 허리를 바라봅니다.
- 나보다 키가 작은 사람 뒤에서 뛴다면 앞 사람의 어깨를 바라봅니다.
- 키가 비슷한 사람과 뛸 때는 앞 사람의 등을 바라봅니다.

오르막길에서는 '경사면 앞쪽'을 바라본다
- 위를 지나치게 보면 목이 젖혀지고 호흡이 불편해질 수 있습니다.
- 발이 닿을 지점보다 약간 앞, 경사면을 따라 시선을 자연스럽게 이어 가는 것이 가장 이상적입니다.

올바른 시선 처리

정면을 기준으로 10~15m 앞 지면을 바라보며 달립니다

내리막길에서는 '3~5미터 앞 지면'을 바라본다

- 속도가 빨라지는 만큼, 빠르게 반응할 수 있는 짧은 시선 거리 확보가 중요합니다.
- 발 디딜 위치를 정확히 확인하고, 상체는 살짝 앞으로 두는 느낌으로 시선을 조절해 주세요.

오르막과 내리막에서의 적절한 시선 처리

경사면을 따라 자연스럽게 연결되는 3~5m 앞 지점을 바라봅니다

3~5m 앞 지면을 바라보며 빠르게 반응할 수 있는 시선을 확보합니다

잠깐만요

상황별 시선 처리법

● **집중이 안 되고 주변이 산만할 때: 발 앞 3~5미터 지점 바라보기**

시야를 너무 멀리 두면 주의가 분산되기 쉽습니다. 이럴 때는 발에서 가까운 지점, 약 3~5미터 앞 지면을 바라보면 리듬과 호흡에 집중하는 데 도움을 받을 수 있습니다.

● **자세를 안정적으로 유지하고 싶을 때: 10~15미터 앞 바닥 바라보기**

가장 기본적이고 안정적인 시선 처리입니다. 턱이 들리지 않고, 코어 힘이 자연스럽게 유지되는 거리로, 상체 정렬과 호흡 흐름 모두 안정적으로 유지할 수 있습니다.

● **지루함을 느끼거나 페이스가 떨어질 때: 20미터 이상 앞 큰 목표 지점 바라보기**

멀리 있는 전봇대, 가로등, 나무, 표지판 등을 시야에 두고 끌어당기듯 달리면 자연스럽게 페이스와 리듬이 회복됩니다. 단, 턱이 들리지 않도록 고개 각도는 유지해 주세요.

02 호흡

러닝 페이스·거리·강도의 변화에 따라 몸이 요구하는 산소량이 달라집니다. 몸이 요구하는 산소의 공급에 가장 큰 영향을 미치는 것이 바로 '호흡'입니다. 결국 적절한 호흡법을 익히는 것은 안정적인 러닝을 만드는 핵심이라 하겠습니다.

호흡, 자연스럽게 그리고 전략적으로

러닝 중에는 평소처럼 자연스럽게 호흡하되, 가능하다면 코로 호흡하는 것이 좋습니다. 코로 호흡하면 공기의 온도와 습도를 조절할 수 있고, 황사나 미세먼지 등을 걸러내는 필터링 효과도 기대할 수 있습니다. 반면, 입으로 호흡하면 공기 흐름을 조절하기 어렵고 입안이 건조해지거나 목이 따가워 집중력을 방해받을 수 있습니다.

기본 호흡법
자신에게 맞는 적절한 호흡 리듬을 찾는 것이 가장 먼저입니다.

일반적으로는 '투투'(두 번 들이쉬고 두 번 내쉬기) 또는 '원투'(한 번 들이쉬고 두 번 내쉬기)와 같은 호흡 패턴을 시도해 보며 자신에게 맞는 리듬을 찾아갑니다. 코로만 호흡하기 어렵다면, 입을 함께 활용하여 적절한 산소 공급을 유지하는 것이 중요합니다.

러닝 페이스에 따라 달라지는 호흡

러닝 도중 페이스가 조금만 올라가도 코로만 호흡하기 어려운 순간이 있습니다. 이것은 자연스러운 생리 반응이며, 운동 강도가 높아질수록 산소 요구량과 호흡량이 함께 증가하기 때문입니다. 코 호흡이 버거워질 때는 다음과 같이 조절해 보세요.

페이스를 낮춰서 호흡에 여유를 주세요

처음부터 빠른 속도에서 코로만 호흡하려 하면 몸에 과부하가 걸릴 수 있습니다. 코 호흡은 유산소 영역에서 연습할 때 가장 효과적입니다.

말할 수 있을 정도의 편안한 호흡을 유지해 보세요

대화가 가능한 정도의 속도로 달리면 코 호흡에 더 쉽게 익숙해질 수 있습니다. 이 방식은 호흡 근육을 단련시킬 뿐 아니라, 러닝 자세 안정에도 도움이 됩니다.

속도보다 '호흡이 무너지지 않는 페이스'에 집중하세요

숨이 너무 차서 호흡 리듬이 깨지면, 러닝 페이스도 무너지기 쉽습니다. 반대로 호흡이 안정된 상태에서 유지할 수 있는 속도는, 긴장을 줄이고 더 오래 달릴 수 있는 효율적인 러닝으로 이어집니다.

03 팔치기

효율적인 추진력을 만드는 기술

러닝에서 팔치기는 추진력을 만들고 속도를 조절하며, 리듬을 형성하는 데 중요한 역할을 합니다. 반면 잘못된 팔치기는 러닝의 효율을 크게 떨어뜨릴 수 있습니다.
기본 팔치기 자세는 다음과 같습니다.

- 주먹은 계란을 가볍게 쥔 듯 말아줍니다.
- 옆에서 봤을 때 팔은 약 90도로 접습니다.
- 뒤로 갈 때는 주먹이 골반 근처까지, 앞으로 올 때는 명치 근처까지 오도록 합니다.
- 앞에서 봤을 때 팔의 움직임이 영어 대문자 A자 모양이 되면 가장 이상적입니다.

> **알아 두세요**
>
> **팔치기란?**
> 러닝 중 팔을 앞뒤로 흔드는 동작으로, 달리기의 리듬과 추진력을 만들어 주는 핵심 움직임입니다. 팔치기는 '리듬+추진력+자세 안정=러닝의 핵심 기초 기술'이며, 올바른 팔치기 하나만으로도 러닝 전체의 흐름을 바꿀 수 있습니다.

하지만 실제 코칭 경험에 따르면, 팔을 정확히 90도로 유지하려고 하면 상체가 경직되고 동작이 어색해지는 경우가 많습니다. 이럴 땐 팔을 90

올바른 팔치기 자세

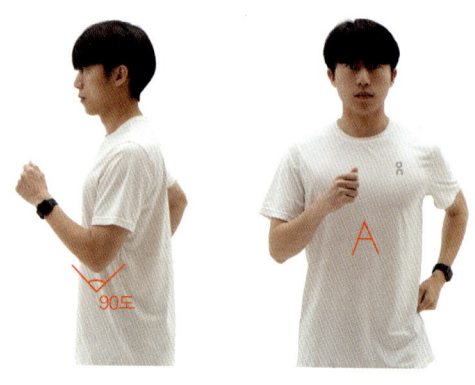

도보다 약간 더 좁게 접고, 몸에 가깝게 붙여 흔들면 좀 더 자연스럽고 안정적인 팔치기가 가능합니다. 이렇게 하면 상체 움직임이 자연스러워지고 리듬 유지에도 도움이 됩니다.

 잠깐만요

기본 팔치기를 시도했는데 조금 어색하다고요?

팔을 90도보다 살짝 더 좁게 접고, 몸 가까이에서 흔들어 보세요.
상체를 더 부드럽게 움직일 수 있어, 보다 안정적으로 팔치기를 할 수 있습니다.

잘못된 팔치기 자세

팔의 각이 너무 좁은 자세   팔의 각이 너무 큰 자세   팔을 너무 높이 올리는 자세

이상적인 하체 정렬이 추진력을 만든다

하체는 속도와 지속력을 위한 엔진 역할을 합니다. 하체 정렬이 무너지면 추진력은 줄어들고, 관절에 가해지는 부담만 커집니다.

하체 움직임을 이해하기 위해 기억해야 할 3가지 주요 신체 포인트가 있습니다. 바로 어깨, 골반, 무릎입니다. 측면에서 봤을 때, 이 3가지 부위 점을 가상의 점으로 찍고 선을 연결해 보세요.

- 골반을 기준으로 어깨는 살짝 앞쪽에 위치해야 합니다.
- 무릎은 골반보다 살짝 뒤쪽에 위치하는 것이 이상적입니다.

이러한 정렬이 유지되어야 신체의 힘을 효과적으로 활용해 추진력을 얻을 수 있고, 에너지를 낭비하지 않는 효율적인 러닝 자세를 만들 수 있습니다.

올바른 하체 자세 vs. 잘못된 하체 자세

어깨는 골반보다 약간 앞쪽,
무릎은 골반보다 살짝 뒤쪽에 위치하는 것이 이상적입니다.

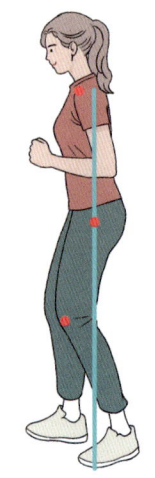
무릎이 골반보다 앞쪽으로 나오면
주저앉은 자세가 되어 대퇴근에 과도한 피로가 쌓일 수 있습니다

하체 움직임의 핵심은?

앞서 살펴본 것처럼, 어깨-골반-무릎이 바르게 정렬되어 있어야 신체는 가장 자연스러운 각도와 중심을 유지할 수 있고, 그 결과 힘을 지면으로 제대로 전달할 수 있는 기반이 마련됩니다.

이제는 이 바른 정렬을 바탕으로, 하체의 기능을 최대한 끌어내는 움직임을 만들어야 할 때입니다. 관절 하나하나가 톱니바퀴처럼 유기적으로 작동하며 반응할 때, 효율적인 러닝 메커니즘이 완성됩니다. 다음에서 설명하는 내용을 의식하면서 더 안정적이고 힘 있는 러닝을 만들어 봅시다.

> **알아 두세요**
> ● **토 오프**(Toe Off)
> 발이 지면에서 떨어지는 순간
> ● **트리플 익스텐션**(Triple Extention)
> 고관절, 무릎, 발목 세 관절이 동시에 펴지는 동작

무릎을 들려고 하지 말고, 뒤꿈치를 당긴다

많은 러너들이 의식적으로 '무릎을 들자'는 생각으로 달리기도 하는데요. 그러면 허벅지 앞쪽(대퇴사두근)에 힘이 들어가고 동작이 수직적으로 튀는 형태가 되기 쉽습니다. 무릎을 드는 대신 '뒤꿈치를 당긴다'는 느낌으로 허벅지 뒤쪽 근육(햄스트링)을 자연스럽게 활용해 봅시다.

이때의 동작은 발이 지면을 차고 나간 뒤 뒤꿈치가 엉덩이 쪽으로 가볍게 당겨지며 곡선형으로 회수되는 흐름을 만듭니다. 즉, 무릎을 직선적으로 드는 것이 아니라 곡선을 그리며 다리를 회수해 다음 스트라이드(걸음)로 연결되게 동작합니다.

자전거를 타듯이 감아서 뛴다

자전거 페달을 밟을 때처럼, 다리가 원을 그리며 회전하는 이미지를 떠올려 보세요. 러닝에서도 이와 유사한 '다리를 감아 올리는 느낌'을 가지면, 무릎·발목·엉덩이 관절이 자연스럽게 이어지는 순환적인 움직임을 만들 수 있습니다. 이 감는 느낌을 익히면 무릎을 억지로 들지 않아도 자연스럽게 올라오고, 발을 끌거나 쓸리는 현상 없이 매끄럽게 지면에서 발을 회수해 앞으로 나아갈 수 있습니다.

'토 오프' 순간에는 트리플 익스텐션이 연결되어야 한다

발이 지면에서 떨어지는 '토 오프(Toe Off)' 순간, 고관절 – 무릎 – 발목의 세 관절이 동시에 펴지는 동작(Triple Extention, 트리플 익스텐션)이 자연스럽게 이어지도록 해 봅니다.

> ▶ **관련 영상**
> 달리기의 기초
> 자세와 호흡
>

05 착지

부드럽게 그리고 자연스럽게

달릴 때 발이 지면에 닿는 방식을 '착지'라고 합니다. 착지 방식은 러닝의 효율성과 부상 위험을 결정짓는 핵심 요소로, 팔치기가 상체의 리듬과 추진력을 만든다면, 착지는 그 리듬을 지면에 연결하고 충격을 추진력으로 전환하는 역할을 합니다.

올바른 착지는 착지 위치, 무릎 각도, 골반 정렬, 상체 중심 등 여러 요소가 착지 시점에 잘 정렬되어 있어야 가능합니다. 만약 잘못된 착지 동작을 반복하면 러닝을 지속하기 어려운 통증으로 이어질 수 있습니다. 특히 다음과 같은 부상은 대개 잘못된 착지에서 비롯됩니다.

- 러너스 니(Runner's Knee, 슬개대퇴통증증후군): 무릎 앞쪽에 통증이 발생하며, 착지 시 무릎이 충격을 제대로 흡수하지 못할 때 자주 나타납니다.
- 정강이 통증(Shin Splints): 발뒤꿈치부터 강하게 착지하거나 발목 사용이 적절하지 않을 경우에 발생합니다.

- 고관절 충돌 증후군(Femoroacetabular Impingement): 착지 시 골반과 허벅지뼈 사이에 반복적으로 충격이 누적된 경우 나타납니다.

이러한 부상은 대부분 착지 시 체중이 고르게 분산되지 않거나, 충격을 흡수해야 할 관절들이 과도한 하중을 받을 때 발생합니다.

착지의 종류

착지는 크게 3가지로 나뉩니다.

리어풋 착지(Rearfoot Strike) - 뒤꿈치부터 닿는 방식
가장 보편적인 착지로, 걷는 동작과 비슷해 초보 러너나 일반적인 러닝에서 자주 나타납니다. 처음에는 편안하게 느껴질 수 있으나 지면 충격이 무릎이나 허리로 올라가 관절에 부담을 줄 수 있습니다. 장거리 러닝에는 비효율적일 수 있지만 천천히 달릴 때나 내리막길에서는 안정적인 느낌을 줄 수 있습니다.

미드풋 착지(Midfoot Strike) - 발바닥 중앙 부위로 착지
발바닥 중앙으로 지면에 닿아 충격이 고르게 분산되고 안정적인 러닝 자세를 유도합니다. 장거리 러닝이나 트레일 러닝 등 다양한 지면에서 뛰는 경우에 효과적입니다. 단, 종아리와 발목 주변 근육 사용량이 많아 처음에는 피로감이 더 크게 느껴질 수 있어, 충분한 준비 운동과 근력 보강이 함께 필요합니다.

> **알아 두세요**
>
> **착지의 종류**
> - 리어풋(Rearfoot): 뒤꿈치부터 지면에 닿는 방식
> - 미드풋(Midfoot): 발바닥 중간 부분으로 착지
> - 포어풋(Forefoot): 발 앞쪽으로 착지

착지의 종류

리어풋 착지   미드풋 착지   포어풋 착지

포어풋 착지(Forefoot Strike) – 발 앞쪽으로 착지

지면 접촉 시간이 짧고 반응이 빠르기 때문에, 단거리 달리기나 템포 훈련에 유리합니다. 다만 종아리와 발바닥에 힘이 많이 들어가 피로 누적이 빠르며, 오랜 시간 유지하기엔 부담이 크다는 단점이 있습니다.

어떤 착지가 더 좋을까?

특정 착지 방식이 더 낫다고 단정할 수는 없습니다. 러닝의 목적, 속도, 거리, 지면 상태, 개인의 체형과 습관에 따라 가장 자연스럽고 편한 방식이 다르기 때문입니다. 자신의 착지 습관을 점검하고, 필요한 경우 연습을 통해 내 몸에 맞는 착지 패턴을 익히는 것이 중요합니다.

특정 착지가 반드시 정답이라고 볼 수는 없지만 좋은 착지를 결정하는 기준은 있습니다.

- 착지 시 발 각도를 크게 하지 않는다.
- 신체 중심에서 너무 멀리 떨어져 착지하지 않는다.

예를 들어, 포어풋 착지 중에 뒤꿈치 각도가 과도하게 커지면 종아리에 부담이 커질 수 있습니다. 미드풋 착지라도 발이 몸의 중심에서 멀리 떨어지면, '오버스트라이드(Overstride)'라는 잘못된 습관이 생겨 햄스트링(허벅지 뒤쪽 근육)에 무리가 갈 수 있습니다. 또한 리어풋 착지에서도 발 앞쪽 각도가 커지면 무릎에 충격이 집중되며 부담이 가중될 수 있습니다.

보폭을 억지로 넓히면 역효과가 나는 이유

달리기를 할 때 자주 듣게 되는 용어 중 하나가 '오버스트라이드(overstride)'입니다. 오버스트라이드는 쉽게 말해 '달릴 때 발이 몸보다 너무 멀리 앞쪽에 닿는 착지 습관'을 말합니다. 마치 속도를 더 내기 위해 발을 앞으로 뻗으려는 듯한 모습이지요. 우리가 달릴 때 가장 이상적인 착지는 몸의 중심선 아래, 즉 몸 바로 밑에 발이 떨어지는 모습입니다.

하지만 오버스트라이드가 되면 발이 몸보다 앞에 먼저 닿게 되고, 이로 인해 착지 순간에 속도를 줄이는 브레이크처럼 작용하게 됩니다. 이로 인해 마치 앞에서 발로 멈춰서는 느낌이 드는 거죠. 그래서 흐름이 끊기고, 자연스럽지 않은 느낌이 생깁니다.

오버스트라이드를 줄이기 위해서는, 발이 몸의 중심 아래에 자연스럽게 떨어지도록 인지하며 달리는 것이 중요합니다. 보폭을 인위적으로 넓히기보다, 케이던스(Cadence, 1분 동안 발이 땅에 닿는 횟수)를 조금씩 높이는 방식으로 속도를 조절하는 것이 더 효과적입니다. 또한 자신의 착지 위치를 영상으로 확인해 보며 교정해 나가는 것도 좋습니다.

좋은 착지 vs. 오버스트라이드

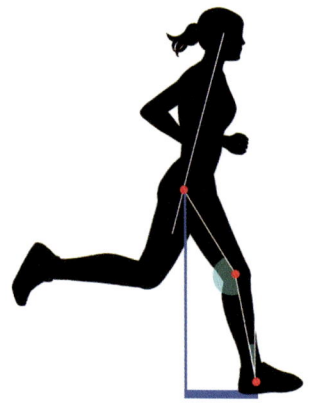

몸의 중심 아래쪽으로
자연스럽게 발을 떨어뜨립니다

발이 몸보다 앞쪽에 발이 착지 되면
속도를 줄이는 브레이크처럼 작용합니다

❗ 알아 두세요

착지법을 익히는 것이 어렵다면?

처음부터 특정한 착지법을 의식하거나 고집할 필요는 없습니다. '힘을 빼고 가볍게 착지한다'는 감각으로 접근해 봅시다. 중요한 것은 러너 자신이 편하게 느끼는 동작을 찾는 데 있습니다.

▶ 관련 영상

힐 스트라이크(뒤꿈치 착지)에 대한 오해

달리기 착지법보다
중요한 것은

추천하는 착지법

달리는 동안 착지 충격을 줄이고, 다음 동작으로 부드럽게 이어가기 위해서는 다음 3가지 원칙을 기억하도록 합시다.

- 무릎은 살짝 구부린 상태에서 착지한다.
- 발목의 힘을 빼고 자연스럽게 착지한다.
- 착지 충격을 완충하여 추진력으로 전환하는 데 집중한다.

심화학습 — 러닝 자세를 분석하는 가장 효과적인 방법

러닝 자세 분석은 크게 전문가의 도움을 받는 방법과 셀프로 분석하는 방법으로 나눌 수 있습니다.

전문가의 도움을 받는 방법

① 러닝 분석 센터 방문

러닝 자세를 가장 정밀하게 분석받고 싶다면 러닝 분석 센터에 방문하는 방법이 있습니다. 러닝 분석 센터에서는 모션 매트리스, 디랙스 트레드밀, 뉴마핏 페이서 등 여러 장비를 활용해 착지 패턴, 케이던스, 지면 접촉 시간 등 다양한 데이터를 측정합니다. 이 데이터를 기반으로 생체역학 전문가가 자세한 피드백을 제공하며, 러닝 자세를 과학적으로 분석하고 교정할 수 있는 가장 정밀한 방법이라 할 수 있습니다. 하지만 분석 비용이 비교적 높고, 일부 지역을 제외하면 접근성이 다소 제한적이라는 점은 고려해야 합니다.

잠깐만요

러닝 분석 센터는 어디에 있나요?

러닝 분석 센터는 영상 촬영, 동작 분석, 모션 캡처 등을 통해 러닝 시의 착지 리듬, 보폭, 팔치기, 케이던스, 골반 움직임 등을 정밀하게 측정하고, 러닝 폼 개선에 도움을 주는 전문 분석 공간입니다.

> 분석 비용은 10만 원~20만 원대입니다.
>
> - 아이오 센터(Infinite Opportunity): 서울 강남구
> - 런콥 센터(RUNCORP Center): 서울 강남구
> - 오픈케어 센터(OPENCARE Center): 서울 송파구
> - 엔듀로런베이스 센터(ENDURO Runbase): 서울 서초구

② 러닝 코치와 함께 훈련

두 번째 방법은 러닝 코치와 함께 훈련하는 것입니다. 러닝을 전공한 코치는 경험과 데이터를 바탕으로 러너의 착지 방식, 보폭, 케이던스 등을 점검하며 실시간 피드백을 제공합니다. 지속적인 관리 아래 훈련하면 자세 변화가 빠르게 나타나고, 부상 예방에도 큰 도움이 됩니다. 다만 코치의 역량에 따라 지도 수준에 차이가 있을 수 있으며, 개인 레슨 비용이 부담스러울 수 있습니다.

③ 러닝 크루 또는 마라톤 클리닉 참여

러닝 크루에서는 함께 달리며 멤버들의 경험과 노하우를 나누고, 기본적인 자세 교정을 시도해 볼 수 있습니다. 마라톤 클리닉에서는 전문가가 착지 패턴이나 보폭 등을 간단히 점검해 주기도 합니다. 개인 레슨보다 비용 부담이 적고, 다른 사람들과 교류하며 즐겁게 러닝을 배울 수 있다는 장점이 있습니다.

셀프로 분석하는 방법

전문가의 도움 없이도 러닝 자세는 셀프로 충분히 점검할 수 있습니다.

① 스마트폰 촬영

러닝 중 모습을 촬영한 후, 슬로우모션 기능으로 영상을 재생해 착지 방식, 상체 흔들림, 팔 동작 등을 직접 확인할 수 있습니다. 활용이 간편한 장점이 있지만, 정확한 해석을 위해 기본적인 러닝 자세

에 대한 이해가 선행되어야 합니다.

② 스마트워치와 센서 사용

가민, 크로스, 폴라 등의 스마트워치를 사용하면 케이던스, 보폭, 지면 접촉 시간, 좌우 균형 등의 데이터를 확인할 수 있으며, 런스크라이브(RunScribe)나 스트라이드(Stryd) 같은 착지 센서를 활용하면 착지 충격, 회내/회외, 수직 진폭 등도 정밀하게 측정할 수 있습니다. 다만 데이터 해석이 어렵거나, 교정 방법 연결에는 한계가 있을 수 있습니다.

③ 거울 또는 그림자 활용

거울 앞에서 트레드밀을 뛰며 실시간으로 자신의 자세를 확인하거나, 야외에서는 햇빛 아래 그림자를 활용해 상체 흔들림이나 팔 움직임을 점검합니다. 정밀한 분석은 어렵지만, 즉각적으로 자신의 자세를 인지하고 교정해 볼 수 있는 가장 쉬운 방법입니다.

전문가 분석과 셀프 분석을 병행하는 것이 가장 이상적

러닝 자세를 개선하는 가장 이상적인 방법은 전문가 분석과 셀프 분석을 병행하는 것입니다. 특히 풀코스 마라톤처럼 훈련 기간과 반복 주행이 필요한 목표를 가진 러너라면, 2가지 방법을 함께 적용하는 것이 더욱 효과적이지요.

우선 러닝 분석 센터나 코치를 통해 1~2회 정도 피드백을 받으며 자세를 객관적으로 진단합니다. 이후에는 스마트폰 영상, 스마트워치 또는 센서 데이터를 활용해 자신의 자세를 주기적으로 점검하고 개선해 나갑니다. 일정 기간 후 다시 전문가의 도움을 받아 그동안의 변화와 개선 정도를 확인해 보는 것도 매우 좋은 방식입니다.

둘째
마당

안정적인 페이스를 만드는 호흡과 리듬

06 호흡과 케이던스

07 나만의 러닝 리듬을 찾는 방법

러닝의 지속성은
체력만으로 결정되는 것이 아니다

러닝을 시작하고 나면 의외로 많은 이들이 '같은 속도로 꾸준히 달리는 것'이 어렵다고 느낍니다. 달리기를 시작한 지 몇 분이 채 지나지 않아 숨이 가빠지고 결국 걷게 되는 경험은, 단순한 체력 부족 때문이 아니라 호흡과 리듬이 어긋났기 때문인 경우가 많습니다. 실제 코칭 현장에서 케이던스(Cadence, 1분 동안 발이 지면에 닿는 횟수)를 높이는 훈련을 하다 보면 종종 이런 장면을 목격하게 됩니다. 속도나 거리에는 문제가 없는데, 케이던스가 조금만 올라가도 호흡이 급격히 가빠지는 현상 말입니다. 신체는 충분히 감당할 수 있는 상황임에도, 리듬이 무너지면서 호흡이 그 흐름에 끌려가는 경우입니다. 결과적으로 달리기의 안정성이 깨지고 금세 힘에 부치는 느낌을 받게 됩니다.

케이던스는 단순히 발걸음의 빈도를 뜻하지 않습니다. 호흡과 연결된 러닝 리듬의 중심축이며, 이 리듬이 흐트러지면 달리기의 전체 흐름이 무너지게 됩니다. 반대로 이 리듬이 잘 맞춰지면, 속도와 거리 모두를 안정적으로 유지할 수 있는 힘이 생깁니다.

이번 장에서는 실제 코칭 경험을 바탕으로, 호흡과 리듬이 왜 중요한지, 그리고 나에게 맞는 케이던스를 어떻게 찾아야 하는지에 대해 이야기해 보려 합니다.

06 호흡과 케이던스

러닝에서 호흡, 리듬, 케이던스, 착지는 각각 따로 작동하는 기술이 아니라 긴밀하게 연결된 하나의 흐름입니다. 이 4가지 요소가 조화를 이루면, 달리기는 마치 잘 조율된 악기처럼 부드럽고 효율적인 움직임으로 이어집니다. 예를 들어, 일정한 케이던스(발걸음 빈도)를 유지하면서 신체에 맞는 호흡 리듬을 유지할 수 있다면, 호흡이 흐트러지지 않고 착지도 자연스럽게 신체 중심 근처에서 이뤄지게 됩니다. 이러한 상태에서는 충격 흡수, 추진력, 근육 협응이 자연스럽게 이어지며 결과적으로 더 오래, 더 편안하게, 안정적인 페이스로 달릴 수 있는 기반이 마련됩니다.

케이던스란?

케이던스는 러닝에서 1분 동안 발이 지면에 몇 번 닿는지를 나타내는 수치를 의미합니다. 흔히 '분당 보수(步數)'라고도 하며, 왼발과 오른발의 착지 횟수를 모두 더하여 측정합니다.

예를 들어 왼발 1, 오른발 2, 왼발 3, 오른발 4… 식으로 양발을 모두 세

> **❶ 알아 두세요**
> **케이던스**(Cadence)
> 1분 동안 발이 지면에 몇 번 닿는지를 나타내는 수치. 발걸음 빈도를 말합니다.

48 러닝의 기초　　　　　　　　　　　　　　　　　　　　PART 1

고, 1분 동안 총 180번 지면에 닿았다면 케이던스는 180입니다. 왼발이 90번, 오른발이 90번 닿았다면 역시 케이던스 180으로 계산됩니다.

케이던스가 높다는 것은 발을 자주, 빠르게 내딛는 상태를 의미하고, 케이던스가 낮다는 것은 발을 느리게 내딛는 상태를 의미합니다. 케이던스가 너무 낮으면 한 걸음에 체중이 실리는 시간이 길어져 착지 충격이 커지고 러닝 리듬이 흐트러질 수 있습니다. 반면, 케이던스를 지나치게 높이면 호흡이나 근육이 그 빠른 리듬을 따라가지 못해 달리기 전반이 불안정해지고 오히려 페이스가 흔들릴 수 있습니다.

조화롭게 연결되는 호흡과 케이던스

러닝 중 가장 먼저 체감되는 변화는 호흡입니다. 속도가 빨라지거나 케이던스가 증가하면 자연스럽게 호흡 빈도도 함께 높아집니다. 하지만 호흡이 지나치게 가빠지면 산소 섭취가 불안정해지고 에너지 대사의 효율이 떨어지며, 러닝의 지속성과 안정성에도 영향을 줄 수 있습니다. 초보 러너는 케이던스를 높이려 할 때 호흡까지 가빠지는 경우가 많습니다. 이로 인해 호흡이 얕고 짧아지며, 깊고 안정된 호흡을 유지하기 어려워집니다. 이를 극복하려면 발걸음 속도만 조절할 것이 아니라, 자신의 호흡 리듬을 찾는 것이 중요합니다.

일반적으로 러너들이 사용하는 호흡 패턴에는 2-2(두 번 들이쉬고 두 번 내쉬기), 또는 1-1(한 번 들이쉬고 한 번 내쉬기)와 같은 방식이 있습니다. 하지만 이러한 리듬 역시 속도, 강도, 개인의 특성에 따라 다양하게 적용됩니다.

리듬과 케이던스 그리고 착지의 연결성

러닝에서 말하는 '리듬'은 러너가 자신의 호흡, 케이던스, 착지 방식을 조화롭게 연결하며 만들어 내는 움직임의 흐름입니다. 음악에 비유하자면, 누가 어떤 노래를 부르느냐에 따라 리듬과 템포가 달라지듯, 러닝에서도 러너가 어떤 스타일의 달리기를 추구하느냐에 따라 각자에게 맞는 리듬이 존재합니다. 중요한 것은 특정 기준에 억지로 맞추기보다, 자신의 호흡과 케이던스, 착지 감각에 맞는 최적의 리듬을 찾아가는 것입니다. 결국 이 3가지 요소가 유기적으로 연결되면, 러닝은 더 편안하고 효율적인 움직임으로 완성됩니다.

케이던스는 리듬 속도를 결정합니다
케이던스가 높을수록 리듬은 더 빠르고 경쾌해지며, 심박수와 호흡도 함께 빨라지는 경향이 있습니다. 반대로 케이던스가 낮으면 리듬이 보다 안정적으로 유지되는 데 도움이 됩니다.

착지 방식도 리듬에 영향을 줍니다
달릴 때 발이 지면에 닿아 있는 시간, 즉 지면 접촉 시간(GCT, Ground Contact Time)에 따라 러닝 리듬은 달라집니다. 발이 지면에 오래 머무르면 움직임이 무거워지고 전체적인 흐름이 끊기거나 둔해질 수 있습니다. 반대로 지면에 닿는 시간이 짧아지면 리듬이 경쾌해지고 러닝 흐름도 부드러워집니다. 지면 접촉 시간을 줄이려면 지면을 강하게 누르고 오래 디디기보다는 가볍게 디딘 뒤 곧바로 다음 동작으로 이어지는 리듬을 만들어야 합니다.

예를 들어 발을 '쿵' 하고 누르는 느낌보다는 '툭툭' 가볍게 찍고 바로 떼는 듯한 움직임이 바람직합니다. 이를 위해 착지 순간 무릎을 약간 구부

❶ 알아 두세요

지면 접촉 시간(GCT)
한 발이 지면에 닿아 있는 시간. 짧을수록 리듬이 끊기지 않고 경쾌하게 이어지며, 러닝 효율도 높아질 수 있습니다.

려 충격을 흡수한 뒤, 발목과 종아리의 반동으로 지면을 튕겨 내듯 반응하는 것이 효과적이지요.

무엇보다 중요한 것은 착지 위치입니다. 발이 몸보다 앞에 떨어지면 지면에 오래 머무를 수밖에 없지만 엉덩이 아래, 몸 중심에 가까운 위치에서 착지하면 자연스럽게 반발력이 생기고 다음 동작도 빠르게 이어집니다. 발이 오래 머무르지 않고 가볍게 '톡톡' 튀어오르는 느낌이 든다면 리듬이 안정적으로 작동하고 있다는 긍정적인 신호입니다.

잠깐만요

케이던스는 무조건 높일수록 좋은 걸까요?

많은 러너들이 다음과 같은 질문을 자주 합니다.
"러닝 실력이 늘면 케이던스도 자연스럽게 올라가나요?"
"러닝 실력을 키우려면 케이던스를 높여야 하나요?"
결론부터 말하자면, 케이던스는 실력의 절대적인 지표가 아닙니다. 러닝 실력이 향상됐다고 해서 무조건 케이던스가 올라가는 것도 아니며, 반대로 케이던스를 억지로 높인다고 해서 실력이 향상되는 것도 아닙니다.
러닝 실력이 쌓이면 자신만의 리듬 감각과 호흡 조절 능력, 근육 협응력이 함께 좋아집니다. 이로 인해 케이던스는 자연스럽고 안정적인 범위에서 유지되거나, 필요에 따라 약간 높아지는 정도의 변화가 생길 수 있습니다. 특히 지면 접촉 시간을 줄이거나 착지 충격을 완화하는 기술이 익숙해질수록, 케이던스는 보다 효율적인 리듬 속에서 자연스럽게 조정되는 경우가 많습니다.

▶ 관련 영상

케이던스에 대한 오해와 진실

07 나만의 러닝 리듬을 찾는 법

호흡, 케이던스, 착지는 서로 유기적으로 작용하며 러너마다 고유한 리듬을 형성합니다. 러닝을 처음 시작한 사람이라면 이 요소들이 각각 따로 존재하는 기술이 아니라, 하나의 흐름으로 연결된다는 점을 이해하는 것이 가장 중요합니다.

편안한 호흡과 자연스러운 페이스가 리듬 찾기의 핵심

러닝을 처음 시작할 때 가장 중요한 요소는 거리나 속도가 아니라, 호흡의 편안함을 유지할 수 있는 페이스를 찾는 것입니다. 그렇다면 '편안한 호흡'과 '자연스러운 페이스'는 어떻게 스스로 점검할 수 있을까요? 가장 쉬운 방법은 다음과 같습니다.

- 말하기 테스트(Talk Test): 달리는 중 짧은 문장(예: "오늘 날씨 좋다")을 말할 수 있다면, 현재 페이스는 안정적인 상태입니다. 반대로 말이 끊기거나 이어지지 않는다면, 현재 속

도는 다소 과할 가능성이 있습니다.
- 호흡 리듬 체크: 1회 들숨 – 1회 날숨의 기본 호흡이 무리 없이 유지된다면, 신체에 적절한 페이스일 수 있습니다. 숨이 자꾸 짧아지거나 들숨과 날숨이 흐트러진다면 맞지 않는 속도로 달리고 있다는 신호입니다.
- 심리적 지표 확인: '힘들다'는 생각이 반복적으로 든다면, 호흡이나 리듬이 무너지고 있을 가능성이 높습니다. 초보 러너는 숨이 차지 않고, 리듬이 유지되며 말을 할 수 있을 정도의 속도를 목표로 삼아야 합니다.

러닝 리듬을 찾기 위한 3가지 포인트

초보 러너에게는 일정한 페이스를 유지하며 호흡과 리듬을 안정적으로 조절하는 감각을 익히는 것이 러닝 리듬 형성의 출발점이 됩니다.

천천히 시작하기
자연스러운 페이스 안에서 편안한 호흡을 유지하는 데 집중합니다. 초반부터 일정한 리듬을 만들기보다, 호흡과 동작이 조화를 이루도록 시간을 주는 것이 우선입니다.

호흡에 집중하기
얕고 짧은 호흡보다 깊고 규칙적인 호흡을 유지하는 것이 좋습니다. 특히 들숨과 날숨이 일정한 패턴으로 안정되면, 전체적인 리듬도 흔들림 없이 형성됩니다.

착지 방식 조절하기

지면 접촉 시간이 너무 길어지면 러닝 리듬이 끊기고 주행 흐름이 둔해질 수 있습니다. 착지는 지면을 오래 누르기보다 가볍고 짧게 디디는 것이 효과적입니다.

케이던스보다는 호흡을 기준으로

특히 초보 러너는 케이던스를 의식하고 조정하는 것이 쉽지 않기에, 처음에는 케이던스보다 호흡을 기준으로 리듬을 조정하는 것이 효과적일 수 있습니다.

지면 접촉 시간(GCT)을 감각적으로 이해해 봅시다

달리기에서 중요한 개념 중 하나가 바로 지면 접촉 시간(GCT)입니다. 이것은 한쪽 발이 지면에 닿아 있는 시간을 말하는데, 이 지면 접촉 시간이 길어지면 리듬이 무겁고 페이스가 느려질 수 있습니다. 반대로 접촉 시간이 짧아지면 발의 반응 속도는 빨라지고, 리듬은 가볍고 경쾌하고 안정적으로 이어질 수 있습니다. 지면 접촉 시간이 짧으면 발이 빠르게 반응하고, 리듬이 가볍고 경쾌하게 이어지기 쉬워집니다. 쉽게 말해, 발이 땅에 '쿵' 하고 눌리는 느낌이 강하고, 다음 발걸음으로 넘어가는 시간이 늦어진다면 GCT가 긴 상태입니다. 반대로 발이 '톡톡' 튀듯이 짧게 닿았다가 바로 넘어간다면 GCT가 짧은 상태입니다.

초보 러너의 경우, 자신이 GCT가 긴지 짧은지를 감으로 알기 어렵습니다. 이럴 땐 다음과 같은 감각적 기준으로 체크해 보면 좋습니다.

예를 들어, 착지 순간 발이 지면을 '쿵' 하고 누르듯 깊게 닿고, 다음 걸음으로 넘어가는 데 시간이 오래 걸린다면, 이는 지면 접촉 시간이 긴 상태로 볼 수 있습니다. 반대로 착지 시 발이 '톡톡' 튀듯 짧게 닿았다가 곧바로 다음 동작으로 이어지는 느낌이라면 GCT가 짧고, 효율적인 착지 리듬이 형성되고 있다는 신호입니다.

● 달릴 때 발을 땅에 누르듯 힘을 주고 있거나, 다음 발걸음이 느리게 이어진다면 → GCT가 길어지

고 있을 수 있습니다.
- 달릴 때 발이 바닥에 닿는 느낌이 가볍고 동작 끊김 없이 이어진다면 → GCT가 짧은, 효율적인 움직임일 수 있습니다.

지면 접촉 시간이 짧을수록 착지 충격을 빠르게 반발력으로 전환해낼 수 있고, 그만큼 리듬과 페이스를 안정적으로 유지하기 쉽습니다.

숙련된 러너를 위한 리듬 찾기

러닝 경험이 쌓인 숙련된 러너에게는 단순히 '편안한 리듬을 유지하는 것'만으로는 한계를 넘기 어렵습니다. 특히 30분 이상 지속적으로 달릴 수 있는 러너라면 10킬로미터, 하프, 풀코스와 같은 장거리 레이스를 대비하기 위해 '호흡과 리듬을 유연하게 조절하는 능력'이 중요해집니다. 예를 들어, 초반에는 여유 있는 호흡 패턴(예: 2-2[두 번 들이쉬고 두 번 내쉬기] 또는 1-1[한 번 들이쉬고 한 번 내쉬기])으로 시작하고, 중반에는 다소 빠른 호흡 패턴(예: 2-1[두 번 들이쉬고 한 번 내쉬기])으로 전환하여 리듬을 조정합니다. 후반에는 숨이 가빠지더라도 호흡의 흐름이 무너지지 않도록 유지하는 힘이 필요합니다. 숙련된 러너에게는 이런 리듬 전환 능력이 곧 경기 후반의 유지력으로 이어집니다.

속도나 지형 변화에 따라 케이던스와 호흡 템포를 유연하게 바꾸는 연습도 중요합니다. 오르막이나 가속 구간에서는 케이던스가 바뀌고, 호흡 깊이와 빈도 역시 달라지기 때문입니다. 이때 단순히 빠르게 숨을 쉬는 것만으로는 부족합니다. 깊고 여유 있는 호흡, 짧고 리듬감 있는 호흡을 상황에 맞게 조절하여 에너지 소모를 줄이는 전략적 호흡 조절 감각이 요구됩니다.

숙련된 러너에게 필요한 것은 '유지된 리듬'이 아니라 '변화에 강한 리듬'입니다. 경기 상황과 코스 환경, 컨디션에 따라 호흡과 케이던스를 전략적으로 조절할 수 있는 유연한 리듬 감각을 키워 보세요.

잠깐만요

자연스러운 리듬을 찾기 위해서는

리듬에는 2가지 유형이 있습니다. 첫째는 외부 기준에 따라 일정하게 반복되는 '정해진 리듬'입니다. 예를 들어, 케이던스 180, 2-2 호흡 패턴처럼 숫자나 박자에 맞춰 동작을 반복하는 형태입니다. 둘째는 호흡·케이던스·착지가 내 몸에 자연스럽게 어우러지는 '유기적 리듬'입니다. 숫자에 얽매이지 않고, 숨이 무리 없이 이어지며 발걸음이 끊기지 않고 전체 동작이 부드럽게 연결되는 상태, 그것이 바로 '자연스러운 리듬'입니다.

● **처음에는 호흡을 기준으로 리듬을 조절해 보세요**

초보 러너에게는 케이던스보다 호흡을 기준 삼는 것이 더 효과적일 수 있습니다. 호흡 기반 조절은 자신의 여유에 맞게 발걸음을 조정할 수 있어, 보다 유연하고 안정적인 리듬 형성에 적합합니다. 예를 들어, 두 걸음에 들이쉬고 두 걸음에 내쉬는 '2-2 호흡 패턴'이 무리 없이 이어진다면, 그 템포에 발걸음을 맞추는 식으로 흐름을 만들어갈 수 있습니다. 이 방식은 호흡이 먼저 무너지지 않도록 도와주기 때문에 초보자에게 특히 유용합니다.

리듬을 조정하는 2가지 방법

구분	케이던스로 리듬 조정	호흡으로 리듬 조정
기준	발걸음의 템포	들숨과 날숨의 템포
특징	일정한 박자 유지에 유리	유연하게 조절 가능, 몸 상태에 따라 적응
장점	주행 효율 향상, 리듬감 강화	호흡 안정, 초보자에게 적합
단점	초보자는 숨이 먼저 가빠질 수 있음	리듬 형성이 다소 느릴 수 있음

● **그렇다면 '잘 맞아떨어지는 리듬'은 어떤 상태일까요?**
가장 쉽게는, 들숨과 날숨이 발걸음과 자연스럽게 어울려 의식하지 않아도 반복되는 상태입니다. 예를 들어, '두 걸음 들이쉬고, 두 걸음 내쉬는' 호흡이 억지 없이 자연스럽게 이어진다면, 이때가 바로 호흡과 발걸음이 잘 맞아떨어지는 리듬입니다. 또한 발걸음이 끊기지 않고 부드럽게 이어지며, 숨이 차지 않고 일정한 리듬으로 반복되고, 말을 해도 부담 없는 정도의 여유가 유지된다면 지금 리듬이 잘 형성되고 있다는 신호입니다. 이런 상태에서는 신체 긴장도 줄고, 산소 공급도 원활해져 러닝의 효율이 더욱 높아질 수 있습니다.

셋째 마당

쾌적한 달리기를 위한 준비 사항

08 러닝화 선택하기

09 러닝 의류 선택하기

10 스포츠워치 및 기타 장비 선택 요령

불필요한 지출 없이
내게 맞는 러닝 장비를 마련할 수 있습니다

러닝을 더 즐겁고 건강하게 지속하기 위해서는 최소한의 장비를 갖추는 것이 도움이 됩니다. 흔히 '장비발'이라고 표현되듯 러닝화나 복장은 러닝의 효율성과 안전에 직접적인 영향을 미칩니다. 나에게 잘 맞는 러닝화와 몸의 움직임을 방해하지 않는 편안한 복장은 러닝의 몰입도를 높이고 부상 예방에도 효과적입니다.

그러나 적합한 장비를 선택하는 일은 생각보다 쉽지 않습니다. 러닝화만 하더라도 발 모양이나 주법, 지면 환경에 따라 선택 기준이 달라지며, 러닝복 역시 땀 배출량이나 날씨, 개인의 체온 감각에 따라 다양한 기준이 적용됩니다. 이로 인해 많은 러너들이 처음에는 유명 브랜드나 인플루언서의 추천에 따라 장비를 구매하고, 이후 자신과 맞지 않는다는 사실을 깨닫는 경험을 하게 됩니다. 이 과정에서 사용하지 않는 장비가 쌓이고, 불필요한 지출로 이어지는 경우도 적지 않습니다.

이번 장에서는 이러한 시행착오를 줄이기 위해 자신에게 맞는 러닝화와 장비를 효과적으로 선택하는 방법을 안내하고자 합니다. 나에게 적합한 장비를 선택하면 러닝이 더욱 즐거워지고, 부상의 위험을 줄이며, 목표 기록을 달성하는 데 큰 도움이 됩니다. 무엇보다 러닝이 주는 순수한 즐거움을 온전히 누릴 수 있도록 도와줄 것입니다.

자, 이제부터 함께 하나씩 알아볼까요?

08 러닝화 선택하기

나에게 맞는 러닝화를 찾아보자

자신의 발 모양과 주법에 맞는 러닝화를 선택하는 것은 러닝의 효율성과 부상 예방을 위해 중요합니다. 따라서 러닝화를 구매하기 전에는 자신의 발의 특징뿐만 아니라 주법도 함께 고려할 필요가 있습니다.

러닝화는 다음 3단계에 걸쳐 선택하는 것을 권합니다.

1단계 자신의 발 모양 체크하기

발 모양은 러닝화를 선택할 때 반드시 고려해야 할 요소입니다. 대표적으로는 발볼이 넓은 경우, 평발인 경우, 발 아치가 높은 경우가 있습니다.

- 발볼이 넓은 경우: 일반적인 러닝화보다 발볼이 넓은 버전(Wide 또는 2E, 4E)을 선택합니다.
- 평발 또는 과내전(overpronation)이 있는 경우: 발 안쪽을

잡아 주는 모션 컨트롤(motion control) 기능이 있는 안정화 신발이 적합합니다.
- 아치가 높은 경우(underpronation): 충격을 흡수해줄 수 있는 쿠셔닝이 강화된 러닝화를 선택합니다.

다양한 발 모양

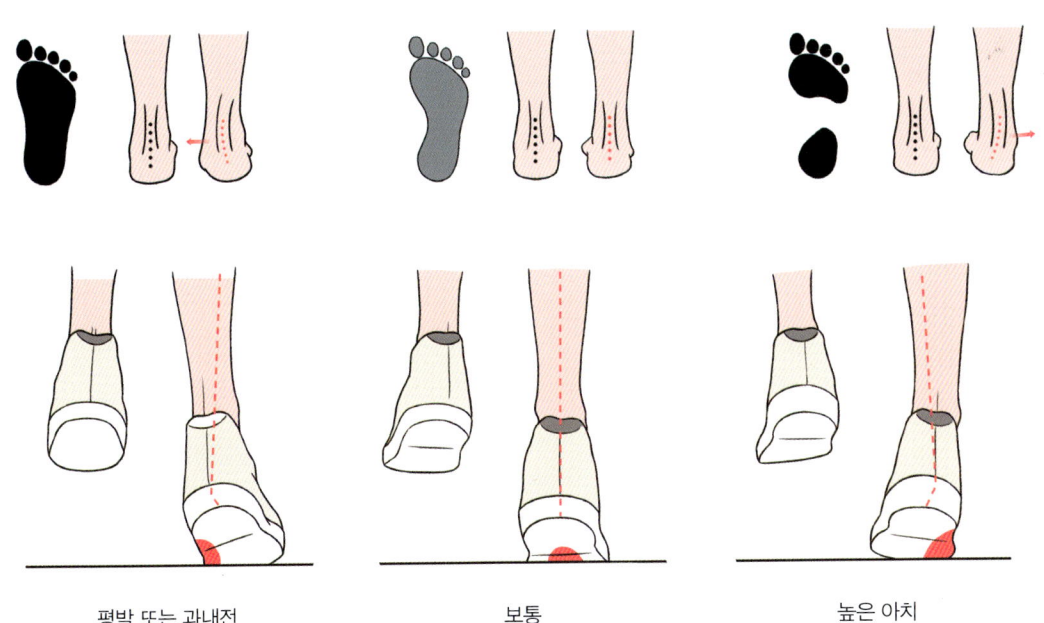

평발 또는 과내전   보통   높은 아치

발볼이 넓은 러너라면?

발볼이 넓은 사람이 겉으로 보이는 발 길이에만 맞춰 신발을 고르면, 러닝 중 신발 옆면이 발을 압박해 통증이나 물집, 발톱 손상이 생기기 쉽습니다. 발볼이 신발에 눌리면 착지 시 발의 자연스러운 확장과 충격 흡수가 어렵고, 이는 러닝 효율 저하로도 이어집니다.

발볼이 넓은 러너는 일반적인 러닝화보다 발볼이 넓게 제작된 버전(Wide, 2E 또는 4E)을 선택하는 것이 좋습니다. 발볼이 좁은 신발은 발을 조이거나 압박해 러닝 중 자연스러운 발 확장이나 착지 충격 분산을 방해할 수 있으며, 물집이나 발가락 통증, 러닝 효율 저하로 이어질 수 있습니다. 다음과 같은 브랜드에서는 발볼 넓은 러너를 위한 'Wide' 또는 '2E/4E' 옵션이 잘 마련되어 있어 선택에 도움이 됩니다.

뉴발란스
'Fresh Foam 1080' 시리즈

www.nbkorea.com

브룩스
'Ghost', 'Glycerin' 시리즈

brooksrunning.co.kr

- 뉴발란스: 'Fresh Foam 1080' 시리즈(2E, 4E 옵션 제공)
- 브룩스: 'Ghost', 'Glycerin' 시리즈(Wide, Extra Wide 옵션 제공)

평발이거나 과내전인 경우

평발 또는 과내전, 즉 달릴 때 발이 안쪽으로 과도하게 기울어지는 주법이 있는 경우에는 체중이 한쪽으로 쏠리면서 발목이 흔들리고, 그 충격이 무릎, 고관절, 허리까지 연쇄적으로 전달될 수 있습니다. 따라서 발의 안쪽을 지지해 줄 수 있는, 일반적인 쿠션화보다는 '모션 컨트롤' 기능이 탑재된 러닝화를 선택하는 것이 좋습니다. 이 기능은 무너진 아치를 지지하고, 발이 안쪽으로 과도하게 기울어지는 움직임을 방지해 착지 시 안정성과 러닝 효율을 높이는 데 도움이 됩니다.

이런 기능이 잘 갖춰진 대표적인 러닝화는 다음과 같습니다.

호카 '아라히' 시리즈

brand.naver.com/hoka

나이키 '줌 스트럭처' 시리즈

www.nike.com/kr

- 호카 '아라히': 두툼한 쿠셔닝과 함께 'J-프레임(J-Frame™)' 기술이 적용되어 있어, 발이 안쪽으로 무너지는 움직임을 부드럽게 제어하고 착지 안정성을 높입니다. 평발이나 과내전이 있는 러너에게 적합한 대표적인 안정화입니다.

- 나이키 '줌 스트럭처': 미드솔(중창) 안쪽에 배치된 밀도 높은 폼이 발의 회전 과정을 조절하고 중족부 지지력을 강화해 줍니다. 발 안쪽이 무너지는 경향이 있는 러너에게 추천되는 안정화 모델입니다.

잠깐만요

발의 회전 움직임에 대해 알아봅시다

러닝 시 착지 패턴을 이해할 때 자주 등장하는 개념이 바로 '프로네이션'과 '슈피네이션'입니다. 이 용어들은 착지 시 발의 회전 움직임을 설명하는 개념으로, 러너의 주법, 착지 형태, 부상 위험도를 판단하는 데 매우 중요한 기준이 됩니다.

구분	설명
프로네이션(Pronation)	착지 시 충격을 흡수하기 위해 발이 안쪽으로 자연스럽게 회전하는 움직임. 정상적인 회전입니다.
오버프로네이션 (Overpronation, 과내전)	발이 과도하게 안쪽으로 회전하는 상태. 주로 평발이나 무릎이 안쪽으로 몰리는 사람에게 나타납니다.
언더프로네이션(Underpronation) 슈피네이션(Supination)	착지 시 회전이 거의 없거나 바깥쪽으로 기울어지는 상태. 주로 아치가 높은 사람에게 많으며, 충격 흡수 기능이 떨어질 수 있습니다.

아치가 높은 사람은?

아치가 높은 경우(언더프로네이션)에는 착지 시 충격 흡수 능력이 떨어지는 경우가 많아 지면에서 오는 충격이 근육보다 뼈와 관절로 전달되는 경향이 있습니다. 이러한 충격을 줄이기 위해서는 쿠셔닝이 강조된 러닝화를 선택하는 것이 좋습니다. 충격이 관절로 직접 전달되지 않도록 돕는 두툼하고 부드러운 쿠셔닝은 러닝 후 피로 누적과 부상 위험을 줄이

호카 '클리프톤' 시리즈

온 '클라우드서퍼 맥스' 시리즈

www.on.com

는 데 효과적입니다. 이런 기능이 잘 갖춰진 대표적인 러닝화는 다음과 같습니다.

- 호카 '클리프톤' 시리즈: 호카를 대표하는 쿠셔닝 러닝화로, 부드럽고 안정적인 착지감을 제공합니다. 요족(높은 아치)이 있거나 언더프로네이션인 러너에게 적합합니다. 장거리 러닝이나 일상 러닝화로도 널리 사용되는 모델입니다.
- 온러닝 '클라우드서퍼 맥스' 시리즈: 지루한 장거리 러닝을 편안하고 즐겁게 소화할 수 있는 맥스 쿠션 모델입니다. 도미노처럼 순차적으로 넘어가는 구조의 CloudTec Phase® 이중 설계로 지속적인 쿠셔닝과 탁월한 충격 흡수를 제공합니다. 뒤꿈치부터 발끝까지 부드럽게 에너지가 전환되도록 하여 안정적이고 유연한 주행 흐름을 느낄 수 있습니다.

2단계 착지 주법의 유형 체크하기

달릴 때 발이 지면에 닿는 방식, 즉 착지 주법은 러닝 시 충격 흡수와 에너지 전달에 중요한 영향을 줍니다. 대표적인 착지 주법은 다음 3가지로 나뉩니다.

- 포어풋 착지: 앞꿈치가 먼저 지면에 닿는 주법으로, 반응성이 뛰어나고 민첩한 움직임에 유리하지만 종아리와 발목에 부담이 커지는 경향이 있습니다.
  → 얇고 유연한 러닝화 스타일의 제품이 적합합니다.

- 미드풋 착지: 발의 중간 전체가 동시에 지면에 닿는 주법으로, 착지 충격 분산과 에너지 효율 면에서 가장 이상적인 방식으로 평가됩니다.
  → 균형 잡힌 쿠셔닝과 반응성을 모두 갖춘 러닝화가 어울립니다.
- 리어풋 착지: 뒤꿈치부터 닿는 가장 일반적인 주법으로, 초보 러너에게 흔히 나타납니다.
  → 충격 흡수가 뛰어난 쿠셔닝 중심의 러닝화가 적합합니다.

3단계 러닝화 매장에서 테스트하기

러닝화는 단순히 앉아서 신어 보는 것만으로는 착화감을 충분히 판단하기 어렵습니다. 걸을 때와 달릴 때는 발의 움직임, 착지 각도, 보폭 등이 달라지기 때문입니다. 전문 러닝화 매장에서는 트레드밀 위에서 직접 걸어 보거나 가볍게 달리며 주법을 확인할 수 있는 테스트 서비스를 제공하므로 이를 적극 활용하는 것이 좋습니다.

특히 주법 분석 서비스를 함께 제공하는 매장이라면 자신의 착지 패턴과 발 움직임에 적합한 러닝화를 더욱 정확하게 추천받을 수 있습니다.

알아 두세요
러닝화 분석 중심 매장
- 레이스먼트(RACEMENT)
  : 서울 강남구
- 굿러너(Goodrunner)
  : 서울 성동구
- 플릿러너(Fleet Runner)
  : 서울 송파구
- 러너스클럽(Runners Club)
  : 서울 서초구
- 온유어마크(On Your Mark)
  : 서울 종로구
- 엔듀로레이스(Enduro Race)
  : 인천 남동구
- 쏘우러닝(Sow)
  : 서울 송파구

주법 또는 발 분석을 받을 수 있는 러닝화 전문 매장

전문 러닝화 매장을 방문하면 발 분석 장비를 활용해 나에게 적합한 러닝화를 추천받을 수 있습니다. 트레드밀, 3D 발 스캔, 압력 측정 장비 등을 통해 발 모양, 아치 높이 등을 분석한 뒤 브랜드별 큐레이션 서비스를 제공합니다.

> **알아 두세요**
>
> **러닝 자세 분석 중심 센터**
> ● 아이오 센터(Infinite Opportunity)
> : 서울 강남구
> ● 런콥 센터(RUNCORP Center)
> : 서울 강남구
> ● 오픈케어 센터(OPENCARE Center)
> : 서울 송파구
> ● 엔듀로런베이스
> (ENDURO Runbase)
> : 서울 서초구
> ● 트레이닝 데이 센터
> (Training Day Center)
> : 서울 성동구

또는 러닝 자세를 중점적으로 분석하는 러닝 분석 센터에 방문하는 것도 좋습니다. 영상 촬영, 동작 분석, 모션 캡처 등을 통해 팔치기, 착지 위치, 케이던스, 골반 움직임 등을 종합적으로 분석하고 러닝 폼 개선을 도와줍니다.

정리하면, 매장은 러닝화 분석 및 제품 추천 중심, 센터는 착지 리듬과 자세 분석 중심입니다. 러닝 목적과 현재 상태에 따라 방문할 곳을 선택하면 더욱 효과적인 분석과 개선이 가능합니다.

> **관련 영상**
>
> 올바른 러닝화 선택의
> 모든 것
>
>
>
> 발 모양과 아치에 맞는
> 러닝화 선택법
>
>

09 러닝 의류 선택하기

어떤 복장으로도 러닝을 시작할 수 있지만 달리는 환경을 더 쾌적하게 만들어 주는 옷은 분명 존재합니다. 예를 들어, 여름철에는 통기성이 좋고 땀 배출이 잘되는 기능성 의류, 겨울철에는 땀은 배출하면서도 체온 유지를 도와주는 방풍 기능이 있는 옷이 적합합니다. 이번에는 러닝 의류에 대해 이야기해 보겠습니다.

날씨와 계절에 따라 어떻게 선택해야 할까?

여름

여름에는 체온이 상승하고 땀이 많이 나기 때문에, 통기성과 흡습 속건(땀을 빠르게 흡수하고 건조시키는 능력)이 뛰어난 소재를 사용하는 것이 중요합니다. 단순히 옷이 얇다고 해서 반드시 시원한 것은 아닙니다. 땀이 잘 배출되지 않으면 오히려 몸에 들러붙고, 체온 조절도 어려워집니다. 여름철 러닝복에는 다음과 같은 기능성 소재가 주로 사용됩니다.

- 폴리에스터(Polyester): 가장 널리 쓰이는 기능성 원단입니다. 흡습 속건 기능이 뛰어나며 땀이 빠르게 마르고 통기성이 좋습니다. 젖어도 무겁지 않고 빠르게 건조된다는 장점이 있습니다.
- 나일론(Nylon): 강도와 내구성이 뛰어나 러닝처럼 반복적인 움직임에 적합하며, 통기성과 흡습성도 우수합니다. 폴리에스터보다 부드러운 감촉입니다.
- 메쉬(Mesh): 원단 구조 자체에 공기 구멍이 있어 통기성이 매우 뛰어납니다. 주로 상의, 겨드랑이, 등판 등 땀이 많은 부위에 메쉬 패널로 적용됩니다.
- 쿨맥스(Coolmax): 땀을 빠르게 흡수한 뒤 넓은 표면적으로 퍼뜨려 빠르게 증발시키는 고기능성 원단입니다. 쾌적한 착용감을 오래 유지하는 데 효과적입니다.
- 심리스(Seamless): 봉제선을 최소화하거나 제거한 구조로, 피부 쓸림을 방지하고 착용감이 부드럽습니다. 여름뿐 아니라 장거리 러닝 시 이너웨어로도 유용합니다.

여름 러닝복은 땀이 잘 빠지고, 피부에 자극이 없으며, 열을 효과적으로 배출할 수 있는 소재로 구성되어야 합니다. 폴리에스터 기반의 흡습 속건 기능, 메쉬 구조의 통기성, 심리스의 착용감, 쿨맥스의 쾌적함이 잘 조화된 제품이라면 여름 러닝을 훨씬 더 쾌적하게 만들어 줄 것입니다.

겨울

겨울 러닝에서는 추위를 막는 것도 중요하지만, 달리는 동안 발생한 땀을 효과적으로 배출하는 것이 더욱 중요합니다. 땀이 몸에 남아 있으면 체온이 급격히 낮아져 감기에 걸리기 쉬우며, 러닝의 집중도도 떨어질 수 있습니다. 따라서 겨울 러닝복은 땀을 빠르게 배출하면서 체온을 유지해 주는 기능성 의류의 조합이 핵심입니다.

그 중심에 있는 것이 바로 '베이스레이어(base layer)'입니다. 흔히 '긴팔 티셔츠'라고 생각할 수 있지만, 겨울 러닝에서는 면 티셔츠가 아닌 흡습 속건 기능이 뛰어난 기능성 긴팔 티셔츠를 입는 것이 중요합니다. 베이스레이어는 피부에 가장 먼저 닿는 옷으로 땀을 빠르게 흡수해 외부로 배출하고, 체온을 유지하는 역할을 합니다.

이 위에 착용하는 외투는 단순히 두꺼운 옷이 아니라, 가볍고 통기성이 좋으며 바람을 효과적으로 막아 주는 기능성 소재의 외투가 적합합니다. 방풍 기능이 있는 겉옷(윈드브레이커, 러닝 재킷 등)을 입으면, 땀이 찬 공기로 바뀌어 체온을 떨어뜨리는 것을 막고 외부의 찬 바람도 효과적으로 차단할 수 있습니다. 특히 러닝 전용 윈드브레이커는 소매, 밑단, 목 부분의 구조가 바람 유입을 최소화하도록 설계되어 있어, 겨울 러닝에서도 체온 손실을 줄이고 쾌적함을 유지하는 데 도움이 됩니다. 또한 가벼운 소재로 만들어져 러닝 중에도 움직임을 방해하지 않고, 필요 시 휴대하기에도 좋습니다.

잠깐만요

엔듀로레이스 코치들이 알려주는 러닝복장 팁!

엔듀로레이스 코치들이 실제로 추천하는 계절별 러닝복 조합을 소개합니다.

● **여름**
여름에는 땀을 빠르게 배출하고 통기성이 뛰어난 복장이 가장 중요합니다. 상의는 쿨맥스, 폴리에스터 등 흡습 속건 기능이 있는 민소매나 반팔 티셔츠를 추천하며, 메쉬 구조가 적용된 제품이면 더욱 좋습니다. 하의는 땀에 젖어도 무겁지 않은 러닝 쇼츠, 이너웨어는 심리스 구조의 통기성이 좋은 제품이 적합합니다. 양말도 흡습성과 통기성을 갖춘 기능성 제품을 선택해야 발에 땀이 차는 것을 막을 수 있습니다.
▶ 코치들이 추천하는 여름 복장 조합: 쿨맥스 민소매+얇은 러닝 쇼츠

● 겨울
겨울에는 단순히 '따뜻한 옷'이 아니라, 체온을 유지하면서 땀을 배출할 수 있는 옷을 선택해야 합니다. 이너는 흡습 속건 기능이 있는 긴팔 베이스레이어를 기본으로 하고, 그 위에는 바람을 막아 주는 윈드브레이커나 경량 러닝 재킷을 걸쳐 찬 바람을 차단합니다. 하의는 기모 타이츠나 방풍 기능이 있는 러닝 팬츠를 착용하고, 기온에 따라 비니, 장갑, 넥워머 등의 방한 아이템을 추가로 준비하면 체온 유지에 도움이 됩니다. 단, 부피감이 큰 패딩은 움직임을 방해하므로 피하는 것이 좋습니다.
▶ 코치들이 추천하는 겨울 복장 조합: 기능성 베이스레이어+얇은 방풍 자켓+기모 타이츠

● 장마철·비 오는 날
비 오는 날에도 러닝을 계속하고 싶다면 방수 기능이 있는 러닝복이 필요합니다. 이때는 속옷과 상하의를 모두 흡습 속건 소재로 선택하고, 겉에는 투습성과 방수 기능이 뛰어난 경량 윈드브레이커를 착용하는 것이 효과적입니다. 추가로 챙이 있는 모자, 방수 주머니, 여벌 양말 등을 챙기면 더욱 쾌적한 러닝이 가능합니다.
▶ 코치들이 추천하는 비 오는 날 복장: 기능성 상하의+경량 방수 윈드브레이커

러닝복은 러닝의 효율성과 지속성을 좌우하는 러너의 기본 장비입니다. 계절과 기온, 강수 등 환경에 따라 적절한 복장을 선택하고 조합해 러닝을 더 즐겁고 쾌적하게 즐겨 봅시다.

의류 핏은 어떻게 선택하면 좋을까?

러닝 의류는 브랜드마다 핏과 사이즈가 다릅니다. 여러 브랜드를 시도해 보는 것이 좋으며, 일반적인 일상복보다 반 사이즈 업을 고려하는 것도 도움이 됩니다.

다음은 러닝 중심 브랜드들의 핏 특성을 정리한 내용입니다. 타이트한 핏을 선호하는지, 여유 있고 편안한 핏을 선호하는지에 따라 브랜드를

> **알아 두세요**
> **인터벌 트레이닝**
> 빠르게 달리는 구간과 천천히 달리는 구간을 번갈아 반복하는 훈련입니다.

선택할 때 참고하면 좋습니다.

타이트한 핏을 선호하는 러너에게 추천

- 나이키: 전반적으로 슬림하고 퍼포먼스 지향적인 핏이 많습니다. 상의는 몸에 밀착되며, 하의는 허벅지를 잡아 주는 쇼츠나 타이츠 스타일로 구성되어 빠른 템포의 러닝이나 인터벌 훈련(Interval Training)에 적합합니다.
- 아식스: 기능성과 핏감을 중시하는 브랜드입니다. 상의는 근육의 움직임을 도와주는 밀착형이 많고, 하의 역시 타이트한 실루엣으로 구성되어 퍼포먼스 중심의 러너들에게 추천됩니다.
- 언더아머: 트레이닝 기반 브랜드로, 러닝 의류도 압박감 있고 근육 지지력이 뛰어난 피트된 실루엣이 특징입니다. 지지력이 있는 옷을 선호하는 러너에게 적합합니다.

여유 있고 편안한 핏을 선호하는 러너에게 추천

- 호카: 러닝화처럼 편안함과 장거리 지속성을 중시합니다. 상하의 모두 여유 있는 실루엣이며, 몸에 붙지 않는 착용감을 원하는 러너에게 좋습니다.
- 온: 미니멀하고 부드러운 디자인이 특징입니다. 적당히 몸에 맞되 조이지 않아 일상복처럼 자연스럽게 착용할 수 있습니다.
- 브룩스: 클래식한 러닝 브랜드로, 부드러운 원단과 여유 있는 사이즈감이 특징입니다. 편안한 복장을 원하는 러너에게 적합합니다.

중간 스타일을 선호하는 러너에게 추천

- 아디다스: 레귤러핏과 슬림핏 라인이 섞여 있으며, 퍼포먼스 라인에는 타이트한 제품도 있습니다. 기능성과 스타일의 균형을 원하는 러너에게 추천합니다.
- 뉴발란스: 제품군에 따라 핏이 다양하지만, 러닝 라인은 대체로 레귤러핏입니다. 트렌디한 실루엣과 실용성을 모두 고려한 스타일로, 부담 없이 착용할 수 있습니다.

초보 러너나 장거리 러너라면 몸에 밀착되는 옷보다 여유 있고 편안한 착용감을 우선 고려하는 것이 좋습니다. 러닝복은 '서 있을 때'보다 '달릴 때' 얼마나 편한지가 더 중요합니다. 브랜드 내에서도 러닝 전용 라인과 라이프스타일 라인은 핏이 다르므로 구매 전 제품 정보를 꼭 확인해야 합니다.

잠깐만요

중고 거래를 활용해 보세요!

기능성 러닝 재킷이나 방풍 의류는 가격이 부담스러울 수 있습니다. 특히 계절성이 강한 아이템이거나 처음 구매하는 브랜드라면, 중고 거래 플랫폼을 통해 합리적인 가격으로 시작해 보는 것도 좋은 방법입니다.

[대표적인 중고 거래 플랫폼]
● 당근
지역 기반 플랫폼으로, 근처에 거주하는 사람들과 직접 만나 빠르고 간편하게 거래할 수 있습니다. 한두 번 착용한 방풍 재킷이나 상태가 좋은 러닝복을 저렴하게 구입할 수 있는 경우가 많습니다.

● 번개장터

다양한 브랜드의 러닝 의류가 등록되어 있고, 전문 셀러들이 많아 택배 거래가 용이합니다. 브랜드, 사이즈, 소재 등 필터 검색 기능이 잘 갖춰져 있어 원하는 제품을 쉽게 찾을 수 있는 점도 장점입니다.

[중고 거래가 활발한 러닝 커뮤니티]

● 슈파인더 놀이터 (네이버 카페)

러닝화 중심의 정보 공유가 활발하며, 중고 거래 게시판도 자주 이용됩니다.

● 휴먼레이스, 오픈케어 (네이버 카페)

러닝 복장이나 러닝화뿐 아니라 트레이닝 관련 의류까지 다양한 거래가 이루어집니다. 회원 간의 신뢰를 바탕으로 비교적 안전하게 거래할 수 있는 것도 장점입니다.

▶ 관련 영상

장마철 러닝!
함께 준비하고 달려요!
비오는날 달리기 꿀팁!

마라톤 선수가 추천하는
겨울 기온별
러닝복장 루틴

10 스포츠워치 및 기타 장비 선택 요령

러닝 능력을 향상하기 위해 많은 러너들이 스포츠워치를 활용합니다. 스포츠워치는 단순히 거리와 시간뿐 아니라 달린 경로, 페이스, 심박수, 고도 변화, 회복 시간 등 다양한 데이터를 기록할 수 있어, 훈련 관리와 체계적인 기록에 큰 도움이 됩니다. 러닝에 적합한 스포츠워치를 선택할 때는 다음 기준을 참고하면 좋습니다.

스포츠워치, 러닝 숙련도에 따라 선택할 것

- 초급 러너: 복잡한 기능보다는 '일관된 러닝 루틴'을 만드는 데 도움이 되는 워치를 선택합니다.
- 중급 러너: 러닝 데이터를 기반으로 한 트레이닝 분석, 회복 가이드 기능이 중요한 기준이 됩니다.
- 고급 러너: 배터리 지속 시간, GPS 정밀도, 회복·수면 분석 등 고급 기능이 중요합니다.

애플워치 SE 시리즈

www.apple.com/kr

갤럭시워치 Classic 시리즈

www.samsung.com

샤오미 또는 화웨이 워치

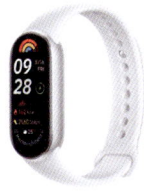

www.mi.com,
consumer.huawei.com

초급 러너-러닝에 익숙해지는 것이 우선!

초보자에게 가장 중요한 것은 기록을 꾸준히 남기는 습관입니다. 이 시기에는 러닝 일자, 시간, 거리만 확인할 수 있어도 충분합니다. 다양한 기능보다는 착용이 간편하고 사용이 쉬운 제품이 적합합니다.

추천 제품

- 애플워치 SE 시리즈: 아이폰 사용자에게 가장 접근성이 좋으며, 기본 러닝 기록 기능에 충실합니다.
- 갤럭시워치 Classic 시리즈: 안드로이드 사용자에게 적합하며, 삼성 헬스 앱과의 연동이 간편합니다.
- 샤오미 또는 화웨이 워치: 가성비가 뛰어나고 거리, 시간, 심박수 측정 등 기본 기능이 충실합니다.

중급 러너-10킬로미터 또는 하프 마라톤을 준비하는 단계

러닝이 습관화되고 목표가 생기기 시작하면 이제는 심박수, 페이스, 고도, 케이던스(보폭 빈도) 같은 심화 데이터 분석이 필요해집니다. 이 단계부터는 러닝 특화 기능이 탑재된 제품이 도움이 됩니다.

추천 제품

- 가민 Forerunner 255/265: 페이스, 심박수, 케이던스, VO_2max, 트레이닝 부하 분석 및 회복 시간 가이드 기능을 지원합니다.
- 코로스 Pace 3: 가성비가 뛰어난 러닝 워치로, 무게가 가볍고 데이터 수집 기능이 충실해 중급 러너에게 적합합니다

고급 러너-풀코스 마라톤 또는 대회를 준비한다면

훈련이 체계화되고, 레이스를 목표로 하는 러너라면 더욱 정밀한 기능이

필요합니다. GPS 정확도, 경로 안내, 인터벌 설정, VO₂max(최대산소섭취량), 젖산역치 추정, 고도 변화, 러닝 파워 분석 등 고급 기능을 갖춘 워치를 선택하는 것이 좋습니다.

추천 제품

가민 Forerunner 255/265

www.garmin.co.kr

코로스 Pace 3

coros.com

가민 Forerunner 970 / Fenix 시리즈

www.garmin.co.kr

코로스 Apex Pro 2 / Vertix 2

coros.com

순토 9 Peak Pro

suunto.co.kr

- 가민 Forerunner 970 / Fenix 시리즈: 고급 멀티스포츠 기능 탑재. 지도, 트레이닝 부하 분석, 회복 시간 등 마라톤 전용 기능이 잘 갖춰져 있습니다.
- 코로스 Apex Pro 2 / Vertix 2: 울트라 러너, 트레일 러너에게 적합한 모델로, 긴 배터리 수명과 고도 측정, 네비게이션 기능이 탑재되어 있습니다.
- 순토 9 Peak Pro: 견고한 설계와 직관적인 인터페이스로 울트라마라톤(42.195km 마라톤 거리를 초과해 달리는 모든 경기)이나 트레일 러닝에 적합한 하이엔드 모델입니다.

워치 선택 시에는 자신의 러닝 목표와 트레이닝 강도에 따라 적절한 모델을 선택하는 것이 중요합니다. 또한 iOS와 안드로이드 간 호환성도 반드시 확인해야 합니다. 고가의 워치를 처음 구매할 경우, 전문 러닝 매장에서 진행하는 '스포츠워치 렌탈 서비스'나 중고 거래 플랫폼을 활용하는 것도 하나의 방법이 될 수 있습니다.

무엇보다 내가 필요로 하는 기능이 있는지가 중요

스포츠워치는 브랜드나 가격보다 나에게 꼭 필요한 기능이 있는지를 중심으로 비교해 보는 것이 중요합니다. 러닝용 워치라면 특히 GPS 정확도, 배터리 지속 시간, 러닝 특화 기능, 조작감 등을 주요 기준으로 살펴봐야 합니다. 먼저, GPS 정확도는 위치 기록의 정밀도에 직접적인 영향을 줍니다. 단순히 거리 측정뿐 아니라 페이스나 경로, 고도까지 정확히 기록하고 싶다면 듀얼 밴드 GPS나 멀티 GNSS(Global Navigation Satellite System) 시스템을 지원하는 제품을 선택하는 것이 좋습니다.

또한 제품마다 손목 핏과 조작 방식의 차이가 있으므로, 구매 전 직접 착용해 보고 버튼 반응과 인터페이스가 자신에게 맞는지 확인해 봅시다. 러닝 전문 매장이나 워치 트라이얼 이벤트를 활용하면 비교 경험을 통해 만족스러운 선택을 할 수 있습니다.

> **알아 두세요**
>
> ● **듀얼 밴드 GPS란?**
> 기존 GPS는 하나의 주파수(신호)를 이용해 위성으로부터 위치 정보를 수신합니다. 하지만 건물이나 나무가 많은 환경에서는 신호가 튕기거나 약해져 정확도가 떨어질 수 있습니다. '듀얼 밴드 GPS'는 2개의 주파수를 동시에 사용해 신호 간섭을 줄이고 위치 정확도를 높인 기술입니다. 러닝 코스를 더욱 정밀하게 기록하고 싶은 러너에게 적합한 기능입니다.
>
> ● **멀티 GNSS 시스템이란?**
> GNSS(Global Navigation Satellite System)는 위성을 이용해 위치를 측정하는 시스템을 말합니다. 미국의 GPS 외에도 러시아의 GLONASS, 유럽의 Galileo, 일본의 QZSS, 중국의 BeiDou 등 각국에서 운영하는 위성 시스템이 존재합니다. '멀티 GNSS'는 이 모든 위성 신호를 동시에 활용해 위치를 더욱 빠르고 정확하게 측정할 수 있도록 돕는 방식입니다. 도심이나 산악지대처럼 신호가 복잡한 지역에서도 유리합니다.

넷째
마당

러닝 퍼포먼스 향상을 위해 알아야 할 3대 지표

11 러너가 알아야 할 3대 지표

12 VO₂max: 호흡과 페이스 조절의 과학

13 환기역치(VT): 호흡을 넘어 피로를 지배하라

14 러닝 이코노미: 적은 힘으로 멀리 가는 원동력

알면 더 효율적으로 훈련할 수 있습니다

러닝을 오랫동안 꾸준히 오래 해 온 러너든, 이제 막 시작한 러너든 공통적으로 바라는 점이 있습니다. 더 오래, 더 빠르게, 더 효율적으로 달리고 싶다는 것입니다. 하지만 단순히 거리를 늘리거나 무작정 속도를 높인다고 해서 실력이 향상되는 것은 아닙니다. 오히려 많은 러너가 일정 수준에서 '정체기'를 겪거나 부상에 시달리기도 하죠.

이러한 벽을 넘기 위해서는 러닝 퍼포먼스를 구성하는 핵심 지표에 대한 이해가 필요합니다. 바로 산소를 얼마나 잘 활용할 수 있는지(VO_2max, 최대산소섭취량), 그 능력을 얼마나 오래 유지할 수 있는지(환기역치), 그리고 같은 속도를 낼 때 에너지를 얼마나 적게 쓰는지(러닝 이코노미), 이 3가지를 말입니다.

이번 마당에서는 이 3가지 지표가 각각 어떤 의미를 가지는지, 그리고 러너에게 왜 중요한지를 살펴보려 합니다. 단순한 수치 해석을 넘어 훈련의 방향성과 전략을 어떻게 설정할 것인지에 대한 기준도 함께 제시합니다.

11 러너가 알아야 할 3대 지표

러닝에서 중요한 3가지 지표인 VO₂max(최대산소섭취량), 환기역치(VT, Ventiatory Threshold), 러닝 이코노미(RE, Running Economy)는 개별적인 개념처럼 보이지만, 실제로는 심폐 기능과 근육의 대사적 적응이 유기적으로 연결된 요소입니다. 특정 요소가 발전한다고 해서 다른 능력이 반드시 감소하는 것은 아닙니다. 다만 훈련 강도와 방식에 따라 어떤 능력이 더 두드러지게 향상되는지가 달라질 뿐입니다.

VO₂max는 신체가 단위 시간당 소비할 수 있는 산소의 최대량을 의미하며, 심폐지구력을 판단하는 가장 기본적인 지표입니다. 이 수치를 향상시키기 위해서는 고강도 인터벌 훈련이나 최대 노력 구간에서의 훈련이 효과적입니다. VO₂max가 높아지면 더욱 폭발적인 에너지를 낼 수 있습니다.

환기역치(VT)는 VO₂max의 몇 퍼센트 수준에서 호흡과 젖산 축적이 급격히 증가하기 시작하는 시점을 의미합니다. 이 지표는 장거리 러닝에서 지속 가능한 페이스를 결정하는 핵심 요소입니다. 이를 향상시키기 위해서는 젖산역치(LT, Lactate Threshold) 훈련이나 템포런(Tempo Run)처럼 중강도의 지속적인 훈련이 효과적입니다. VO₂max가 향상되면 VT도 함

> **❶ 알아 두세요**
>
> **젖산역치(LT)**
> 운동 중 혈액 속 젖산이 급격히 증가하기 시작하는 지점을 의미합니다. 젖산역치가 높을수록 강한 강도로 오래 달릴 수 있습니다.

> **알아 두세요**
>
> ● **템포런**
> '약간 힘들다고' 느껴지는 페이스로 20~40분 동안 달리는 훈련입니다.
>
> ● **파틀렉**
> 자유롭게 속도를 조절하며 달리는 훈련입니다.
>
> ● **지속주**
> 마라톤 레이스를 대비해 자신의 목표 페이스를 유지하며 뛰는 훈련입니다.
>
> ● **LSD 달리기**
> 느린 속도로 오래 달리는, 러너에게 꼭 필요한 기본 지구력 훈련입니다.

게 개선되는 경우가 많습니다.

러닝 이코노미(RE)는 일정한 속도를 유지할 때 얼마나 적은 에너지로 달릴 수 있는지를 나타냅니다. 이는 단순한 심폐 능력뿐 아니라 대사적 요인, 심폐 요인, 생체역학적 요인, 이렇게 4가지에 의해 결정되는 지표입니다. 러닝 이코노미를 향상시키기 위해서는 착지 효율 개선, 드릴 훈련, 근력 및 유연성 향상을 위한 보강 훈련이 필요합니다.

이처럼 3가지 지표는 독립적인 듯 보이지만 유기적으로 연결되어 있습니다. 예를 들어, 고강도 인터벌 훈련은 VO_2max를 높이면서 동시에 환기역치 향상에도 기여하며, 기술 훈련과 근력 강화 훈련은 러닝 이코노미를 높일 뿐 아니라 장시간 안정적인 러닝 자세 유지에도 긍정적인 영향을 줍니다.

러닝 3대 지표의 관계

	VO_2max	환기역치(VT)	러닝 이코노미(RE)
개념	단위 시간당 섭취할 수 있는 최대 산소량	지속할 수 있는 최대 강도	일정한 속도를 낼 때 소모되는 산소량의 효율
자동차 비유	엔진의 배기량	연비가 가장 좋은 속도	자동차 연비
중요성	VO_2max가 높을수록 더 강한 강도로 더 오래 달릴 수 있는 체력을 의미	장거리 러닝에서 안정적인 페이스를 유지하는 데 중요한 지표	좋은 러닝 이코노미는 적은 에너지로 더 멀리 가는 능력
향상방법	인터벌 훈련, 힐 반복 훈련 등 고강도 훈련	템포런, 파틀렉(Fartlek), 지속주 등 중강도 지속 훈련	LSD(Long Slow Distance), 착지 훈련, 자세 교정, 체중 조절 등

12. VO₂max : 호흡과 페이스 조절의 과학

> **❗ 알아 두세요**
>
> **VO₂max란?**
> 최대산소섭취량(Maximum Oxygen Uptake). 단위 시간당 소비 가능한 최대 산소량(ml/kg/min)을 뜻하며, 유산소 운동 능력을 평가하는 데 사용되는 대표적인 지표 중 하나입니다.

VO₂max란?

VO_2max(Maximum Oxygen Uptake, 최대산소섭취량)는 1분 동안 인체가 사용할 수 있는 최대 산소량(산소의 부피(ml)/단위체중(kg)/단위시간(min))을 의미합니다. 쉽게 말해, 유산소 운동 중에 러너가 산소를 활용할 수 있는 능력을 수치화한 것으로, 유산소성 운동 능력을 가늠할 수 있는 지표입니다. VO_2max는 러닝 퍼포먼스를 나타내는 여러 수치 중에서도 가장 널리 알려져 있고, 러너들이 가장 많이 참고하는 지표입니다. 가장 신경쓰는 지표를 하나 선택한다면 많은 러너들이 VO_2max를 선택할 만큼 대표성이 높습니다.

잠깐만요 — VO₂max를 쉽게 이해해 봅시다!

VO_2max는 자동차의 배기량에 비유할 수 있습니다. 배기량이 클수록 한 번에 더 많은 연료를 태워 강한 출력을 낼 수 있듯, VO_2max가 높은 러너일수록 근육에 더 많은 산소를 공급할 수 있어 강한 유

산소 능력을 발휘할 수 있습니다.

예를 들어, 다음 두 명의 러너가 모두 5분/km 페이스로 달린다고 가정해 봅시다.

- A 러너의 VO₂max: 50ml/kg/min
- B 러너의 VO₂max: 60ml/kg/min

이 경우, 같은 속도로 달려도 B 러너가 더 적은 힘으로 유지할 수 있으며, 장거리에서도 더 오랫동안 일정한 페이스를 지속할 가능성이 큽니다. 다만 VO₂max 수치가 마라톤 기록을 결정짓는 유일한 기준은 아니라는 점도 함께 기억해 두면 좋습니다.

VO₂max가 중요한 이유

유산소성 운동 능력을 대표하는 핵심 지표

VO₂max는 러너가 최대한 활용할 수 있는 산소량, 유산소 운동을 수행할 수 있는 능력을 나타냅니다. VO₂max가 높을수록 더 강한 강도로 운동을 지속할 수 있지요

러닝 지속력을 예측하는 기준

러너가 마라톤을 완주하거나 일정한 페이스를 유지하는 능력은 VO₂max와 깊은 관련이 있습니다. VO₂max가 낮을수록 산소 공급의 한계에 빨리 도달해 쉽게 지치게 됩니다. 반대로 VO₂max가 높다면, 같은 속도에서도 산소를 더 효율적으로 사용하며 에너지를 덜 소모할 수 있습니다.

경기력 비교 및 향상 가능성 제시

VO₂max는 러닝 경기력을 객관적으로 예측하고 비교할 수 있는 기준이

됩니다. 직업적으로 훈련하는 엘리트 러너들의 VO₂max 수치는 일반적으로 70~85mL/kg/min 이상으로 이 수치는 국가대표 선수나 프로 러너급의 유산소 능력을 의미합니다.

반면 러닝을 본업으로 삼지 않는 마스터즈 러너나 취미 러너들의 VO₂max는 보통 40~50mL/kg/min 수준에서 시작합니다.

VO₂max를 활용한 훈련 목표 설계

VO₂max 수치를 바탕으로 훈련 목표를 설정하거나, 적절한 훈련 강도와 방향을 설계할 수 있습니다. 예를 들어, VO₂max가 45mL/kg/min인 중급 러너는 하프 마라톤 완주는 무리 없이 가능하지만, 서브 4 풀코스 마라톤을 목표로 하기에는 다소 부족할 수 있습니다. 이런 경우에는 Zone 2

VO₂max 수준별 러너 구분표

	러닝을 거의 하지 않는 일반인	초급 러너	중급 러너	고급 러너	엘리트 러너
설명	비활동적인 생활 습관, 러닝 경험 거의 없음	간헐적으로 달리며 러닝 습관을 막 시작한 단계	주 2~3회 이상 꾸준히 달리며 10K 또는 하프 마라톤 도전 경험 있음	마라톤 기록 향상을 목표로 체계적으로 훈련 중인 단계	국가대표, 프로 러너 수준
VO₂max 수치 (남성 기준)	30~39mL/kg/min	40~45mL/kg/min	46~55mL/kg/min	56~69mL/kg/min	70~85+mL/kg/min
VO₂max 수치 (여성 기준)	25~35mL/kg/min	36~40mL/kg/min	41~50mL/kg/min	51~60mL/kg/min	60~70+mL/kg/min

※ 경희대학교 스포츠과학원, 레이스먼트, 엔듀로레이스가 공동으로 분석한 데이터와 일반적으로 제시되는 연구 및 스포츠 과학 기준을 바탕으로 VO₂max 수치를 구간별로 분류한 표입니다.

※ VO₂max 수치는 연령, 성별, 체중, 유전적 요인 등 다양한 변수에 따라 달라질 수 있으므로, 절대적인 수치라기보다는 러너의 현재 상태를 가늠하는 가이드라인으로 이해하면 좋습니다.

* 참고 포인트
1. VO₂max는 병원 및 전문기관에서 실시하는 CPET(심폐운동부하검사)를 통해 가장 정확하게 측정할 수 있습니다.
2. 일반적인 러닝 앱이나 스포츠워치에서 제공하는 VO₂max 추정치는 참고용 수준이며, 실제 수치와 차이가 있을 수 있습니다.
3. 해당 기준은 미국 스포츠의학회(ACSM, American College of Sports Medicine)에서 제시한 VO₂max 등급 기준을 바탕으로 구성되었습니다.

훈련과 역치 구간 인터벌 훈련을 병행해 VO_2max를 50 이상으로 끌어올리는 것을 중기 목표로 삼습니다. 훈련 스케줄은 '유산소 지속 능력 + 인터벌 자극'의 구조로 설계하는 것이 효과적입니다.

누구나 마라톤에 도전할 수는 있지만, VO_2max 수치가 낮다면 유산소 기초 체력이 부족하다는 신호로 해석할 수 있습니다. 단순히 '완주'가 목표라 하더라도, 부담 없이 그리고 건강하게 달리려면 일정 수준 이상의 VO_2max가 필요합니다.

결국 VO_2max는 수치 이상의 의미를 지닌 지표로, 러닝 실력 향상을 위한 전략 수립의 출발점이라 할 수 있습니다.

VO_2max 측정 방법

CPET (심폐운동부하검사)

VO_2max는 보통 CPET(Cardiopulmonary Exercise Test)을 통해 가장 정확하게 측정할 수 있습니다. 러닝머신이나 사이클을 이용해 점진적으로 운동 강도를 높여가며, 호흡가스 분석을 통해 산소 섭취량과 이산화탄소 배출량을 실시간으로 분석하는 방식입니다.

CPET는 운동생리학적으로 가장 신뢰할 수 있는 VO_2max 측정 방법입니다. 다만, 전문 장비와 숙련된 검사자가 필요한 정밀 검사이기 때문에 일반 헬스장에서는 진행이 어렵고, 스포츠 과학 센터나 대학 연구소, 일부 대학병원 등 전문 기관에서만 측정이 가능합니다.

간이 테스트 (예측 공식 활용)

VO_2max는 호흡가스 분석과 같은 정밀한 검사 장비를 통해 측정하는 것이 가장 정확하지만, 자신의 유산소 능력을 대략적으로 파악할 수 있

CPET 측정 가능한 주요 기관

	국민체력100 체력인증센터 (국민체육진흥공단 운영)	대학 부설 스포츠과학센터	종합병원 스포츠의학과	민간 스포츠센터 (예: 레이스먼트, 엔듀로레이스)
예상 비용	1만 5천 원	약 5만~10만 원	약 10만~20만 원	약 12만 9천 원 내외
참고 사항	전국 주요 도시에 설치되어 있음	사전 예약 필요	건강검진과 병행 가능	러닝 기반 맞춤 해석 포함

※ 실제 비용은 검사 항목, 장비, 전문 인력 등에 따라 달라질 수 있으며, 정확한 비용 및 예약 절차는 각 기관의 공식 홈페이지 또는 고객센터를 통해 확인하는 것이 가장 정확합니다.

는 방법도 있습니다. 최근 출시된 러닝 앱이나 스마트워치 대부분은 심박수, 운동 시간, 속도 등의 데이터를 바탕으로 VO_2max 수치를 예측해 제공하는데요. 이를 참고하는 것입니다. 이러한 예측 수치는 의료용 정밀 수치와는 다르지만, 트레이닝 경과에 따른 유산소 능력 변화 추이를 살펴보는 데는 유용하게 활용할 수 있습니다.

쿠퍼 테스트(Cooper Test, 12분간 최대 달린 거리), 락포트 걷기 테스트(Rockport Walking Test, 1.6킬로미터 빠르게 걷기 후 심박 측정)와 같은 방법을 활용하면 VO_2max를 전문 장비 없이도 간접적으로 추정할 수 있습니다. 이러한 방식은 주변 환경, 컨디션, 측정법에 따라 오차가 발생할 수는 있지만, 자신의 체력이 어떻게 변화하고 있는지를 확인하는 데 유용한 '추세 지표'로서 의미가 있습니다.

VO_2max 추정 기능이 탑재된 대표 스마트워치

	가민	애플	삼성	코로스
대표 모델	Forerunner, Fenix 시리즈 등	Apple Watch Series 3 이상	Galaxy Watch Active2 이상, Watch4~6	Pace, Apex 시리즈 등
VO_2max 기능 특징	러닝 또는 사이클링 기반 VO_2max 추정, 훈련 피드백 및 예측 기록 제공	'심폐 체력 수준'으로 표기, 건강 앱과 연동해 장기적인 추세 확인 가능	러닝 중 VO_2max 실시간 추정, 삼성 헬스 앱과 연동해 추세 확인 가능	GPS 기반 VO_2max 추정 기능 탑재, 회복 시간 및 훈련 효과 분석 기능 포함

잠깐만요

쿠퍼 테스트로 VO₂max 추정해 봅시다

쿠퍼 테스트는 1968년 케네스 쿠퍼 박사가 개발한 유산소 능력 평가법으로, 12분 동안 달린 최대 거리를 기준으로 VO_2max(최대산소섭취량)를 간접적으로 추정할 수 있는 방식입니다. 특별한 장비 없이도 운동장이나 트랙 등에서 손쉽게 실시할 수 있어, 현재까지도 체력 측정 도구로 널리 활용되고 있습니다.

쿠퍼 테스트의 원래 공식은 마일(miles) 단위를 기준으로 구성되어 있지만, 국내에서는 미터(m) 또는 킬로미터(km) 단위를 사용하므로 단위를 변환하여 바로 적용할 수 있도록 수정했습니다.

거리 단위별 VO_2max 추정 공식

거리 단위	VO_2max 계산 공식	비고
마일(miles)	$VO_2max = (35.97 \times 거리(mile)) - 11.29$	원래 쿠퍼 공식
킬로미터(km)	$VO_2max = (22.35 \times 거리(km)) - 11.29$	km 기준 변환 공식
미터(m)	$VO_2max = (0.02235 \times 거리(m)) - 11.29$	실전 러너용 추정 공식

계산 예시:

   12분 동안 3,000m를 달린 경우,

   예상 VO_2max

   $= (0.02235 \times 3000) - 11.29$

   = 약 55.8 mL/kg/min

잠깐만요

락포트 걷기 테스트로 VO₂max 추정해 봅시다

락포트 걷기 테스트는 1980년대 미국 매사추세츠대학교의 운동생리학 연구팀이 개발한 유산소 체력 평가법입니다. 고강도 운동이 어려운 초보자, 고령자, 재활 대상자도 VO_2max를 간접적으로 추정할 수 있도록 고안된 방법으로, 현재 전 세계적으로 널리 활용되고 있습니다. 러닝이 부담스러운 사람도 락포트 걷기 테스트를 통해 자신의 유산소 능력을 확인할 수 있습니다.

이 테스트는 1.6킬로미터(1마일)를 가능한 한 빠른 속도로 걷고, 걷기 직후의 심박수, 소요 시간, 체중, 나이, 성별을 입력해 VO₂max를 추정하는 방식입니다. 대한민국에서도 원래 연구 기준에 따라 1.6킬로미터 거리(1마일)를 그대로 적용하며, 400미터 트랙 4바퀴 또는 GPS를 활용한 1.6킬로미터 걷기로 간단히 실시할 수 있습니다. 별도의 장비 없이도 손쉽게 실행할 수 있다는 점에서 운동에 익숙하지 않은 사람에게 매우 실용적인 평가 도구입니다.

VO₂max 추정 공식 (남성 기준)

$$VO_2max = 132.853 - (0.0769 \times 체중(kg)) - (0.3877 \times 나이) + (6.315 \times 성별) - (3.2649 \times 운동시간) - (0.1565 \times 심박수)$$

※ 성별: 남성은 1, 여성은 0으로 입력합니다.
운동시간: 1.6킬로미터를 걷는 데 걸린 시간(분 단위)
심박수: 걷기 직후의 심박수(bpm)

계산 예시:

40세 남성, 체중 70kg, 1.6km를 15분에 걷고, 심박수 135bpm일 경우,

예상 VO₂max

$= 132.853 - (0.0769 \times 70) - (0.3877 \times 40) + (6.315 \times 1) - (3.2649 \times 15) - (0.1565 \times 135)$

= 약 48.2 mL/kg/min

VO₂max를 향상시키는 방법

다음과 같은 방법으로 VO₂max를 향상시킬 수 있습니다.

인터벌 트레이닝

인터벌 트레이닝은 짧은 거리(예: 200~800미터)를 빠른 속도(최대 심박수 90~95퍼센트)로 달린 뒤, 천천히 걷거나 조깅하며 회복을 반복하는 훈련입니다. VO₂max를 자극하는 고강도 훈련으로, 심폐지구력과 스피드 유지력 향상에 효과적입니다.

훈련 예시: 400m × 8회(VO₂max 강도) + 200m 조깅 회복
각 400미터 구간은 최대 심박수의 약 90~95퍼센트 수준의 빠른 속도로 달리고, 각 반복 사이에 200미터를 천천히 조깅하며 회복합니다.

일반적으로 8회 반복으로 진행합니다. 초보자는 4~6회 정도부터 시작해 점차 횟수를 늘려가는 것이 좋습니다. 마지막 구간까지 페이스와 자세가 무너지지 않도록 조절해야 합니다.

고강도 인터벌 트레이닝

고강도 인터벌 트레이닝(HIIT, High-Intensity Interval Training)은 최대 심박수 95~100퍼센트에 해당하는 전력 질주 구간과 충분한 회복 구간을 짧게 반복하는 훈련입니다. 짧은 시간 안에 산소소비량과 에너지 소모량을 극대화하는 것이 특징입니다.

초보자는 3~4세트부터 시작해 점차 늘려 갑니다. 훈련이 익숙해진 후에는 6~8세트까지 늘리는 것이 좋습니다. 훈련 후에는 반드시 스트레칭, 수분 보충, 수면 등 회복을 병행해야 합니다.

훈련 예시: (30초 전력 질주 + 90초 조깅) × 5~10세트
전력 질주로 심박수를 최대치까지 끌어올리고, 회복을 충분히 한 후 반복합니다.

일반적인 인터벌 트레이닝은 마라톤이나 하프 마라톤을 목표로 하는 러너들이 VO₂max를 자극하고 지속적인 페이스 유지 능력을 기르기 위해 주로 활용합니다. 반면, HIIT는 5K 이하 중·단거리 러너, 체지방 감량 목적의 러너에게 특히 유용합니다.

LSD 트레이닝

LSD 트레이닝은 60~90분 동안 낮은 강도(최대 심박수 60~70퍼센트)로 장거리 달리기를 하는 훈련입니다. 심폐 기능을 강화하고 미토콘드리아 기능을 개선하며 모세혈관을 증가시켜 산소 공급 능력을 향상시키는 데 도움을 줍니다.

훈련 예시: 60~90분 동안 Zone 2 강도로 달리기
여기서 말하는 '낮은 강도'란, 걷는 것보다 조금 빠르지만 숨이 차지 않고 대화를 나눌 수 있을 정도로 여유 있는 호흡 상태를 말합니다.

잠깐만요

VO₂max가 높다고 해서 반드시 마라톤 기록까지 따라 오는 것은 아닙니다

VO_2max가 높다고 해서 반드시 마라톤 기록이 좋은 것은 아닙니다. 많은 러너들이 VO_2max를 절대적인 실력 지표처럼 여기고, 이 수치를 기준으로 훈련을 설계하곤 합니다. 물론 VO_2max는 유산소성 운동 능력을 나타내는 대표적인 지표이지만, 장거리 러닝과 마라톤 실력을 판단할 때는 환기역치, 젖산역치, 러닝 이코노미, 페이스 유지 능력, 회복력 등 다양한 요소를 함께 고려해야 합니다.

지구력은 환기역치(VT)에 의해 결정됩니다

VO_2max는 이론적으로 러너가 사용할 수 있는 최대산소소비량을 의미합니다. 하지만 실제 장거리 레이스에서는 VO_2max의 75~85퍼센트 수준에서 달리는 것이 일반적입니다. 즉, VO_2max 수치 자체보다 그 중 어느 정도 비율을 '지속 가능한 강도'로 활용할 수 있는지가 경기력에 더 큰 영향을 줍니다. 따라서 VO_2max는 운동 능력의 '잠재력'이라면, 환기역치는 그 잠재력을 실제 경기력으로 '활용할 수 있는 정도'를 보여 주는 지표라고 할 수 있습니다. 예를 들어, 같은 VO_2max 수치를 가진 두 러너가 있을 때 A 러너는 VO_2max의 90퍼센트 수준에서 페이스를 유지할 수 있고, B 러너는 75퍼센트 수준에서 힘들어한다면, 마라톤에서는 A 러너가 더 좋은 기록을 낼 가능성이 높습니다.

러닝 이코노미(산소 사용 효율성)가 중요합니다

러닝 이코노미는 러너가 일정한 속도로 달릴 때 소비하는 산소량을 나타내며, 보통 1킬로미터당 소비 산소량(mL/kg/min)으로 표현됩니다. 예를 들어, VO_2max가 60mL/kg/min인 A, B 두 러너가 시속 12킬로미터(페이스 5:00/km)로 달릴 때 A 러너는 40mL/kg/min, B 러너는 35mL/kg/min의 산소를 소비한다고 하면, B 러너가 더 효율적으로 달리는 셈입니다. 이처럼 러닝 이코노미가 좋은 러너는 동일한 속도에서도 에너지 소모가 적기 때문에, 후반부 체력 고갈을 줄이고 더 안정적인 페이스를 유지할 수 있습니다.

근력과 체력 유지 능력도 중요합니다

마라톤은 단순히 심폐 능력만으로 완주하기 어렵습니다. 특히 30킬로미터 이후에는 근육 피로와 에너지 고갈이 기록을 좌우하게 됩니다. VO_2max가 높더라도 근지구력이나 회복력이 부족하면 페이스가 무너질 수밖에 없습니다. 즉, 러닝 이코노미와 지구력이 부족하면 VO_2max가 아무리 높아도 기록 단축은 어렵습니다.

ⓘ 알아 두세요

- **러닝 이코노미**
  (Running Economy, 산소 사용 효율성)
  러너가 동일한 속도로 달릴 때, 얼마나 적은 산소를 소비하는지를 나타내는 지표입니다.
- **환기역치**(VT)
  운동 중 호흡이 급격히 가빠지기 시작하는 지점을 의미합니다. 환기역치가 높을수록 더 빠른 속도로 오래 달릴 수 있습니다.

CPET가 필요한 이유

러닝 실력을 높이고 싶다면, 내 몸 상태를 객관적으로 파악하는 것이 먼저입니다. 병원에서 의사가 정확한 처방을 내리기 위해 각종 검사를 진행하듯, 러너에게도 정밀한 분석이 필요합니다. 러닝도 감각에만 의존하지 말고, 데이터를 기반으로 훈련 방향을 설정해야 합니다.

그 중심에 있는 검사가 바로 'CPET(심폐운동부하검사)'입니다. CPET는 자신의 유산소 능력, 최대 심박수, 환기역치, VO_2max 등을 정밀하게 측정할 수 있는 검사로, 러너에게 필요한 훈련 강도와 방향을 결정하는 데 핵심적인 기준이 되어 줍니다.

어떤 장비로 측정하나요?

국내에서 사용되는 대표 장비는 'Quark CPET'입니다. 전 세계적으로 심폐운동부하검사에 가장 많이 사용되는 장비이며, 애플 워치나 갤럭시 워치 등 웨어러블 기기의 기초 데이터도 이 장비에서 얻은 데이터를 바탕으로 설계됩니다.

CPET의 핵심 포인트

CPET의 가장 큰 장점은 단 하나, '내 몸의 현재 상태를 수치화해서 정확히 알 수 있다'는 점입니다. 러닝 중 들이마신 산소, 내뱉은 이산화탄소를 통합 분석하여 훈련의 시작부터 끝까지, 저강도부터 고강도까지 신체 반응을 정밀하게 데이터로 보여줍니다.

이 데이터를 통해, 어느 시점에서 피로가 시작되는지, 지방과 탄수화물 에너지 사용 구간이 어떻게 나뉘는지, 환기역치(VT), 젖산역치(LT) 수치는 어느 수준인지, VO_2max와 러닝 이코노미는 어느 정도인지, 정확하게 파악할 수 있어 개인 맞춤형 러닝 프로그램을 설계할 수 있습니다.

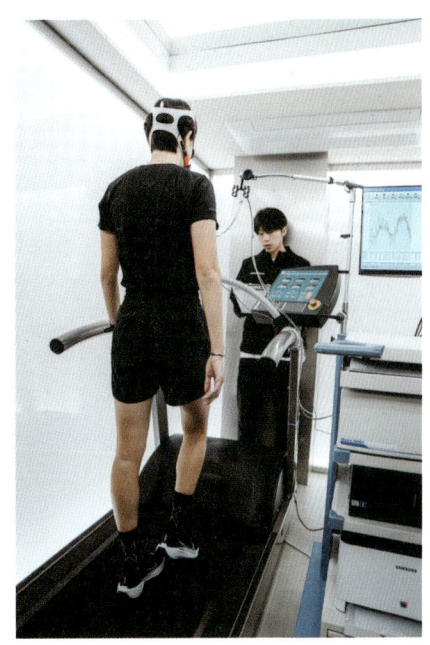

환자가 CPET를 받아야 하는 이유	러너가 CPET를 받아야 하는 이유
- 심폐 기능 진단 및 평가	- 심폐 능력 진단 및 평가
- 수술 전 위험도 예측	- 러닝 전 안전성 점검
- 재활 또는 치료 효과 측정	- 러닝 효과 모니터링
- 운동 적합도 평가	- 훈련 강도 설정
- 운동 능력 평가	- 러닝 능력 정량화

▶ 관련 영상

CPET 러닝능력
측정 테스트

심화학습 — 에너지 대사량을 결정하는 호흡교환율(RER)의 이해

러닝과 호흡교환율(RER)

운동 강도에 따라 우리 몸이 사용하는 에너지원이 달라지고, 이 과정에서 호흡교환율(RER, Respiratory Exchange Ratio)도 함께 변화합니다. 이 호흡교환율을 이해하면 러닝의 목적에 맞게 보다 효율적인 훈련이 가능합니다. 특히 기록 향상이나 완주가 아니라 체지방 감량을 목적으로 러닝을 시작한 러너라면 주목할 필요가 있습니다. 호흡교환율 수치를 활용하면 지방을 가장 효과적으로 연소시킬 수 있는 적절한 속도와 강도를 설정할 수 있기 때문입니다.

호흡교환율이란?

호흡교환율은 운동 중 우리 몸이 내뿜는 이산화탄소(CO_2)와 사용하는 산소(O_2)의 비율을 의미하며, 다음 공식으로 계산됩니다.

$$호흡교환율(RER) = \frac{방출된\ 이산화탄소(CO_2)}{소모된\ 산소(O_2)}$$

이 값에 따라 우리 몸이 어떤 에너지원(지방 또는 탄수화물)을 주로 사용하고 있는지를 알 수 있습니다. 예를 들어, 호흡교환율이 0.7 이하일 때는 운동 강도가 매우 낮은 상태이며, 이때 주로 지방을 에너지원으로 사용합니다.

0.7 초과~0.85 이하는 걷기나 느린 조깅처럼 가볍고 지속 가능한 운동 강도를 의미하며, 지방과 탄수화물을 동시에 사용하는 '혼합 에너지 구간'입니다. 0.85 초과~1.0 이하는 숨이 차기 시작하고, 말하기가 어려워질 정도의 중강도~고강도 운동에 해당하며, 이때는 탄수화물을 주된 에너지원으로 사용합니다. 즉, 운동 강도가 낮으면 지방을 더 많이 사용하고, 강도가 높아질수록 탄수화물 사용 비율이 증가합니다.

단, 호흡교환율을 정확히 측정하려면 전문 장비를 갖춘 검사 환경이 필요하므로, 일반적인 러너는 아래 정리된 '러닝 강도별 VO_2max 비율 수준, 최대 심박수 수준에 따른 호흡교환율'을 참고하는 것이 좋습니다.

러닝 강도별 에너지 대사와 호흡교환율 값

	저강도 운동	저중강도 운동	중강도 운동	고강도 운동
VO_2max 비율	30~40%	55~65%	75~85%	90~100%
HR max (최대 심박수)	50~60%	65~75%	75~85%	85~95%
RER 값	0.7~0.75	0.75~0.85	0.85~0.95	0.95~1.0
주요 연료	지방	지방 + 탄수화물 (FatMax 구간)	지방 + 탄수화물	탄수화물
훈련 예시	느린 조깅, 장거리 러닝	편안한 페이스 러닝	마라톤 페이스, 템포런	인터벌 훈련, 전력 질주

천천히 달리면 지방이 더 많이 연소될까?

앞서 설명한 호흡교환율 개념에 따르면, 천천히 달릴 때 지방을 에너지원으로 쓰기 때문에 다이어트에 좋다고 생각할 수 있습니다. 이 말은 절반은 맞고, 절반은 틀립니다.

맞는 이유는, 운동 강도가 낮을수록(느린 조깅, 걷기 등) 우리 몸은 탄수화물보다 지방을 더 많이 사용하는 방식으로 에너지를 전환하기 때문입니다. 실제로 저강도 운동에서는 지방이 주된 연료로 쓰이는 것이 맞습니다. 하지만 틀린 부분은, 저강도 운동은 총 에너지 소모량(칼로리 소비량)이 적기 때문에, 운동 시간 대비 실제로 태우는 지방의 '총량'이 생각보다 많지 않을 수 있다는 점입니다.

다이어트에서 정말 중요한 것은 '어떤 연료를 사용하느냐'보다는 '얼마나 많은 지방을 실제로 연소

했느냐', 즉 '총 지방 연소량'입니다. 다음 예시를 보면 이 개념을 더 쉽게 이해할 수 있습니다.

느린 조깅 30분
→ 총 200kcal 소모 / 지방 비율 70% → 지방 약 140kcal 연소

중간 페이스 러닝 30분
→ 총 350kcal 소모 / 지방 비율 50% → 지방 약 175kcal 연소

이처럼 지방 사용 비율이 낮아도, 총 칼로리 소모가 많으면 실제 지방 연소량은 오히려 더 클 수 있습니다. 그렇다고 무조건 빨리 달리는 것이 좋다는 뜻은 아닙니다. 고강도 운동은 심박수가 높고, 지속 시간도 짧아 쉽게 지치거나 중단하게 될 수 있기 때문입니다.

가장 이상적인 전략은 지방과 탄수화물을 동시에 사용하는 '저중강도 구간(RER 0.75~0.85 수준)'에서, 지속 가능한 시간 동안 꾸준히 달리는 것입니다. Zone 2 후반에서 Zone 3 초반 정도로, 숨은 차지만 페이스를 유지할 수 있고, 대화는 조금 힘든 수준의 강도라고 보면 됩니다. 이런 강도에서 30~60분 이상 달리는 훈련은 지방도 연소하고, 총 칼로리도 충분히 소모하며, 다이어트 효과까지 함께 가져갈 수 있습니다.

> **ⓘ 알아 두세요**
>
> **애프터번 효과**(EPOC, Excess Post-exercise Oxygen Consumption)
>
> 애프터번 효과란, 운동이 끝난 후에도 평소보다 더 많은 산소를 소비하는 현상을 말합니다. 이는 운동 중 발생한 산소부채를 해소하고, 체온을 낮추며, 젖산을 제거하는 등 회복 과정에서 추가로 산소가 필요하기 때문에 나타나는 현상입니다.
>
> EPOC가 클수록 운동 후에도 에너지 소비가 계속되며, 이로 인해 운동이 끝난 이후에도 체지방 연소 효과를 기대할 수 있습니다. 특히 고강도 인터벌 트레이닝이나 스프린트 훈련에서는 EPOC 효과가 더욱 크게 나타납니다.

다이어트에 가장 적합한 운동 강도 – FatMax

FatMax는 지방을 가장 많이 연소할 수 있는 운동 강도를 의미합니다. 일반적으로 VO_2max의 55~65퍼센트 수준에서 발생하며, 숨이 가볍게 차는 정도의 페이스에서 지방 연소율이 최대에 도달합니다.

이 강도로 운동하면 지방을 효과적으로 태우면서도 너무 힘들지 않아 꾸준한 운동이 가능합니다. FatMax 구간에서의 러닝은 대화를 나눌 수 있을 정도로 여유는 있지만 완전히 편하진 않은, 약간 힘이 드는 강도라고 이해하면 됩니다.

잠깐만요

효율적인 다이어트를 위한 러닝 전략

체지방 감량을 목표로 한다면? → FatMax 구간을 활용해 보세요!
체지방을 최대한 에너지원으로 사용하는 러닝 강도를 설정하는 것이 핵심입니다.
– 편안한 페이스의 러닝(FatMax 구간)에서 꾸준히 달리는 것이 좋습니다.
– 40~60분 이상 지속할 수 있는 페이스로 달리세요.

단기간에 체중 감량을 원한다면? → 고강도 인터벌 트레이닝(HIIT)을 추가해 보세요!
칼로리 소비를 극대화하기 위해서는 짧지만 강도가 높은 훈련이 필요합니다.
– 고강도 인터벌 트레이닝은 운동 후에도 에너지 소비가 지속되는 '애프터번 효과(EPOC)'를 유도합니다.
– 주 2~3회, 예를 들어 '1분 빠르게 + 2분 천천히' 반복과 같은 형태로 실시해 보세요.

13 환기역치(VT) : 호흡을 넘어 피로를 지배하라

러닝을 하다 보면 점점 숨이 가빠지고 온몸이 무거워지면서 '이제는 못 뛰겠다'는 생각이 들 때가 있습니다. 하지만 같은 속도로 달리더라도 어떤 러너는 힘겹게 숨을 몰아쉬고, 어떤 러너는 비교적 여유 있게 달립니다.

호흡을 제대로 조절하면 평소보다 덜 피로하게, 더 오래 달릴 수 있습니다. 그 이유는 호흡이 러닝 중 피로도에 큰 영향을 미치기 때문입니다. 그리고 이러한 호흡 조절의 핵심이 바로 환기역치(VT, Ventilatory Threshold)입니다.

환기역치(VT)란?

러닝을 시작하면 처음에는 숨이 편안하지만, 강도가 점점 높아질수록 호흡이 가빠지기 시작합니다. 이때 숨이 급격히 가빠지는 지점, 다시 말해 호흡 패턴이 갑자기 바뀌는 시점이 바로 '환기역치'입니다.

환기역치에 대해 좀 더 설명해 보겠습니다. 운동 강도가 올라가면 우리

> **알아 두세요**
>
> **환기역치 (VT)**
> 환기역치는 호흡이 급격히 변하는 지점, 또는 숨 쉬는 패턴이 바뀌는 시점을 의미합니다.
> 산소소비량(mL/kg/min), VO_2max 대비 비율(%), 심박수(bpm), 러닝 속도(분/km) 등 다양한 수치로 표현됩니다.
> 이 중 가장 널리 사용되는 방식은 VO_2max 대비 비율이며, 실전에서는 심박수나 페이스 기준으로 적용하는 경우가 많습니다.

몸은 더 많은 에너지를 필요로 하게 되고, 그만큼 요구되는 산소섭취량도 증가합니다. 하지만 어느 순간부터는 호흡으로 들이마신 산소만으로는 에너지를 감당하기 어려워지면서 무산소 대사(anaerobic metabolism)가 함께 작동합니다. 이 과정에서 '젖산'이라는 부산물이 생깁니다. 그리고 이를 중화하기 위해 중탄산 시스템이 활성화되며 이산화탄소(CO_2)의 배출량이 급격히 증가합니다. 이때 호흡이 갑자기 가빠지는데, 이 현상이 바로 환기역치와 관련되어 있습니다.

> 일정한 강도 증가 → 에너지 요구량 증가 → 산소 섭취에도 한계 → 무산소 대사 활성화 → 젖산 생성 → 이산화탄소 증가 → 호흡 급격히 증가 → 환기역치 도달

러너 입장에서는 환기역치에 도달하는 지점이 실전 페이스 유지와 지구력 유지의 핵심 기준이 됩니다. 예를 들어, 환기역치가 낮으면 비교적 낮은 페이스에서도 쉽게 숨이 차고 지치게 됩니다. 반면, 환기역치가 높은 러너는 같은 속도에서도 호흡이 더 여유롭고 오래 달릴 수 있지요. 다시 말해 환기역치는 러닝 실력을 결정짓는 매우 중요한 체력 지표입니다. 그렇다면 환기역치는 훈련을 통해 높일 수 있을까요? 대답은 '그렇다'입니다. 환기역치는 적절한 훈련을 통해 충분히 향상될 수 있으며, 러닝의 효율과 지속 가능성을 함께 높일 수 있습니다.

2가지 환기역치

환기역치는 2단계로 나뉩니다. 바로 VT1과 VT2입니다.

- VT1(첫 번째 환기역치): 운동 강도가 올라가면서 호흡이 깊어지고 조금 더 빨라지기 시작하는 시점을 의미합니다.

- VT2(두 번째 환기역치): 더 높은 강도에서 과호흡(hyperventilation)이 시작되는 시점을 말합니다. 이 VT2를 넘어서면 신체는 더 이상 산소만으로 에너지를 만들지 못하고, 무산소 대사가 본격적으로 활성화됩니다. 이때부터는 피로가 급격히 쌓이기 시작합니다. 따라서 러너에게 환기역치는 '지속 가능한 최대 강도'를 결정하는 중요한 기준이 됩니다.

환기역치와 젖산역치는 어떻게 다를까요?

러닝에 대해 조금이라도 정보를 찾아본 러너라면, '젖산역치(LT, Lactate Threshold)'라는 말을 들어 본 적이 있을 것입니다. 젖산역치는 운동 강도가 점점 높아지면서 근육에서 생성되는 젖산의 농도가 빠르게 증가하는 지점을 의미합니다.

실제로 젖산역치와 환기역치는 매우 유사한 개념입니다. 앞서 설명한 것처럼 환기역치는 첫 번째 환기역치(VT1), 두 번째 환기역치(VT2)로 나뉘며, 젖산역치 또한 첫 번째 젖산역치(LT1), 두 번째 젖산역치(LT2)로 나뉩니다. 보통 LT2를 넘어서면 몸이 더 이상 젖산을 효과적으로 제거하지 못하고, 피로가 빠르게 누적되기 시작합니다.

젖산 농도가 상승하면 이를 중화하기 위해 몸은 이산화탄소를 더 많이 배출하게 되며, 그 결과 호흡이 급격히 증가하게 됩니다. 이 순간이 바로 환기역치입니다. 즉, 젖산역치와 환기역치는 대부분 비슷한 강도에서 나타나며, LT2는 VT2와 거의 일치한다고 볼 수 있습니다.

차이점은 다음과 같습니다. 젖산역치는 혈액 속 젖산 농도를 직접 채취하여 분석하는 방식이며, 환기역치는 호흡 패턴의 변화를 통해 측정하는 방식입니다.

환기역치(VT) vs. 젖산역치(LT)

	환기역치	젖산역치
개념	운동 강도가 증가하면서 호흡이 급격히 증가하는 시점	혈중 젖산 농도가 급격히 증가하기 시작하는 시점

측정 방법	호흡 가스를 분석해 산소소비량(VO_2)과 이산화탄소 배출량(VCO_2)을 측정	혈액 샘플을 채취해 혈중 젖산 농도를 분석
단위	환기량(VE), 산소소비량(VO_2), 이산화탄소 배출량(VCO_2)	혈중 젖산 농도(mmol/L)
역치 구분	VT1: 호흡이 깊어지고 빨라지는 지점 VT2: 무산소 대사가 본격적으로 활성화되며 과호흡이 시작되는 지점	LT1: 젖산 농도가 서서히 증가하는 지점 LT2(=OBLA): 젖산이 급격히 축적되는 지점
운동 강도와의 관계	VT2 이상에서는 과호흡이 발생하며 최대 유산소 역치에 도달	LT2 이상에서는 젖산이 빠르게 축적되어 지속적인 운동 수행이 어려워짐

※ LT2와 VT2는 거의 동일한 강도에서 나타나는 경우가 많기 때문에, 환기역치를 측정하면 젖산역치를 간접적으로 추정할 수 있습니다.

환기역치를 파악하는 방법: LT 검사 vs. CPET

러너가 자신의 환기역치나 젖산역치를 정확하게 파악하기 위해 사용할 수 있는 방법은 크게 2가지입니다. 'LT 검사'와 'CPET'입니다.

LT 검사 (Lactate Threshold Test, 혈액젖산검사)

혈액 젖산 검사는 말 그대로 혈액을 채취해 혈중 젖산 농도를 분석하는 검사입니다. 운동 강도를 점차 증가시키면서 일정 간격마다 혈액을 채취해, 운동 강도에 따른 젖산 축적 곡선을 분석합니다. 이 방식은 LT1·LT2 모두 측정이 가능하다는 장점이 있습니다. 다만 혈액 채취에 대한 부담이 있고 검사 해석에는 숙련된 전문가의 판단이 필요합니다. 또한 개인별 젖산 반응이 상이하기 때문에 결과를 정확하게 해석할 수 있는 전문성이 요구됩니다.

> **❶ 알아 두세요**
>
> **LT 검사를 받으려면**
>
> LT 검사는 혈액을 채취해 혈중 젖산 농도를 측정하는 검사입니다. 일부 스포츠과학센터나 병원에서 시행하고 있으나, 해당 검사를 제공하는 기관은 제한적이며 사전 문의를 통해 확인하시는 것이 좋습니다. 아쉽게도 일반인이 쉽게 LT 검사를 받을 수 있는 국내 기관은 많지 않습니다. 보통 젖산 수치까지 모니터링하며 체계적으로 관리하는 곳은 국가대표 선수촌 등 전문 선수를 대상으로 한 기관이라고 보면 됩니다.

CPET (심폐운동부하검사)

CPET는 호흡 마스크를 착용한 상태에서 운동(러닝 또는 사이클)을 수행하고, 운동 중에 배출되는 호흡 가스를 분석하는 방식입니다. 이 검사를 통해 VO_2max뿐 아니라 VT1, VT2 등 환기역치도 동시에 파악할 수 있습니다. 혈액 채취가 필요 없고, 호흡만으로 측정할 수 있다는 장점이 있습니다. 또한 유산소 능력과 무산소 역치를 함께 분석할 수 있어 보다 정밀한 체력 평가가 가능합니다. 다만 전문 장비와 일관된 환경 설정이 필요하며, 일부 병원 또는 스포츠과학센터에서만 가능하고, 검사를 받는 동안 착용하는 마스크가 다소 답답하게 느껴질 수 있습니다.

어떤 검사가 더 좋을까요?

두 검사 중 하나를 선택해야 한다면, 일반 러너에게는 CPET를 추천합니다. CPET는 혈액 채취 없이 환기역치를 측정할 수 있으며, 러닝 능력을 보여 주는 대표 지표인 VO_2max까지 한 번에 확인할 수 있는 점에서 효율적입니다. 실내 러닝 센터나 스포츠 과학 연구소 등에서 비교적 접근성 있게 진행할 수 있어 실용성도 높습니다.

단, 훈련 강도가 높은 상위 마스터즈 러너나 엘리트 선수라면 젖산역치(LT) 측정도 고려해볼 만합니다. 젖산 수치를 직접 측정하면 훈련 구간 설정의 정밀도가 높아지고, 레이스 전략 수립에 효과적인 기준을 세울 수 있기 때문입니다. 특히 LT2(OBLA) 시점을 정확히 파악하면 무산소성 대사로 전환되기 직전의 강도에서 훈련하거나, 후반 페이스가 무너지는 구간을 미리 대비하는 데 효과적입니다.

> **알아 두세요**
>
> **CPET로 확인할 수 있는 러닝 관련 주요 데이터**
> - VO_2max(최대산소섭취량): 러너의 최대 유산소 능력을 보여 주는 지표
> - 환기역치(VT1, VT2): 지속 가능한 러닝 강도를 설정하는 기준
> - 호흡교환율(RER): 운동 중 주된 에너지원(지방, 탄수화물 등) 파악
> - 산소 섭취량·이산화탄소 배출량
> - 심박수 반응
> - 무산소성 역치(AT): 무산소 대사가 시작되는 지점 파악
> - 칼로리 소모량

전문 검사 없이 환기역치의 추세를 가늠하는 방법

환기역치는 전문 검사를 통해 정밀하게 측정하는 것이 가장 정확하지만, 일반 러너라도 반복적인 훈련을 통해 자신의 환기역치가 향상되고 있는지를 추정할 수 있습니다.

예를 들어, 과거에는 1킬로미터당 6분 페이스에서 숨이 차기 시작했는데, 꾸준한 유산소 훈련을 통해 현재는 1킬로미터당 5분 30초 페이스에서도 비교적 여유롭게 말할 수 있다면 이는 환기역치가 이전보다 더 높은 강도에서 나타난다는 의미일 수 있습니다.

이처럼 말하기 테스트나 자각적 운동 강도(RPE)를 활용하면, 자신의 호흡 반응을 기반으로 훈련 강도를 추정할 수 있습니다. 같은 강도에서 숨이 덜 차고 호흡이 편안하게 유지된다면, 환기역치가 점진적으로 향상되고 있다고 해석할 수 있습니다.

또한, 스포츠워치 기반의 러닝 지표를 활용하면 예측 VO_2max, 운동 강도 구간(Zone), 환기역치 추정 지점 등의 데이터를 참고할 수 있습니다. 기기마다 정확도에는 차이가 있지만, 일정 기간 축적된 데이터를 비교하면 유산소 능력과 환기역치의 변화 추세를 가늠하는 데 도움이 됩니다.

말하기 테스트

호흡의 편안함 정도를 기준으로 운동 강도를 가늠하는 간단한 방법입니다. 장비 없이도 실전에서 활용할 수 있어 입문자나 일반 러너에게 유용합니다.

- 문장을 편하게 말할 수 있다면 → VT1(첫 번째 환기역치) 이하
- 말은 되지만 길게 이어가기 어렵다면 → VT1~VT2 사이
- 말하기 어려울 정도로 숨이 찬다면 → VT2(두 번째 환기역치) 이상

자각적 운동 강도(RPE)

운동 중 느껴지는 주관적인 힘듦의 정도를 수치로 표현하는 방식입니다. 가장 널리 쓰이는 보그 스케일(Borg Scale)은 6~20점 기준입니다. 직관적으로 자신의 상태를 인지하고 훈련 강도를 조절할 수 있어 실용적인 기준입니다.

- RPE 12~13 → VT1 부근('약간 힘든' 정도)
- RPE 15~16 → VT2 부근('힘든' 정도)
- RPE 17 이상 → 최대 운동 강도

스마트워치 기반 VO_2max 및 트레이닝 지표

스마트워치를 활용하면 심박수, 운동 지속 시간, 속도 데이터를 분석해 VO_2max 예측값과 운동 강도 구간을 제공합니다. 꾸준히 기록을 누적하면, 환기역치의 향상 추세를 간접적으로 확인할 수 있습니다.

러닝에서 환기역치는 왜 중요할까?

마라톤뿐 아니라 5킬로미터, 10킬로미터, 하프 마라톤처럼 비교적 짧은 거리의 레이스에서도 페이스 유지는 매우 중요합니다.

특히 마라톤처럼 장시간 달리는 종목에서는 초반에 무리하지 않고 자신의 리듬을 일정하게 가져가는 것이 기록 향상과 완주의 열쇠가 되지요. 이때 환기역치를 알고 있다면 '지금 내가 무리하고 있는지, 적절한 수준으로 달리고 있는지', '강도를 더 높일 수 있는지 아니면 낮춰야 하는지'를 판단할 수 있습니다.

> **알아 두세요**
>
> **환기역치를 가늠할 수 있는 스포츠워치**
> - 가민, 코로스: 유산소·무산소 트레이닝 효과, 트레이닝 상태, 환기역치 추정
> - 애플 워치: iPhone 헬스앱 연동 시 VO_2max 예측
> - 갤럭시 워치: 심박수 기반 운동 구간 분석 및 VO_2max 예측

페이스 조절이 쉬워집니다

VT1 이하는 마라톤 페이스처럼 오래 달릴 수 있는 안정적인 구간으로, 장시간 달리기에 적합합니다.

VT1에서 VT2 사이는 페이스 유지 능력을 높이는 데 핵심이 되는 구간으로, 중간 강도의 지속적인 훈련에 효과적입니다. 반면, VT2 이상은 5K나 10K 레이스에서 최대 속도를 낼 수 있는 고강도 구간으로, 속도 향상과 체력 극대화를 위한 훈련에 활용됩니다.

피로 관리를 더 잘할 수 있습니다

VT2를 넘어서면 젖산이 급격히 축적되면서 호흡도 가빠지고, 버티기 어려워집니다.

하지만 VT1~VT2 구간은 장시간 유지 가능한 강도로, 지구력을 키우는 데 효과적입니다.

경기력 향상을 위한 핵심 지표입니다

환기역치가 높아지면 같은 속도로 달릴 때 더 적은 피로로 더 오래 달릴 수 있습니다.

특히 VT2가 향상되면 레이스 후반에도 지치지 않고 페이스를 유지하며 마무리할 수 있습니다.

환기역치를 향상시키는 방법

이번에는 환기역치를 향상시키는 대표적인 훈련 방법들을 소개합니다.

> **알아 두세요**
>
> **힐 트레이닝**(Hill Training)
> 언덕을 이용한 러닝 훈련입니다. 천천히 회복하면서 내려오고, 질주하며 올라가는 것을 반복하며 진행합니다. 평지를 달리는 것보다 더 큰 저항과 중력을 이겨내야 하기에 짧은 시간에 더 강한 자극을 줄 수 있습니다. 근력, 심폐 지구력, 자세와 파워 등 체력 전반을 향상시키는 데 아주 효과적입니다.

LSD 트레이닝

- 방법: VT1 근처의 편안한 강도로 오래 달리기
- 효과: 유산소 지구력을 키우는 기본 훈련으로, 환기역치를 향상시키는 기초가 됩니다.

템포런 트레이닝

- 방법: LT2 또는 VT2 근처 강도에서 20~30분간 유지하며 달리기
- 효과: 환기역치를 직접적으로 끌어올리는 가장 강력한 훈련입니다. 꾸준히 실천하면 VT2가 상승, 페이스 유지 능력이 크게 향상됩니다.

인터벌 트레이닝

- 방법: VT2를 초과하는 강도로 2~5분 전력 질주 후 1~2분 회복 반복
- 효과: VO_2max(최대산소섭취량) 향상과 함께 환기역치도 함께 끌어올릴 수 있습니다.

힐 트레이닝

- 방법: 오르막 경사를 이용해 고강도로 짧게 반복 훈련
- 효과: 근력과 심폐지구력을 동시에 향상시켜 환기역치 개선에 도움이 됩니다.

젖산의 재발견 : 러닝과 젖산의 관계

러닝을 하다 보면 "젖산이 쌓여서 피곤하다"는 말을 한 번쯤 들어 본 적이 있을 겁니다. 예전에는 젖산이 근육 피로의 원인으로 여겨졌지만, 최근 연구들은 젖산을 전혀 다른 시각에서 바라보고 있습니다. 젖산은 단순한 피로물질이 아니라, 고강도 운동 중 생성된 후 다시 회복 과정에서 에너지원으로 재활용되는 중요한 대사 물질입니다. 즉, 젖산은 우리 몸이 빠르게 에너지를 만들어야 할 때 잠깐 생성되었다가, 다시 회복 과정에서 활용되는 '순환 에너지 자원'이라 할 수 있습니다.

이러한 관점의 변화는 러닝 훈련에도 중요한 의미를 가집니다. 젖산의 성질을 이해하면 훈련 강도를 조절하거나 회복 시점을 판단하는 데 훨씬 더 똑똑하게 접근할 수 있기 때문입니다. 또한, 젖산이 축적되는 시점을 기준으로 훈련 구간을 나누고, 젖산을 잘 활용할 수 있도록 시스템을 만들면 효율적인 페이스 전략 수립도 가능합니다.

젖산이란?

젖산(Lactate)은 탄수화물이 분해되는 과정에서 생성되는 대사 중간 물질입니다. 우리가 러닝을 할 때, 특히 강도가 높을수록 빠르게 에너지(ATP)를 만들어야 하므로 해당과정(Glycolysis, 당을 분해하는 과정)이 활발해집니다. 이 과정에서 생성된 피루브산(Pyruvate, 포도당이 분해되어 처음 만들어지는 에너지 중간 물질)은 산소가 충분한 경우에는 미토콘드리아로 이동해 완전 연소되며, 부족한 경우에는 젖산으로 전환됩니다.

러닝에서 젖산이 중요한 이유

템포런, 인터벌, 마라톤처럼 중·고강도 훈련에서는 젖산 생성이 증가하고, 이 젖산은 심장, 간, 근육, 뇌 등에서 에너지원으로 재활용됩니다. 즉, 젖산을 효과적으로 활용하면 더 빠른 속도, 더 긴 거리를 지치지 않고 달릴 수 있게 됩니다. 젖산을 활용할 때 핵심이 되는 지표가 바로 젖산역치입니다. 젖산역치가 높을수록 더 빠른 페이스를 더 오래 유지할 수 있기 때문에 러너들은 이를 향상시키기 위해 다양한 훈련을 진행합니다.

잠깐만요

젖산에 대한 인식과 과학의 변화

● **젖산은 피로물질이라는 이론**(1920~1990년대)

과거에는 젖산이 운동 중 근육 피로를 유발하는 물질로 알려져 있었습니다. 이 개념은 1920년대 노벨상을 수상한 아르치발트 힐(Archibald Hill)과 오토 마이어호프(Otto Meyerhof)의 연구에서 비롯되었습니다. 두 사람은 강도 높은 운동을 할수록 젖산이 축적되고, 이로 인해 근육이 산성화되며 피로가 발생한다고 설명했습니다. 이러한 이론은 수십 년간 정설처럼 받아들여졌으며, 1970~1980년대에는 운동 후 젖산을 빠르게 제거하는 것이 회복을 돕는다고 여겨졌습니다. 이를 바탕으로 냉탕 요법, 마사지, 가벼운 조깅 등의 다양한 회복 기법이 등장했습니다.

● **젖산은 에너지원이라는 이론**(1990년대 후반 ~ 2000년대 초반)

1990년대 후반부터 일부 연구자들은 젖산을 단순한 피로물질이 아닌 유용한 에너지원으로 새롭게 해석하기 시작했습니다. 특히 미국의 브룩스(George A. Brooks) 교수는 '젖산 셔틀(Lactate Shuttle)' 이론을 제시하며, 젖산이 근육에서 생성된 뒤 신체의 다른 부위로 이동해 연료로 쓰일 수 있다는 점을 밝혔습니다. 그에 따르면 젖산은 혈류를 통해 다른 근육 세포, 심장, 뇌 등에서 에너지원으로 다시 활용될 수 있으며, 미토콘드리아로 들어가 에너지(ATP) 생성에도 기여합니다. 또한 간에서는 코리 사이클(Cori Cycle)을 통해 젖산을 다시 포도당으로 전환하여 재사용할 수 있습니다. 이러한 연구는 젖산이 단순히 버려지는 대사산물이 아니라, 운동 중 신체가 능동적으로 활용하는 핵심 에너지라는 새로운 관점을 제시했습니다.

● **현재의 젖산 연구**(2000년대 이후)

2000년대 이후에는 젖산의 역할에 대한 연구가 더욱 활발히 진행되고 있습니다. 현대 운동 생리학에서

> 는 젖산을 '축적되는 피로물질'이 아니라, '전략적으로 순환되는 연료'로 이해합니다. 운동 중·후 피로를 유발하는 주된 원인은 젖산이 아닌 수소 이온(H^+)이며, 젖산은 오히려 피로 회복에 기여할 수 있는 물질로 인식되고 있습니다.

젖산은 어떻게 이동하고 활용될까?

젖산은 단순히 피로를 유발하는 부산물이 아닙니다. 우리 몸은 운동 중 생성된 젖산을 다양한 경로를 통해 에너지원으로 재활용합니다. 이 과정을 이해하면 '젖산이 쌓인다'는 것이 반드시 나쁜 것이 아니라 오히려 우리 몸의 회복과 에너지 공급 시스템이 가동되고 있다는 신호임을 알 수 있습니다.

러닝 시 젖산의 주요 활용 경로

1. 해당과정(Glycolysis Cycle): 포도당이 분해되며 젖산이 생성됩니다.
2. 미토콘드리아 산화 사이클(Mitochondrial Oxidation Cycle): 젖산이 피루브산으로 전환되어 미토콘드리아에서 에너지원으로 사용됩니다.
3. 심근 연료 사이클(Cardiac Fuel Cycle): 심장은 젖산을 직접 연료로 사용해 에너지를 생산합니다.
4. 뇌 에너지 사이클(Brain Energy Cycle): 뇌는 젖산을 포도당 외의 주요 에너지원으로 활용합니다.
5. 코리 사이클(Cori Cycle): 간에서 젖산을 포도당으로 전환한 후, 다시 근육으로 보내 에너지로 사용됩니다.

단계	젖산 이동 및 활용 경로	설명	젖산 사용 사이클
1 생성	근육에서 젖산 생성	고강도 운동 시 '해당과정'에서 피루브산이 젖산으로 변환됨	해당과정
2 혈류로 방출	혈액을 통해 전신으로 이동	근육에서 생선된 젖산이 혈류를 타고 이동. 다양한 조직에서 활용됨	
3 근육에서 재사용	젖산 피루브산 ATP 생성	젖산이 다시 피루브산으로 변환되어 미토콘드리아에서 산화되어 ATP 생성	미토콘드리아 산화 사이클
4 심장에서 연료로 사용	심장 근육이 젖산을 직접 에너지원으로 사용	심장은 지방산과 함께 젖산을 연료로 사용하여 에너지를 효율적으로 생성	심근연료 사이클
5 뇌에서 사용	뇌세포(뉴런)가 젖산을 에너지원으로 사용	뇌는 포도당뿐 아니라 젖산을 신경세포의 대체 에너지원으로 활용	뇌 에너지 사이클

6 간에서 포도당 재생산	젖산 피루브산 포도당	간에서 젖산을 피루브산으로 변환한 후 포도당으로 다시 재생산하여 근육에 공급	코리 사이클(Cori Cycle)
7 신장을 통한 배출	소량의 젖산 배출	신장을 통해 일부 젖산이 제거되지만, 대부분은 재활용되어 에너지원으로 사용됨	

러너들은 젖산을 어떻게 활용해야 할까?

다음과 같은 방법을 통해 젖산을 훈련과 회복에 효과적으로 활용할 수 있습니다.

젖산역치를 높이는 훈련

- 템포런: 젖산역치(LT) 부근에서 지속적으로 달리는 훈련으로, 젖산 처리 능력을 향상시킵니다.
- 인터벌 트레이닝: 고강도 러닝과 휴식을 반복하는 방식으로, 빠르게 생성된 젖산을 에너지로 전환하는 능력을 키울 수 있습니다.
- 장거리 러닝: 유산소 시스템을 강화하여 젖산을 보다 효율적으로 사용하도록 돕습니다.

> **❶ 알아 두세요**
> **코리 사이클**
> 운동 중 생성된 젖산은 간에서 포도당으로 전환되어 근육에 다시 공급됩니다. 이 과정을 통해 젖산은 에너지원으로 재활용되며, 회복을 빠르게 도와줍니다.

회복을 위한 젖산 활용

- 적절한 쿨다운(Cool-down) 수행: 러닝 후 가벼운 조깅이나 스트레칭을 실시하면, 혈류를 통해 젖산이 빠르게 이동하며 에너지원으로 활용됩니다.
- 탄수화물·단백질 섭취: 운동 직후 탄수화물을 섭취하면 간에서 젖산이 다시 포도당으로 전환되는 코리 사이클이 활성화됩니다.

> **❶ 알아 두세요**
> **쿨다운**
> 격렬한 운동 후 갑자기 멈추는 대신, 천천히 심박수와 체온을 낮추고 젖산을 정리하는 시간을 갖는 것을 말합니다.
> 예) 달리기 후 5~10분간 걷거나 조깅, 정적 스트레칭 병행.

최적의 젖산 관리법

젖산을 잘 활용하기 위해서는 아래 3가지가 중요합니다.

- 자신의 젖산역치 확인: CPET나 젖산 혈중 농도 측정을 통해 자신의

젖산역치 지점을 파악합니다.
- 적절한 페이스 조절: 젖산역치를 초과하면 젖산 축적 속도가 급격히 증가하므로, 장거리 러닝에서는 적절히 페이스를 조절해야 합니다.
- 충분한 회복과 수면: 젖산의 제거와 재활용은 회복 속도와 직결되므로, 훈련 후에는 반드시 휴식 시간을 확보해야 합니다.

젖산이 축적된다는 것은 단순히 피로가 쌓였다는 신호가 아니라, 몸이 강해지고 적응하고 있다는 긍정적인 반응임을 기억하세요.

14 러닝 이코노미
: 적은 힘으로 멀리 가는 원동력

러닝 이코노미(RE, Running Economy)는 경기력 향상은 물론, 장거리 페이스 유지, 에너지 절약과도 직결되기 때문에 반드시 점검해 봐야 하는 항목입니다. 이 개념을 제대로 이해하면, 왜 러닝 이코노미를 훈련 지표로 삼아야 하는지 명확해집니다.

러닝 이코노미란?

러닝 이코노미는 '연비' 개념과 유사합니다. 연비가 좋은 자동차는 같은 거리와 속도를 주행할 때 더 적은 연료를 소모합니다. 러너에게도 같은 원리가 적용됩니다. 같은 페이스로 달릴 때 에너지를 덜 쓰는 러너, 즉 산소소비량이 적은 러너가 러닝 이코노미가 더 좋은 러너입니다.

예를 들어, 시속 100킬로미터로 40킬로미터를 달리는 두 대의 자동차 중 A 자동차가 10리터의 연료를, B 자동차가 8리터의 연료를 사용했다면 B 자동차가 더 연비가 좋다고 할 수 있습니다. 사람의 몸은 연료로 산소를 사용하기 때문에, 동일한 러닝 조건에서 산소를 적게 소모하는 사

> **ⓘ 알아 두세요**
>
> **러닝 이코노미(RE)**
> 1km를 달릴 때 소모되는 산소량(mL/kg/km)을 말합니다. 러너가 동일한 속도로 달릴 때 얼마나 적은 산소를 소비하는지 나타내는 지표입니다.

람이 바로 '연비가 좋은 러너', 즉 러닝 이코노미가 좋은 러너입니다.

자동차 연비 vs 사람 연비 비교

구분	자동차 연비	사람 연비 (러닝 이코노미)
효율 측정 기준	주행 거리 ÷ 연료 사용량	이동 거리 ÷ 산소소비량
효율적 조건	동일한 거리와 속도에서 연료 소비가 적을수록 효율적	동일한 거리와 속도에서 산소 소비가 적을수록 효율적
비교 예시	A 자동차: 10L로 40km 주행 B 자동차: 8L로 40km 주행	A 러너: 1km당 30ml O_2 소비 B 러너: 1km당 25ml O_2 소비
효율이 더 높은 사례	B 자동차 (더 적은 연료 사용)	B 러너 (더 적은 산소 소비)
개선 방법	경량화, 엔진 효율 개선, 공기역학적 설계	체중 감량, 유산소 능력 향상, 자세 교정

러닝 이코노미가 왜 중요할까?

걷기와 달리기를 비교해 보면, 호흡 빈도부터 차이가 난다는 것을 알 수 있습니다. 걷는 동안에는 호흡이 길고 느린 반면, 달릴 때는 호흡이 짧고 빠르게 바뀌며, 이는 러닝 중 더 많은 산소가 필요하다는 것을 의미합니다. 하지만 러닝 이코노미가 향상되면, 달릴 때도 훨씬 편안한 호흡이 가능해지고 더 적은 산소로도 동일한 속도를 유지할 수 있게 됩니다. 즉, 에너지 사용의 효율이 높아지는 것이죠.

러닝 이코노미가 좋은 러너는 동일한 환경과 조건에서도 더 적은 에너지로 더 멀리, 더 오래 달릴 수 있습니다. 특히 마라톤처럼 긴 거리를 유지해야 하는 종목에서는 러닝 이코노미가 성패를 좌우하는 핵심 요소로 작용합니다. 이를 개선하면 호흡과 에너지 소비에서 오는 부담을 줄이고, 레이스 후반까지 안정적인 퍼포먼스를 유지할 수 있습니다.

러닝 이코노미 계산 방법

$$러닝\ 이코노미(VO_2\ 표준화) = \frac{산소소비량(mL/min)}{체중(kg)}$$

- 산소소비량(VO$_2$: mL/min): 러너가 일정 속도로 달릴 때 1분 동안 소비한 산소량
- 체중(kg): 러너의 체중
- VO$_2$ 표준화(mL/kg/min): 산소소비량을 체중으로 나눈 값으로 나타냅니다.

계산 예시:

60kg 체중의 러너가 속도 12km/h로 달릴 때 산소소비량이 2,400mL/min이라면

$$러닝\ 이코노미 = \frac{2,400}{60} = 40mL/kg/min$$

이 경우, 러너는 체중 1kg당 분당 40mL의 산소를 소비하며 달리고 있습니다.

러닝 이코노미를 확인하는 방법

CPET

CPET 장비를 활용해 러닝 중 산소소비량을 측정하면 러닝 이코노미를 객관적으로 확인할 수 있습니다. 스포츠 과학센터, 국민체력센터, 병원,

보건소, 대학 연구소, 러닝 전문 센터 등에서 검사가 가능합니다.

러닝 데이터 비교

스마트워치나 러닝 앱을 통해 심박수와 속도 데이터를 기록하면, 러닝 이코노미 변화도 추정할 수 있습니다. 예를 들어 같은 속도에서 예전보다 심박수가 낮아졌다면, 같은 강도에서 덜 힘들어졌다는 의미로 러닝 이코노미가 향상되었을 가능성이 있습니다.

러닝 이코노미를 향상시키는 방법

자세 교정

올바른 러닝 자세는 에너지 낭비를 줄이는 데 도움이 됩니다. 상체는 안정적으로 유지하고 팔과 다리는 자연스럽게 리듬을 맞춰야 합니다. 불필요한 움직임이 적을수록 러닝 효율은 높아집니다.

근력 및 유연성 훈련

전신 근력과 유연성을 강화하면 근육 사용의 효율이 높아져 러닝 동작이 더 경제적이게 됩니다. 특히 코어 근육과 고관절 유연성은 러닝 자세의 안정성과 추진력 향상에 기여합니다.

LSD 트레이닝

낮은 강도로 장거리를 달리는 훈련은 심폐지구력과 산소 활용 능력을 향상시키는 데 효과적입니다. 이 훈련은 러닝 중 산소를 더 적게 소비하며 움직이는 능력을 길러 줍니다.

시간주(Time Runs) 트레이닝

긴 시간 동안 일정한 속도로 달리는 훈련은 산소 사용 효율을 높이고, 피로 저항력을 향상시킵니다. 실전 레이스에서 페이스를 일정하게 유지하는 데도 도움이 됩니다.

체중 관리

체중이 줄어들면 동일한 강도에서 필요한 산소량이 줄어들어 러닝 이코노미가 향상됩니다. 다만 무리한 감량은 부상을 유발할 수 있으므로 주의가 필요합니다.

장비 선택

러닝화 중에서는 일반 러닝화보다 카본 플레이트가 내장된 러닝화(레이싱화)가 추진력과 반발력을 높여 에너지 낭비를 줄이는 데 유리합니다.

하지만 카본 러닝화는 지면 반발력이 큰 만큼 근육과 관절에 가해지는 부하도 커지기 때문에 발목 안정성이나 종아리 근력이 충분하지 않은 러너에게는 오히려 통증이나 부상 위험을 증가시킬 수 있습니다.

처음 사용할 경우, 짧은 거리에서 천천히 적응하는 과정이 꼭 필요하며, 본격적인 훈련이나 레이스에서 사용하기 전에는 충분한 테스트와 근력 보강이 병행되어야 합니다.

알아 두세요

시간주 트레이닝

거리가 아닌 시간을 중점으로 진행하는 훈련입니다.
- 오늘은 10km 뛸 거야.(X)
- 오늘은 45분 동안 달릴 거야.(O)

알아 두세요

카본 러닝화란?

카본 러닝화는 중창에 얇고 단단한 탄소섬유판(카본 플레이트)이 삽입된 고성능 러닝화를 말합니다. 이 탄소섬유판은 달리는 순간 발을 앞으로 튕겨주는 반발력을 제공해 추진력을 높이고 에너지 낭비를 줄여 줍니다.

관련 영상

달리기 실력을 바꿀 수 있는 러닝 이코노미

러닝의 수준을 좌우하는 러닝 3대 지표

러닝 3대 지표를 활용한 마라톤을 잘하는 법

심화학습 — 러닝에 대해 잘못 알려진 상식 10

1. 케이던스는 무조건 180을 맞추는 게 좋다?

러닝 시 케이던스를 180으로 맞추는 것이 좋다는 말은 널리 퍼져 있지만, 이는 단순한 평균값일 뿐입니다. 실제로는 개인의 신체 조건, 근력, 보폭, 페이스에 따라 적절한 케이던스가 달라집니다. 무리하게 180을 맞추려 하면 오히려 부자연스러운 달리기가 되어 부상을 유발할 수 있습니다. 중요한 것은 자신의 몸이 편안하게 느끼는 자연스러운 케이던스를 찾는 것입니다.

2. 카본화가 부상을 유발한다?

카본 플레이트가 내장된 러닝화는 높은 반발력과 추진력을 제공해 퍼포먼스를 끌어올리는 데 효과적입니다. 하지만 일반 러닝화와는 착화감과 반응성이 다르기 때문에, 신체가 아직 적응되지 않은 상태에서 바로 착용하면 발목과 종아리에 무리가 갈 수 있습니다. 특히 러닝 주동근이 충분히 발달되지 않은 상태에서 무리하게 사용할 경우, 통증이나 부상으로 이어질 위험이 있습니다.

따라서 카본화는 짧은 거리, 낮은 페이스에서 시작해 점진적으로 적응하는 과정이 필요합니다. 이처럼 천천히 익숙해지면 지면 반발력을 에너지로 효율적으로 전환할 수 있게 되며, 오히려 더 효과적인 러닝이 가능합니다.

3. 쥐가 나는 건 전해질이 부족해서다?

쥐가 나는 원인을 전해질 부족 때문이라고만 생각하기 쉽지만, 실제로는 근육 피로, 수분 부족, 혈액 순환 문제, 신경계 이상 등 다양한 원인이 있습니다. 마그네슘이나 칼륨 보충보다 워밍업과 스트레칭, 점진적인 훈련이 더 효과적인 예방법입니다.

4. 러닝은 근손실을 유발한다?

러닝을 하면 근육이 빠진다는 오해가 있지만, 근손실 여부는 훈련 방식과 영양 섭취에 따라 달라집니다. 적절한 강도의 유산소 운동은 근육을 유지하면서 지방을 태우는 데 도움이 됩니다. 인터벌 트레이닝이나 근력 운동을 병행하면 지구력을 높이면서도 근육을 지킬 수 있습니다.

5. 러닝은 관절을 상하게 한다?

러닝이 관절에 무리를 준다고 걱정하는 사람이 많지만, 연구에 따르면 규칙적인 러닝은 오히려 관절 건강에 긍정적인 영향을 미칩니다. 적절한 강도로 꾸준히 달리면 연골을 강화하고 관절 주변의 근육을 단련해 부상 예방에 도움이 됩니다. 단, 잘못된 자세나 무리한 훈련은 부상의 원인이 되므로 주의가 필요합니다.

6. 많이 달리면 키 성장에 방해가 된다?

"달리면 키가 크지 않는다"는 말은 과학적으로 근거가 없습니다. 키 성장에 가장 중요한 요소는 유전과 영양이며, 적절한 운동은 오히려 성장판을 자극하고 성장 호르몬 분비를 촉진하는 데 도움이 됩니다. 다만, 과도한 훈련은 피로 누적을 유발할 수 있으므로 적절한 강도 조절이 필요합니다.

7. 러닝화는 무조건 쿠션화가 좋다?

쿠션이 많은 신발이 무조건 좋은 것은 아닙니다. 지나친 쿠셔닝은 착지 감각을 둔화시키고 충격 흡수를 방해할 수 있습니다. 발 모양, 러닝 스타일, 주행 지면 등을 고려해 자신에게 맞는 쿠셔닝과 안정성을 갖춘 신발을 선택해야 합니다. 발목이 약한 러너는 안정성이 높은 신발이, 자연스러운 착지를 원하는 러너는 미니멀화가 적합할 수 있습니다.

8. 마라톤을 뛰면 빨리 늙는다?

마라톤 같은 장거리 달리기가 노화를 촉진한다는 말은 잘못된 정보입니다. 오히려 유산소 운동은 세포 노화를 늦추고 심혈관 기능을 향상시키는 데 효과적이라는 연구 결과가 많습니다. 규칙적인 러닝은 혈액순환과 뇌 기능 향상에도 긍정적인 영향을 줍니다. 다만, 과도한 훈련과 회복 부족은 오히려 신체에 부담이 될 수 있으므로 주의가 필요합니다.

9. 러닝을 하면 가슴이 쳐진다?

여성 러너들 사이에서는 '러닝을 하면 가슴이 쳐진다'는 걱정이 있지만, 러닝 자체가 주된 원인은 아닙니다. 가슴 처짐은 중력과 피부 탄력 저하가 주요 원인이며, 러닝 중 흔들림에 의한 영향을 줄이기 위해서는 적절한 스포츠 브라 착용이 필수입니다. 가슴 근육을 단련하는 운동을 함께 병행하면 탄력 유지에도 도움이 됩니다.

10. 무조건 빨리, 힘들게 달려야 실력이 는다?

무조건 강도 높은 훈련만 반복하는 것은 러닝 실력 향상에 효과적이지 않습니다. 오히려 피로가 누적되고 부상 위험이 높아질 수 있습니다. LSD 러닝, 템포런, 인터벌, 크로스 트레이닝 등 다양한 훈련법을 균형 있게 병행하는 것이 더 효율적인 접근법입니다. 충분한 회복과 휴식도 실력 향상에 필수 요소입니다.

러닝과 관련된 오해는 여전히 많지만, 과학적 근거와 정확한 정보에 기반해 접근한다면 더욱 건강하고 즐거운 러닝을 실천할 수 있습니다. 무엇보다 중요한 것은 나에게 맞는 러닝 방식을 찾아 꾸준히 실천하는 것입니다.

PART 2
실전! 러닝

다섯째 마당

러닝 훈련의 종류

15 조깅: 달리기의 첫걸음

16 심박수 트레이닝: 모든 러너가 쉽게 즐긴다

17 LSD 트레이닝: 오래 지치지 않고 달리기

18 파틀렉 트레이닝: 속도에 리듬을 타다

19 인터벌 트레이닝: 빠르게, 더 빠르게 달리기 위해

20 지속주 트레이닝: 멈추지 않고 달리는 힘

21 템포런 트레이닝: 기록 단축의 열쇠

당신은 어떤 러너인가요?

이 책은 러너를 초급, 중급, 고급으로 나누어 각 수준에 맞는 훈련법과 접근 방식을 제시합니다. 자신의 러닝 수준을 정확히 파악하면 이 책을 훨씬 더 유용하게 활용할 수 있을 거예요. 아래 기준들을 살펴보고, 당신의 현재 러닝 수준을 한번 확인해 보세요.

	초급 러너 (Beginner)	중급 러너 (Intermediate)	고급 러너 (Advanced)
주당 훈련 거리	10~20km	20~40km	40~70km 이상
평균 페이스	7~10분/km	5~7분/km	4~5분/km 이하
주당 훈련 빈도	주 1~3회	주 3~5회	주 5~7회
러닝 경험	5~10km 이하의 완주 경험 또는 달리기를 시작한 지 6개월 미만	10km 이상 또는 하프마라톤 거리의 완주 경험 (1년 이상 러닝 지속)	풀마라톤 완주 경험 또는 여러 하프마라톤 완주 (2년 이상 러닝 지속)
훈련 구성	조깅과 걷기 병행, 가벼운 페이스 유지, 러닝 습관 형성 및 기초 유산소 향상에 중점	조깅, 지속주, 롱런을 포함하며, 페이스 유지 및 지구력 훈련을 꾸준히 시행	고강도 인터벌, 지속주, 스피드 훈련, 레이스 시뮬레이션 훈련 포함
목표 및 특징	체력 향상 및 러닝 기본기를 익히고, 완주에 초점을 맞추며 페이스 유지를 어려워할 수 있음	레이스 페이스에 맞춰 꾸준히 달리는 능력 강화 및 페이스 조절 훈련을 진행하며, 목표 기록 설정	기록 단축 목표를 위해 정밀하게 페이스와 체력 조절 훈련을 하며, 과학적 데이터에 기반한 맞춤형 훈련 프로그램을 활용

15 조깅
: 달리기의 첫걸음

> **ⓘ 알아 두세요**
>
> **조깅**
>
> 조깅은 걷기보다 빠르지만 일반적인 러닝보다는 느린 속도로, 편안하게 대화를 나눌 수 있을 정도의 가벼운 페이스(1킬로미터당 약 6~8분)를 의미합니다.

조깅이란?

달리기는 인간의 가장 본능적인 움직임 중 하나입니다. 걷기보다 한 걸음 더 나아간 '조깅(Jogging)'은 단순한 이동 수단을 넘어 몸과 마음의 균형을 되찾는 데 도움을 주는 운동입니다. 특히 달리기를 처음 시작하는 이들에게 조깅은 러닝의 세계로 들어가는 관문이자 건강한 습관 형성의 시작점이 됩니다.

조깅과 러닝의 차이

구분	조깅	러닝
속도	느림(6~8km/h)	빠름(8km/h 이상)
운동 강도	낮음	중간에서 높음
목적	건강 유지, 체력 증진	기록 단축, 대회 준비
신체 부담	낮음	다소 높음

수준별 조깅 방법

조깅은 누구나 쉽게 시작할 수 있지만, 자신의 체력과 목표에 따라 강도와 방법을 조절하는 것이 중요합니다. 초보자부터 숙련자까지 각 수준에 맞는 조깅 가이드를 소개합니다.

초급 러너

조깅을 처음 시작하는 단계로, 운동 습관 형성과 기초 체력 향상이 목표입니다.

- 운동 강도: 최대 심박수의 50~60%, 숨이 차지 않고 대화가 가능한 저강도
- 조깅 거리: 3~5km, 조깅과 걷기를 1:1 비율로 교차(예: 1분 조깅, 1분 걷기)
- 페이스: 시속 6~8km, 자신의 보폭에 맞춘 자연스럽고 편안한 속도
- 운동 빈도: 주 2~3회, 회복을 고려해 하루 이상 휴식 포함

중급 러너

기초 체력이 자리 잡힌 단계로, 운동 지속 시간 확대와 심폐 능력 향상이 목표입니다.

- 운동 강도: 최대 심박수의 60~70%, 약간 숨이 차지만 대화는 가능한 정도
- 조깅 거리: 6~10km, 연속 조깅을 기본으로 필요 시 간헐적 걷기 포함 가능
- 페이스: 시속 8~10km, 안정적인 리듬을 유지할 수 있는 속도
- 운동 빈도: 주 3~4회, 최소 1~2일은 휴식일로 설정

고급 러너

러닝 경험이 충분한 단계로, 지구력 및 페이스 유지 능력 향상이 목적입니다.

- 운동 강도: 최대 심박수의 65~75%, 대화는 가능하나 숨이 차는 중강도
- 조깅 거리: 10~16km, 장거리 조깅으로 유산소 지구력 강화
- 페이스: 시속 10~12km, 일정한 리듬을 유지하며 목표 속도에 근접
- 운동 빈도: 주 4회 이상, 1회 이상은 저강도 회복 조깅 또는 휴식일 포함

잠깐만요

심박수를 활용한 운동 강도 측정법

심박수는 운동 강도를 측정하는 가장 대표적인 지표입니다. 러닝 퍼포먼스를 위해 더 정밀한 방법이 필요할 수도 있지만, 처음 조깅을 시작하는 사람에게는 가장 쉽고 직관적으로 강도를 조절할 수 있는 수단이 됩니다. 아래 공식을 활용해 자신의 최대 심박수를 기준으로 조깅 강도를 계산해 볼 수 있습니다.

❶ 최대 심박수(HRmax) 계산

최대 심박수 = 220 − 나이

예: 30세 → 220 − 30 = 190bpm

❷ 조깅 목표 심박수 설정

조깅 목표 심박수는 카르보넨(Karvonen) 공식을 사용해 설정합니다.
카르보넨 공식: (최대 심박수 − 안정시 심박수) × 목표 강도 + 안정시 심박수

예: 최대 심박수 190bpm, 안정시 심박수 60bpm, 목표 강도 60%라면,

→ (190−60)×0.6+60=138bpm

해당 러너의 권장 조깅 심박수 범위는 '138~151bpm(60~70%)'입니다.

❸ 심박수 측정 방법

- 스마트워치 또는 심박계 착용
- 조깅 중 목표 심박수 범위 유지(138~151bpm)

조깅 강도는 처음에는 최대 심박수의 60퍼센트 수준에서 시작해 점진적으로 강도를 올리는 것이 안전하고 효과적인 습관 형성에 도움이 됩니다.

▶ 관련 영상

조깅의 이해와
훈련 방법

16. 심박수 트레이닝
: 모든 러너가 쉽게 즐긴다

쉽게 따라할 수 있지만 아쉬움이 큰 심박수 트레이닝

심박수 트레이닝은 러닝 강도를 조절하는 가장 대표적인 방법 중 하나입니다. 자신의 심박수를 기준으로 운동 강도를 설정할 수 있기 때문에, 초보자부터 고급 러너까지 폭넓게 활용할 수 있는 효과적인 도구로 알려져 있습니다. 하지만 실제 적용해 보면 의외의 한계도 존재합니다. 특히 초급자와 상급자 간에는 심박 반응의 안정성과 회복 능력에서 큰 차이가 있습니다.

초급자는 낮은 강도에서도 심박수가 빠르게 오르며, 환경(날씨, 긴장, 수면 등)에 쉽게 영향을 받습니다. 상급자는 같은 강도에서도 심박 반응이 더 안정적이며 산소 활용 능력도 뛰어나 정확한 강도 조절이 가능합니다.

이처럼 같은 심박수 구간이라도 운동 능력에 따라 효율과 결과가 다르게 나타날 수 있습니다. 초급자가 무작정 심박수만을 기준으로 훈련하면 오히려 훈련 효과가 떨어지거나 과훈련 위험이 생길 수 있습니다. 따라서 심박수 트레이닝은 러닝 강도 조절을 위한 유용한 도구이지만, 절대적인 기준이나 만능 훈련법은 아니라는 점을 이해하고 활용해야 합니다.

> ⓘ 알아 두세요
>
> **심박수 트레이닝의 역사**
>
> 심박수를 운동 강도의 지표로 활용하기 시작한 것은 20세기 중반부터입니다. 특히 마라토너와 철인 3종 선수들이 체계적인 훈련법에 심박수 구간(Zone) 개념을 도입하면서 널리 확산되었습니다. 1980년대 이후 심박수 측정 기기(모니터) 기술이 발달하면서 일반 러너들도 실시간으로 자신의 심박수를 측정할 수 있게 되었고, 이로 인해 체력 수준에 맞는 맞춤형 트레이닝이 가능해졌습니다.

심박수 트레이닝의 원리

심박수 트레이닝은 최대 심박수(220 – 나이)를 기준으로 5개 구간(Zone)으로 나누어 훈련합니다. 각 구간은 서로 다른 생리적 반응을 유도하고 트레이닝 목표에 따라 전략적으로 활용됩니다.

- Zone 1 (회복 구간): 최대 심박수의 50~60%
- Zone 2 (지구력 훈련 구간): 최대 심박수의 60~70%
- Zone 3 (유산소-무산소 경계 구간): 최대 심박수의 70~80%
- Zone 4 (무산소 구간): 최대 심박수의 80~90%
- Zone 5 (최대 강도 구간): 최대 심박수의 90~100%

심박수 트레이닝 설계를 위한 3가지 방식

심박수 트레이닝을 설계할 때는 운동 강도에 따라 적절한 심박수 구간을 계산하는 것이 중요합니다. 러닝에서는 주로 다음 3가지 방식이 사용됩니다.

최대 심박수(MHR, Maximum Heart Rate) 공식

가장 널리 사용되는 기본 공식입니다. 간단하게 나이만으로 심박수를 계산할 수 있어 접근성이 뛰어나지만, 개인차가 커 정확도가 낮을 수 있습니다.

최대 심박수 = 220 – 나이

> ⓘ 알아 두세요
>
> **최대 심박수 공식 적용 예시**
>
> 40세 → 220 – 40 = 180bpm

> **알아 두세요**
>
> **카르보넨 공식 적용 예시**
> 나이 40세,
> 안정 시 심박수 60bpm,
> 운동 강도 70%,
> 최대 심박수 180(=220-40)
> THR=[(180-60)×0.7]+60
> =144 bpm

카르보넨(Karvonen) 공식

안정 시 심박수(휴식 시 심박수)를 반영해 개인의 심폐 반응 능력까지 고려한 방식입니다. 기본 공식보다 더 정밀한 설정이 가능하지만, 컨디션, 수면, 스트레스 등 외부 변수에 따라 수치가 변할 수 있다는 점을 감안해야 합니다.

목표 심박수(THR)
= [(최대 심박수 - 안정 시 심박수) × 운동 강도] + 안정 시 심박수

CPET

전문 장비를 통해 VO_2max, 환기역치, 실제 최대 심박수를 측정하는 과학적 검사입니다. 가장 정밀하고 과학적인 측정법으로 정확한 유산소 및 무산소의 역치 기준을 설정할 수 있습니다. 훈련 목적에 따른 정밀한 심박수 트레이닝 설계가 가능합니다.

심박수 기반 트레이닝의 장단점

장점	단점
① 개인 맞춤형 운동 강도 설정 가능 : 최대 심박수를 기준으로 Zone 1~5 구간 설정이 가능하며, 자신의 컨디션에 맞는 강도 조절이 용이. ② 피로도 및 회복 상태 모니터링 가능 : 안정 시 심박수와 회복 심박수를 통해 일상 컨디션이나 회복 속도를 수치로 파악가능.	① 최대 심박수 공식의 정확도 한계 : '220-나이' 공식은 평균값일 뿐 개인차가 커서 부정확한 목표 설정으로 이어질 수 있음. (보완: CPET를 통해 정확한 측정값을 활용) ② 환경 요인의 영향이 큼 : 고온, 고습, 고지대 등 환경 변화에 따라 같은 강도에서도 심박수가 크게 달라질 수 있음.

③ 무리한 훈련 방지, 부상 예방에 효과적
: 일정 심박수 범위 내에서 훈련하면 과훈련을 예방하고 효율적인 운동 지속이 가능.

④ 유산소 지구력 향상에 효과적
: Zone 2~3에서의 훈련은 장시간 유지 가능한 페이스를 만드는 데 효과적이며, 심폐 능력과 에너지 효율을 동시에 향상시킴.

③ 심리적 요인의 영향
: 스트레스, 긴장, 불안 등 감정 상태에 따라 평소보다 심박수가 높게 나타날 수 있음.

④ 섭취물의 영향
: 카페인 섭취 시 심박수가 상승할 수 있으며, 탈수 상태에서는 심박수 변동이 커져 강도 판단이 어려워질 수 있음.

⑤ 수면 부족 및 피로 누적의 영향
: 피로도가 높거나 수면이 부족하면 낮은 심박수에서도 힘들게 느껴지는 등 정확한 판단이 어려울 수 있음.

⑥ 심박 반응의 지연성
: 고강도 인터벌 훈련에서는 심박 반응이 즉시 따라오지 않아 실시간 강도 조절이 어렵고, 운동 초반에도 반응이 늦게 나타날 수 있음.

심박수 트레이닝 어떻게 보완할 수 있을까

심박수 기반 트레이닝은 러닝 강도를 수치로 조절할 수 있다는 장점이 있습니다. 하지만 기온, 수면, 스트레스, 컨디션 등 외부 요인에 쉽게 영향을 받는다는 한계도 분명합니다. 보다 정확하고 안정적인 훈련을 위해서는 다음과 같은 보완 방법을 함께 활용하는 것이 좋습니다.

자각적 운동 강도(RPE, Borg Scale) 활용

자신의 체감 강도를 1~10점(또는 6~20점 보그 스케일)으로 평가해 심박수 수치와 함께 참고하는 방법입니다. 심박수가 예상보다 높거나 낮을 때, 몸의 느낌을 기준으로 운동 강도를 조절할 수 있어 실용적입니다.

파워 기반 트레이닝(러닝 파워미터 활용)

사이클 훈련에서 사용되던 파워(watts) 개념을 러닝에 적용한 방식입니다. 달리기 할 때의 힘의 수치를 적용하는 것이라 보면 됩니다. 러닝 파워는 스트라이드(Stryd) 파워미터와 같은 장비 또는 스포츠워치를 활용하면 확인할 수 있습니다. 파워는 환경 요인의 영향을 덜 받기 때문에 보다 안정적인 강도 기준이 됩니다.

페이스 기반 트레이닝

특히 평지에서 일정 속도를 유지하는 것만으로도 유산소 지구력을 향상시킬 수 있습니다. 다만, 언덕, 바람 등 외부 환경에 민감하므로 심박수나 자각적 운동 강도와 함께 병행하는 것이 더 효과적입니다.

심박 변이도(HRV) 모니터링

심장 박동 간격의 변화를 분석해 회복 상태나 피로도를 파악하는 지표입니다. 심박수가 평소보다 높을 경우, 단순한 외부 요인인지 신체적 피로로 인한 것인지 구분하는 데 도움이 됩니다.

CPET 활용

전문 검사 장비를 통해 VO_2max, 최대 심박수, 환기역치(VT1, VT2)를 정밀 측정할 수 있습니다. CPET 결과를 기반으로 하면, 개인 맞춤형 심박수 구간 설정이 가능해집니다.

복합적 접근이 가장 이상적

심박수, RPE, 페이스, 파워, HRV, CPET 데이터를 상황에 따라 병행하고 보완적으로 활용하면 하나의 수치에만 의존하지 않고도 더 정확하고 유연한 강도 조절이 가능합니다.

▶ **관련 영상**

가장 효과적인
유산소 운동-
ZONE 2 러닝 훈련법

러닝 입문자라면
이렇게 달려 보세요-
러닝 초보를 위한
Zone 2 훈련

17 LSD 트레이닝
: 오래 지치지 않고 달리기

달리기는 훈련을 통해 완성되는 기술입니다. 그중에서도 가장 기초이자 핵심이 되는 훈련이 바로 'LSD(Long Slow Distance) 훈련'입니다. 이는 러닝을 처음 시작하는 초보 러너는 물론, 마라톤을 준비하는 상급자에게도 절대 빠트릴 수 없는 훈련입니다.

종종 '거리주(Distance Run)'와 LSD 훈련을 혼동하는 경우가 있습니다. LSD는 단순히 많은 거리를 달리는 훈련이 아니라, 오랜 시간 동안 일정한 강도로 천천히 달리는 훈련입니다. 빠른 페이스보다 지속 시간에 중점을 두며, 유산소 능력을 효과적으로 향상시킵니다.

LSD 트레이닝이란?

LSD 훈련은 말 그대로 Long, Slow, Distance, 즉 '오래, 천천히, 많이' 달리는 훈련입니다. 특정한 페이스보다 '오랫동안 버티는 러닝'에 초점을 둔 훈련으로, 유산소 능력을 향상시키고, 심폐 기능과 회복력을 높이는 데 효과적입니다.

> **❗ 알아 두세요**
>
> **거리주 훈련과 LSD 훈련은 이렇게 다릅니다**
>
> 거리주 훈련은 마라톤 풀코스를 대비하기 위한 장거리 훈련으로, 마라톤 대회와 유사한 환경과 페이스 조건에서 20킬로미터 이상의 거리를 실전처럼 달리는 것이 핵심입니다.
>
> LSD 훈련은 장시간 낮은 강도로 천천히 달리는 데 목적을 둡니다. '오래, 천천히, 많이' 달리며 유산소 기반을 다지고, 회복 능력과 체력을 기르는 데 초점이 있습니다. 따라서 LSD는 러닝의 기본 체력을 만들고, 거리주는 마라톤 실전을 준비하는 단계라고 이해하면 됩니다.

특히 마라톤을 준비하는 러너에게 저는 '마라톤은 혈액 싸움이다'라고 강조해 왔습니다. 결국은 장거리 러닝 또는 지구력 운동에서는 혈액과 관련된 여러 생리학적 요인이 대단히 중요하기 때문입니다. 특히 산소 운반 능력, 혈액량, 적혈구 및 헤모글로빈의 수준, 젖산 처리 능력 등 혈액 관련 요소들이 매우 중요합니다. LSD 훈련은 이런 능력을 기르는 데 가장 효과적인 훈련입니다. 마라톤뿐 아니라 모든 러닝 훈련의 토대가 되는 핵심 훈련이라 할 수 있지요.

LSD 트레이닝의 생리학적 효과

다음은 LSD 훈련을 통해 기대할 수 있는 대표적인 생리학적 변화입니다.

근육이 쉽게 지치지 않게 - 미토콘드리아 증가

미토콘드리아는 세포 내 에너지 공장으로, 산소를 이용해 지방과 탄수화물을 에너지로 전환됩니다. 지속적인 유산소 훈련은 근육 세포 내 미토콘드리아의 수와 크기를 증가시켜, 에너지 생성 능력을 높이고 피로 누적을 늦춥니다.

근육이 더 많은 산소를 저장할 수 있게 - 미오글로빈 증가

미오글로빈은 근육 내에서 산소를 저장하고 운반하는 단백질입니다. 이 단백질의 농도가 증가할수록 근육은 더 많은 산소를 저장할 수 있으며, 안정적인 산소 공급을 통해 장시간 지속적인 유산소 운동이 가능해집니다.

근육에 산소 공급이 원활하게-헤모글로빈 증가

헤모글로빈은 폐에서 받아들인 산소를 근육과 조직으로 운반합니다. LSD 훈련을 지속하면 적혈구 수와 헤모글로빈 농도가 함께 증가해, 운동 중 더 많은 산소를 효과적으로 근육에 공급할 수 있게 됩니다.

산소와 영양 전달 능력 증가-모세혈관 밀도 향상

모세혈관은 산소와 영양소를 근육 세포에 전달하고, 대사 과정에서 생긴 노폐물을 배출하는 통로입니다. LSD 훈련은 모세혈관의 수를 증가시켜, 에너지 전달 및 회복 속도를 높이고 피로를 줄이는 데 효과적입니다.

지방을 연료로 활용하는 능력 향상

운동 초반에는 주로 탄수화물(글리코겐)이 에너지원으로 사용되지만, 일정 속도의 저강도 유산소 운동을 지속하면 우리 몸은 점차 지방을 주요 연료로 활용하게 됩니다.

잠깐만요

> **LSD 트레이닝은 심리적으로도 매우 효과적입니다**
>
> LSD 훈련은 심리적인 측면에서도 러너에게 많은 긍정적인 변화를 줍니다. 장거리 달리기나 마라톤처럼 인내와 멘탈이 중요한 스포츠일수록 이러한 심리적 효과는 더 빛을 발합니다.
>
> ● **자신감 향상:** LSD 훈련을 통해 러너는 오랜 시간 일정한 속도로 달리는 능력을 기르게 됩니다. 이 경험은 "내가 이만큼 달릴 수 있구나"라는 확신을 만들어 주며, 자신감으로 이어집니다. 마라톤처럼 도전적인 목표를 앞두고 있을 때, 그동안의 LSD 훈련 경험은 강한 정신적 버팀목이 됩니다.
>
> ● **집중력과 인내심 강화:** 장시간 달리는 동안에는 페이스를 유지하면서도 스스로의 몸 상태를 관찰하고 조절해야 합니다. 이 과정에서 자연스럽게 집중력과 인내심이 함께 훈련됩니다. 특히 장거리

레이스에서는 육체적 피로뿐 아니라 정신적 피로도 누적되기 때문에 이 능력은 매우 중요합니다.

● **긍정적인 사고와 목표 지향성 강화:** 매 훈련마다 목표한 거리나 시간을 완주했다는 '작은 성공 경험'은 러너에게 큰 의미가 됩니다. 이 작은 성취들이 쌓이면 목표를 향해 한 걸음씩 나아가고 있다는 확신이 생기고, 훈련에 대한 동기부여도 더 강해집니다.

수준별 LSD 훈련법

러너의 수준에 따라 LSD 훈련의 접근 방법은 달라집니다.

초급 러너

기초적인 유산소 능력을 향상하고 달리기에 익숙해지는 것이 가장 큰 목표입니다. 훈련 빈도는 주 1회를 원칙으로 하며, 4~6주간 꾸준히 지속합니다. 훈련 시간은 30분에서 시작해 60~90분까지 점진적으로 늘리는 것을 권장합니다.

페이스는 대화를 나눌 수 있을 정도로 매우 천천히, 최대 심박수의 60~70퍼센트 수준에서 진행하는 것이 좋습니다. 초급자에게는 무엇보다 '무리하지 않는 것'이 가장 중요합니다.

처음에는 거리를 기준으로 훈련을 계획하는 것도 방법입니다. 예를 들어, 주당 약 6~10킬로미터 거리로 시작해, 주차별로 2~4킬로미터씩 늘리는 식으로 접근할 수 있습니다. 이때 거리보다는 '익숙해지는 경험' 자체가 핵심입니다. 자신만의 페이스를 천천히 찾아가면서, 신체에 무리가 가지 않도록 훈련을 계획합니다.

초급 러너의 LSD 훈련

목표	기본 지구력 향상, 유산소 능력 향상, 러닝 습관 형성
훈련 빈도	주 1회, 4~6주간 진행
훈련 시간	30분부터 시작해 60~90분까지 늘려가기
훈련 속도	대화가 가능한 느린 페이스(최대 심박수의 60~70%)
거리 가이드	6~10km부터 시작, 주차별로 2~4km씩 증가
주의점	거리보다 시간과 리듬에 집중. 페이스에 익숙해지는 것을 목표로 할 것

중급 러너

중급 러너의 LSD 훈련은 지구력 강화와 유산소 능력의 극대화를 통해 장거리 달리기 역량을 높이는 것이 목적입니다. 주 1회, 4~6주 동안 꾸준히 진행하며, 훈련 시간은 60~100분 정도가 적절합니다.

하프 마라톤 이상을 준비한다면 주말에 LSD 훈련을 포함하는 것도 좋습니다. 훈련 강도는 최대 심박수의 60~70퍼센트 수준이며, 편안한 페이스를 유지해야 합니다. 조금 더 빠른 페이스로 도전해 보는 것도 괜찮습니다.

거리 기준은 처음 15~20킬로미터 정도로 시작해 주차별로 3~5킬로미터씩 점진적으로 늘려가며, 하프 마라톤 준비 시, 20~25킬로미터, 마라톤은 30~35킬로미터까지 수행할 수 있도록 계획합니다.

중급 러너의 LSD 훈련

목표	지구력 강화, 유산소 능력 극대화, 장거리 달리기 능력 향상
훈련 빈도	주 1회 훈련, 4~6주간 지속
훈련 시간	60~90분 정도(하프/마라톤 준비 시 더 긴 러닝 포함)
훈련 속도	최대 심박수의 60~70% 수준, 마라톤 대비 거리주 훈련에서는 마라톤 페이스 ±10~15초로 설정
거리 가이드	15~20km, 주차별로 3~5km씩 증가
주의점	주간 훈련 일정에 LSD 훈련을 포함시키고, 주기적으로 페이스나 거리를 조금씩 조정해가며 진행. 자신의 몸 상태를 꾸준히 점검하며 부상 예방에 유의

고급 러너

수준급 러너의 LSD 훈련은 마라톤 대회를 겨냥한 실전 대비 훈련입니다. 레이스 전략, 페이스 감각, 체력 보완 등 실질적인 레이스 대응 능력을 기르기 위한 훈련으로 활용됩니다.

훈련 시간은 90~150분 이상, 거리로는 30~35킬로미터 이상을 달리는 것이 일반적입니다. 마라톤 대비 거리주 훈련에서는 실제 마라톤 페이스에 근접한 속도로 훈련 구간을 배치해 연습하는 것도 좋습니다.

체력 보충 전략(수분 섭취, 젤 섭취 등)도 함께 점검하며, 레이스 시뮬레이션으로 활용하는 것이 중요합니다. 특히 회복 전략까지 포함해 일정을 설계하는 것이 효과적입니다.

고급 러너의 LSD 훈련

목표	최적 유산소 능력 유지, 마라톤 페이스 체화, 레이스 전략 완성
훈련 빈도	주 1~2회 훈련(템포런, 인터벌 병행)
훈련 시간	90~150분(마라톤 대비 최대 180분까지)
훈련 속도	최대 심박수의 65~75%, 마라톤 대비 거리주 훈련에서는 마라톤 페이스 ±10~15초로 설정
거리 가이드	30~35km, 시뮬레이션 훈련으로는 30km 이상 포함 가능
조언	영양 섭취·회복 전략까지 포함한 실전 훈련, 데이터 기록과 분석 추천

LSD 트레이닝 시 주의사항

자신의 체력 수준에 맞는 거리와 시간 설정

LSD 훈련에서 가장 흔한 실수는 무리한 거리와 시간을 설정하는 것입니다. 훈련의 핵심은 '점진적 과부하' 원칙을 지키는 데 있습니다. 주차별 훈련 거리와 시간을 전주 대비 10퍼센트를 넘기지 않도록 조절해야 합니다. 너무 빠르게 훈련량을 늘리면 회복이 되지 않아 부상 위험이 커지고, 오히려 러닝을 멀리하게 될 수도 있습니다.

훈련 후 충분한 휴식과 회복 루틴

LSD 훈련은 많은 에너지를 소모하는 만큼, 훈련 이후의 회복도 매우 중요합니다. 단백질과 탄수화물을 적절히 보충해 근육 회복을 도와주고, 하루 이상은 휴식일을 확보해 피로를 누적시키지 않도록 합니다. 또한 스트레칭, 가벼운 걷기 같은 저강도 활동도 회복에 도움이 됩니다.

올바른 자세로 편하게 달리기

잘못된 자세로 달리면 작은 피로가 누적되어 발목, 무릎, 허리 등 부상으로 이어질 수 있습니다. 평소 조깅 훈련을 통해 올바른 자세를 익히고, 필요하다면 전문가의 피드백을 받아 교정하는 것도 좋은 방법입니다.

현재 상태에 맞게 무리하지 않고 점진적으로 훈련 강도를 높이자

우리 몸이 장거리 러닝에 적응하려면 최소 12주 정도의 시간이 필요하다고 알려져 있습니다. 마라톤 풀코스에 도전하려는 러너라면 이 준비 기간을 충분히 확보한 뒤 자신의 수준에 맞춘 LSD 훈련 계획을 세우는 것이 바람직합니다.

마라톤 결승점을 앞두고 체력 고갈이나 부상으로 경기를 포기하는 사례는 생각보다 많습니다. 이를 예방하려면 조급한 마음을 내려놓고, 내 몸의 신호에 귀 기울이며 현실적인 계획을 세우는 것이 중요합니다. 현재 자신의 체력과 컨디션에 맞는 훈련량으로 시작해 점차 강도를 높여 나간다면, 누구든지 목표한 레이스를 완주할 수 있을 것입니다.

관련 영상
성공적인 마라톤 완주를 위한 LSD 훈련

18 파틀렉 트레이닝
: 속도에 리듬을 타다

파틀렉 트레이닝이란?

파틀렉(Fartlek) 트레이닝은 달리는 동안 자유롭게 페이스와 강도의 변화를 주며 진행하는 훈련법입니다. 특정 구간에서 전력에 가까운 속도로 달린 후, 곧바로 천천히 달리거나 빠르게 걷는 방식으로 회복을 반복합니다. 인터벌 트레이닝처럼 명확한 거리나 시간 기준이 없기 때문에, 심박수나 자각적 운동 강도(RPE)를 스스로 조절하며 유산소와 무산소 시스템을 동시에 자극할 수 있습니다.

파틀렉은 도로나 언덕, 숲길 등 다양한 지형에서 자연스럽게 페이스 변화를 적용할 수 있어, 속도 적응력과 지구력은 물론 레이스 중 발생할 수 있는 예측 불가능한 상황에 대처하는 능력을 기르는 데도 효과적입니다. 무엇보다 지루하지 않게 훈련을 즐길 수 있어, 훈련 동기 유지와 심리적 회복에도 도움이 됩니다.

파틀렉 트레이닝의 효과

파틀렉 훈련은 러너의 수준과 목표에 맞게 조정할 수 있는 유연하고 효

> **알아 두세요**
> **파틀렉 트레이닝**
> 파틀렉은 스웨덴어로 '속도의 높이'라는 의미로 달리는 동안 자유롭게 페이스와 강도의 변화를 주며 진행하는 훈련법입니다. 특정 구간에서 전력에 가까운 빠른 페이스로 달리고, 곧바로 편안한 조깅이나 빠른 걸음으로 회복하는 과정을 코스 형태나 기분에 따라 즉흥적으로 반복합니다.

과적인 훈련 방법입니다. 초보 러너는 즐겁게 달리면서 기초 체력을 다질 수 있고, 숙련된 러너는 레이스 준비와 기록 단축에 활용할 수 있습니다. 파틀렉은 단순히 속도의 변화를 즐기는 훈련이 아닙니다. 러닝에 대한 새로운 접근 방식을 제공하며, 러너의 신체적·심리적 성장을 이끌어 줍니다.

파틀렉 트레이닝의 구분

파틀렉 훈련은 거리를 기준으로 진행하는 '구간 파틀렉 훈련'과 시간을 기준으로 진행하는 '타임 파틀렉 훈련'으로 나뉩니다.

- 구간 파틀렉(Distance Fartlek): 주변 환경을 고려하여, 지형이나 지물의 구간을 개인이 설정하고 달리는 것을 말합니다. 예를 들어 전봇대와 나무 사이의 구간을 빠르게 달리고, 나무에서 다리까지는 천천히 달리는 식으로 구성합니다.
- 타임 파틀렉(Time Fartlek): 일정한 시간 간격으로 속도를 조절하며 달리는 방식입니다. 예를 들어 2분간 빠르게 달리고 2분간 천천히 달리는 패턴으로 반복합니다.

파틀렉 훈련은 일반적으로 시간 기준으로 진행하는 것이 효과적이며, 특히 초보 러너일수록 타임 파틀렉이 적합합니다. 시간 기준이 거리 기준보다 페이스 조절이 쉽고 유연해 부상 예방에 도움되고 심리적 부담도 적기 때문입니다. 중급 이상의 러너에게는 구간 파틀렉 방식을 추천합니다.

> **알아 두세요**
> ● **구간 파틀렉**
> 특정 거리(예: 200미터, 400미터) 또는 지점을 기준으로 빠른 달리기와 회복 조깅을 번갈아 하는 방식입니다.
> ● **타임 파틀렉**
> 일정한 시간(예: 1분, 2분)을 기준으로 속도를 조절하는 방식입니다.

> ⓘ 알아 두세요
>
> **파틀렉 트레이닝과 인터벌 트레이닝 이렇게 다릅니다**
>
> 인터벌 훈련은 일정한 시간(예: 10초 빠르게, 20초 천천히)이나 거리(예: 400m, 1km 등)를 기준으로 반복하는 정해진 세트 훈련입니다. 반면, 파틀렉 훈련은 러너의 감각과 컨디션에 따라 자유롭게 속도를 조절하며 훈련 강도를 설정합니다.

파틀렉 트레이닝, 어떻게 할까?

파틀렉 훈련은 러너가 스스로 룰을 만드는 훈련입니다. 예를 들어 자연 지형이나 자신의 몸 상태에 맞춰 속도를 조절하고, 빠른 구간과 느린 구간을 번갈아 가며 달립니다.

계속 달려야 합니다

파틀렉 트레이닝의 가장 큰 특징은 한 번도 멈추지 않고 계속 달리는 점입니다. 인터벌 훈련이나 템포런 등은 걷거나 완전히 서서 쉬어 주는 정적 휴식이 포함되지만, 파틀렉 훈련에서는 회복 구간조차 천천히 달리거나 빠른 걸음으로 이어 가는 능동형 회복을 진행합니다. 구조적인 세트 사이의 완전 휴식 대신, 달리며 페이스를 조절하는 점이 파틀렉 훈련의 핵심입니다.

GPS나 심박수보다 자신의 감각을 믿어 봅니다

최고 강도 10을 기준으로 페이스를 올릴 때는 7~8, 페이스를 내릴 때는 5~6 정도로 조절하며 자신의 체감 강도를 기준으로 훈련합니다.

주변 환경을 적극 활용합니다

언덕, 가로등, 다리 등 주변의 지형과 지물을 활용해 그날의 컨디션에 따라 파틀렉 구간을 설정합니다.

파틀렉 트레이닝의 적합한 장소

파틀렉 훈련은 다양한 지형에서 진행할 수 있습니다. 각 장소의 특성을 활용해 훈련 효과를 극대화합니다.

- 공원 및 트레일: 자연환경 속에서 정신적 스트레스를 해소하며 다양한 근육을 자극하면서 훈련할 수 있습니다.

  (예시: 오르막에서는 빠르게, 내리막에서는 천천히 달려 봅니다.)

- 육상 트랙: 일정한 표면에서 정확하게 페이스를 조절하며 달릴 수 있습니다. 부상 위험이 낮은 것도 장점입니다.

  (예시: 400미터는 빠르게, 200미터는 천천히 달리는 것을 반복해 봅니다.)

- 도시 거리 및 인도: 일상에서 쉽게 접근할 수 있는 장소에서 레이스를 준비할 수 있습니다. 횡단보도, 버스 정류장, 가로수길 등도 파틀렉 훈련의 구간이 될 수 있습니다.

  (예시: 블록 단위로 빠르게 달리고, 신호등에서 천천히 회복하며 달려 봅니다.)

수준별 파틀렉 훈련법

초급 러너

속도 차이를 크게 두지 않고 회복 시간을 충분히 가져가야 부상 위험 없이 러닝을 즐기고, 기본 체력을 쌓을 수 있습니다.

- 목표: 러닝 즐기기와 기본 지구력 향상
- 훈련 패턴: 1분 빠르게, 2분 천천히(5회 반복, 총 20분)
- 훈련 포인트: 페이스 차이를 작게, 회복 구간은 충분히 둡니다.
- 추천: 타임 파틀렉

중급 러너

구간 강도를 높이고 거리를 늘리면서, 빠른 구간과 느린 구간 모두에서 적극적으로 페이스를 조절해 속도와 지구력 향상에 초점을 둡니다.

- 목표: 지구력 및 속도 향상
- 훈련 패턴: 3분 빠르게, 2분 천천히(6회 반복, 총 30분)
- 훈련 포인트: 빠른 구간과 회복 구간 모두 페이스를 조절하며 강도를 높입니다.
- 추천: 타임 파틀렉, 구간 파틀렉

고급 러너

빠른 구간을 더 길게 유지하고, 회복 구간에서도 일정한 페이스를 유지하므로 실전 레이스와 유사한 강도와 환경을 시뮬레이션할 수 있습니다.

- 목표: 최고 속도 및 레이스 최적화
- 훈련 패턴: 5분 빠르게, 2분 천천히(6회 이상 반복, 총 45~60분)
- 훈련 포인트: 빠른 구간은 명확히 빠른 페이스로, 회복 구간은 짧고 유지 가능한 페이스로 설정해 달립니다.
- 추천: 구간 파틀렉

마라톤 완주를 위한 파틀렉 트레이닝

파틀렉 훈련은 마라톤 준비 과정에서 매우 효과적으로 활용됩니다. 각 훈련 단계에서 파틀렉을 활용해 지구력, 속도, 그리고 레이스 적응력을 향상시킬 수 있습니다.

❗ 알아 두세요

훈련 단계 용어 설명
- 기초기: 마라톤 훈련 초반 단계로, 유산소 능력과 체력의 기반을 쌓는 시기입니다.
- 빌드업기: 체력과 속도를 강화하며, 점차 마라톤 강도에 적응하는 중간 단계입니다.
- 피크기: 레이스 전 고강도 훈련을 수행하며, 경기력을 최대화하는 마무리 단계입니다.

> ⓘ **알아 두세요**
>
> **파틀렉 트레이닝의 시작**
>
> 파틀렉 훈련은 1930년대, 스웨덴의 육상 코치인 구스타브 홀머(Gustav Holmer)에 의해 처음 개발되었습니다. 당시 스웨덴은 이웃 국가인 핀란드에 육상 경기에서 계속 패배하며 새로운 훈련법이 절실히 필요하던 상황이었습니다. 홀머는 러너들이 고강도와 저강도를 자유롭게 조절하며 달릴 수 있도록 새로운 훈련법을 고안했고, 이것이 바로 오늘날 파틀렉 훈련의 기초가 되었습니다.

1단계 - 기초기

- 목표: 지구력 기초 다지기
- 훈련 방법: 주 1회, 20~30분간 빠른 구간(2분)과 느린 구간(1~2분)을 반복합니다.
- 효과: 심폐지구력과 러닝 이코노미를 향상시키고, 긴 거리 달리기에 적응할 수 있습니다.

2단계 - 빌드업기

- 목표: 속도와 지구력 강화
- 훈련 방법: 주 1~2회, 30~45분간 빠른 구간(3~5분)과 느린 구간(2~3분)을 반복합니다.
- 효과: 마라톤 페이스에 적응하고 유지 능력을 강화할 수 있습니다.

3단계 - 피크기

- 목표: 레이스 준비 최적화
- 훈련 방법: 주 1회, 45~60분간 빠른 구간(4~6분)과 짧은 회복 구간(1~2분)을 반복합니다.
- 효과: 레이스 속도와 강도에 최적화된 신체 상태를 구축합니다.

▶ **관련 영상**

파틀렉 훈련법-
초보자도 쉽게 시작할 수 있는 스피드 훈련

19 인터벌 트레이닝
: 빠르게, 더 빠르게 달리기 위해

인터벌 트레이닝이란?

인터벌 훈련(Interval Training, 간헐적 훈련)은 고강도와 저강도의 운동을 번갈아 반복하는 훈련 방법입니다. 빠르게 달리기와 천천히 달리기(또는 휴식)를 주기적으로 반복하는 방식으로, 단순한 속도 향상이 아니라 심폐지구력, 젖산 제거 능력, 근지구력을 동시에 향상시키는 데 목적이 있습니다.

고강도와 저강도 러닝을 반복하는 과정에서 우리 몸은 점차 고강도의 부담에 적응하게 됩니다. 이는 체력 증진, 심폐 기능 강화, 전반적인 운동 능력 향상 등 다양한 효과로 이어집니다. 기록 단축을 목표로 하는 러너는 물론, 건강하고 균형 잡힌 운동 습관을 만들고 싶은 사람에게도 매우 효과적인 훈련 방법입니다.

인터벌 트레이닝의 효과

- VO_2max 향상: VO_2max는 최대산소섭취량을 의미하며, 러너의 심폐지구력과 경기력을 결정짓는 핵심 요소입니다. 고강도 구간에서는

> **알아 두세요**
> **인터벌 트레이닝**
> 빠른 페이스로 달리는 구간과 속도를 낮추며 회복하는 구간을 교대로 반복하면서, 심폐 능력의 최대치와 젖산역치를 동시에 끌어올립니다. 폭발적인 근력과 멘탈을 단시간에 극대화할 수 있어 러닝 핵심 훈련법입니다.

VO_2max에 가까운 상태로 달리며 심박수와 산소 전달 능력을 극대화할 수 있습니다.

- 젖산 제거 능력 강화: 고강도 구간에서 축적된 젖산은 저강도 회복 구간에서 제거됩니다. 반복 훈련을 통해 젖산 제거 효율이 향상되어 더 높은 강도에서도 피로를 덜 느끼게 됩니다.
- 근지구력과 속도 향상: 고강도 구간에서 주로 사용되는 근육 섬유를 단련함으로써, 더 빠른 페이스에서도 오랜 시간 달릴 수 있는 능력이 향상됩니다.
- 심리적 강인함 강화: 짧은 고강도 구간에서 한계를 극복하는 경험을 통해, 레이스 중 어려운 구간을 견디는 멘탈을 기를 수 있습니다.
- 애프터번 효과(EPOC): 인터벌 훈련 후에는 일정 시간 동안 대사율이 높게 유지되며, 이로 인해 지방 연소가 촉진되고 체지방 관리 및 체중 감소에도 도움이 됩니다.

수준별 인터벌 훈련법

기본 준비

인터벌 훈련을 효과적으로 수행하려면 다음 3가지 조건을 설정한 뒤 훈련을 시작해야 합니다.

> **알아 두세요**
> ● **고강도 구간**
> VO_2max 근처의 높은 강도로 달리며, 최대산소섭취량을 자극합니다.
> ● **저강도 구간**
> 천천히 달리거나 걸으며 신체가 젖산을 제거하고 회복할 시간을 줍니다.

- 강도와 휴식의 비율 설정: 고강도 구간과 저강도 구간의 비율은 러너의 수준에 따라 달라집니다. 초보자는 1:2 비율(예: 1분 고강도, 2분 휴식)로 시작하며, 숙련자는 1:1 비율 또는 더 짧은 회복 구간으로 훈련할 수 있습니다.
- 목표 페이스 설정: 고강도 구간의 페이스는 10킬로미터 평균 페이스

보다 조금 더 빠르지만, 무리가 없는 수준으로 설정합니다. 저강도 구간에서는 심박수가 안정될 수 있는 수준으로 달리거나 걷습니다.

- 400m 인터벌: 10km 페이스보다 20~30초/km 빠른 속도
- 800m 인터벌: 10km 페이스보다 15~20초/km 빠른 속도
- 1,000~1,200m 인터벌: 10km 페이스보다 10~15초/km 빠른 속도

- 반복 횟수와 총 거리 조절: 러너의 체력 수준과 훈련 목적에 따라 고강도 반복 횟수와 전체 러닝 거리를 조절합니다.

초급 러너

초급 러너에게 인터벌 훈련은 신체에 큰 부담이 될 수 있으므로, 짧은 질주 거리와 긴 회복 구간으로 인터벌 훈련을 시작해야 합니다.

- 목표 페이스: 10km 기록이 없다면, 조깅 페이스보다 약 1분 빠른 속도
- 훈련 예시:
  ① 10분 워밍업
  ② 400m 고강도 달리기 + 400m 걷기 또는 가벼운 조깅(4~6회 반복)
  ③ 10분 쿨다운
- 주당 빈도: 주 1회

워밍업 방법

몸을 풀기 전에는 관절 체조, 힙 써클, 레그 스윙스 등 동적 스트레칭을 양쪽 10회씩 2세트 실시합니다. 이후 10분간 워밍업 조깅을 통해 가볍게 심박수를 올리고, 전신에 혈류를 활성화하여 근육과 신

> 경계에 자극을 전달해 줍니다.
> 첫 4~5분간은 평소 조깅보다 느린 페이스(예: A 러너의 경우 6분/킬로미터)로 시작하고, 이후 5~6분간은 5~10초 정도 속도를 높여 약 5분 50초/km 페이스로 마무리합니다.

중급 러너

반복 횟수와 강도를 늘려 지구력과 속도를 강화할 수 있습니다.

- 목표 페이스: 5km 최고 기록 수준의 평균 페이스
- 훈련 예시:
    ① 10분 워밍업
    ② 800m 고강도 달리기 + 400m 조깅(6~8회 반복)
    ③ 10분 쿨다운
- 주당 빈도: 주 1~2회

❶ 알아 두세요

중급 러너에게 인터벌 훈련이 필요한 이유

초급자 단계에서는 기본적인 자극에도 반응이 빠르지만, 어느 순간 더 이상의 성장이 멈춥니다. 이때 반복 횟수와 강도를 늘리면 혈관 확장, 산소와 영양 공급, 젖산 제거 능력 향상, 근육 수축력 증진 등 지구력과 스피드를 모두 끌어올릴 수 있습니다.

고급 러너

고강도 구간을 더 길게, 회복 구간을 더 짧게 설정하여 실전 레이스 조건에 맞춘 훈련을 진행해야 합니다.

- 목표 페이스: 5km 최고 기록보다 다소 빠른 페이스
- 훈련 예시:
    ① 15분 워밍업
    ② 1km 고강도 달리기 + 200~400m 조깅(8~12회 반복)
    ③ 15분 쿨다운
- 주당 빈도: 주 2회

❶ 알아 두세요

고급 러너에게 인터벌 훈련이 중요한 이유

이미 지구력과 속도 능력을 충분히 갖춘 러너에게는 고강도 구간의 강도 자체를 높이고 회복 구간을 짧게 가져가는 방식으로 신체에 더 큰 부하를 주는 훈련이 필요합니다. 이는 레이스 후반 급격한 페이스 저하를 방지하고, 마지막 스퍼트를 위한 체력과 근력을 비축하게 합니다.

인터벌 트레이닝 시 주의사항

- 충분한 워밍업과 쿨다운은 필수: 인터벌 트레이닝은 고강도 훈련이므로 부상을 예방하고, 심장 박동수와 호흡수를 점진적으로 올리기 위해 반드시 워밍업과 쿨다운을 철저히 진행해야 합니다.
- 무리하지 않기: 초보 러너는 처음부터 무리하지 말고, 점진적으로 강도와 반복 횟수를 늘려야 합니다.
- 회복 구간의 중요성을 기억하기: 회복 구간은 단순히 쉬는 시간이 아니라, 신체가 젖산을 제거하고 고강도 구간을 준비하는 시간입니다. 이 시간을 활용해 심박수를 안정화하세요.
- 다른 훈련과의 조율 필요: 인터벌 훈련은 고강도 훈련이므로, 다른 강도 높은 훈련과 겹치지 않도록 주간 스케줄을 조정해야 합니다.

관련 영상

고강도 훈련의 끝판왕-
혼자 하는 인터벌 훈련

20 지속주 트레이닝
: 멈추지 않고 달리는 힘

지속주 트레이닝이란?

지속주 훈련은 러닝 훈련법 중 필수 요소이며, 러너들이 '꾸준히, 그리고 끝까지 달릴 수 있는 힘'을 기르는 데 중요한 훈련 방법입니다. 마치 한 걸음 한 걸음이 모여 결승선까지의 길을 만들어 주듯이, 지속주는 몸과 마음이 긴 여정을 견딜 수 있도록 체력을 쌓아 주고, 그 과정에서 '나만의 페이스'를 찾도록 돕는 훈련입니다.

이 훈련을 통해 달리기 효율성을 높이고, 피로에 대한 내성을 기르며, 일정한 페이스를 유지하는 능력을 향상시킬 수 있습니다. 각자의 수준과 목표에 따라 훈련의 강도와 거리는 달라질 수 있지만, 결국 지속주 훈련은 결승선까지 도달할 수 있는 힘을 기르는 중요한 과정이 될 것입니다.

지속주 트레이닝의 효과
- 심폐지구력 향상: 일정한 페이스로 장시간 달리는 지속주 훈련은 심장과 폐를 효율적으로 사용하도록 돕습니다.
- 근지구력 강화: 지속적인 하체 근육 사용을 통해 근육의 지구력이 증

가하며, 이는 근육 피로를 줄이고 레이스 후반에도 강한 추진력을 유지할 수 있게 합니다.
- 에너지 효율성 증대: 지속주 중에는 주 에너지원으로 지방이 활용되어 글리코겐 고갈을 늦추고, 장거리 레이스에서 안정적인 에너지 사용을 가능하게 합니다.

수준별 지속주 훈련법

지속주 훈련은 그 자체가 단순해 보이지만, 목표와 개인의 수준에 맞추어 계획적으로 접근해야 합니다. 지속주 훈련의 강도와 거리는 경험 수준에 따라 다르게 설정할 수 있습니다.

초급 러너

초보 러너에게는 우선 편안한 페이스를 찾는 것이 중요합니다. 이 페이스는 대화를 나눌 수 있을 만큼 여유 있는 속도여야 하며, 일반적으로 자신의 '10KM 레이스' 최고 기록보다 1킬로미터당 30초에서 1분 느린 속도로 설정합니다. 주당 1회 정도 지속주 훈련을 포함하여 점차 훈련 거리를 늘려가며 근지구력을 쌓는 것이 핵심입니다.

- 목표 페이스: 대화 가능한 수준, 1km당 5~8분
- 훈련 거리: 4~6km로 시작해, 최대 10km까지 서서히 증가
- 훈련 예시: ① 5분 워밍업 ② 4~6km 지속주 ③ 5분 쿨다운

중급 러너

중급 러너는 레이스 페이스에 가까운 속도로 지속주를 실시합니다. 보통

'10KM 레이스' 페이스보다 10~20초 느린 속도로 시작하며, 장시간 일정한 속도를 유지하는 연습에 초점을 둡니다. 이때 호흡과 자세를 중간중간 점검하면서 페이스 유지 능력을 끌어올리는 것이 중요합니다.

- 목표 페이스: 10KM 레이스 페이스보다 10~20초 느린 속도
- 훈련 거리: 8~10km에서 시작해, 최대 15km까지
- 훈련 예시: ① 10분 워밍업 ② 10km 지속주 ③ 10분 쿨다운

고급 러너

고급 러너는 목표 레이스 페이스에 가깝거나 그보다 조금 빠른 속도로 지속주를 실시합니다. 실제 레이스와 유사한 강도와 거리로 훈련하며, 마라톤 후반을 대비한 페이스 유지 능력과 정신적 지구력을 함께 훈련할 수 있습니다.

- 목표 페이스: 목표 레이스 페이스 또는 약간 빠른 속도
- 훈련 거리: 8km에서 시작해 최대 20km까지
- 훈련 예시: ① 10분 워밍업 ② 8~20km 지속주 ③ 10분 쿨다운

지속주 트레이닝 시 주의사항

지속주는 매우 효과적인 훈련이지만, 무리해서 진행하면 오히려 부상 위험이 커질 수 있습니다. 특히 중강도 이상의 훈련 강도를 유지해야 하므로, 회복과 영양이 충분히 이뤄지지 않으면 오히려 역효과를 불러올 수 있습니다. 세계 최고의 훈련이라도, 회복이 없다면 의미 없습니다.

- 회복도 훈련의 일부입니다: 지속주 후에는 가벼운 조깅이나 걷기를 통해 근육 회복 시간을 충분히 확보해야 합니다. 훈련은 '쉬는 시간'까지 포함해 하나의 사이클입니다.
- 수분과 에너지 보충을 잊지 마세요: 장거리 지속주 중에는 체내 수분과 탄수화물 등 에너지원이 빠르게 소모됩니다. 훈련 전·중·후 수분 섭취와 에너지 보충 계획을 세워두는 것이 좋습니다.
- 페이스 유지가 핵심입니다: 지속주의 목적은 일정한 페이스 유지 능력을 기르는 데 있습니다. 훈련 중 속도 변동이 심하지 않도록 주의를 기울이세요.
- 거리는 천천히 늘리세요: 자신의 체력 수준보다 무리하게 긴 거리나 빠른 페이스로 지속주를 시도하면 부상의 위험이 커집니다. 본인의 수준에 맞는 거리에서 시작해 점차 늘려가는 것이 안전하고 효과적입니다.

▶ **관련 영상**

마라톤 기술 훈련-
지속주 훈련 방법과 소개

21 템포런 트레이닝
: 기록 단축의 열쇠

템포런 트레이닝이란?

템포런(Tempo Run)은 '편안하지 않은 페이스'로 일정한 속도를 유지하며 달리는 중강도 훈련입니다. 일반적으로 최대 심박수의 80~90퍼센트 수준에서 진행하며, 조깅보다는 빠르고 전력 질주보다는 여유 있는 속도로 달립니다.

이 훈련은 '스레시홀드 러닝(Threshold Running)' 또는 '젖산역치 훈련'이라고도 불립니다. 젖산역치란 운동 중 생성되는 젖산을 신체가 감당할 수 있는 최대 한계점으로, 이 지점을 넘어서면 피로가 급격히 누적됩니다. 템포런은 이 역치 근처의 강도로 일정 시간 달리는 훈련으로, 젖산 축적을 늦추고 고강도 페이스에서도 보다 오래 달릴 수 있는 능력을 키워 줍니다.

특히 마라톤 중후반 페이스가 흔들리지 않도록 도와주는 데 효과적이며, 경기력 향상을 목표로 하는 러너에게는 반드시 필요한 훈련 중 하나입니다.

> **알아 두세요**
> **템포런 트레이닝**
> 목표 레이스 페이스에 가까운 속도로 일정 시간 달리는 훈련. 지구력과 페이스 유지 능력 향상에 효과적입니다.

> **ⓘ 알아 두세요**
>
> **젖산역치 페이스**
> 체내 젖산이 축적되기 시작하는 지점. 일반적으로 최대 심박수의 85~90%에 해당하는 강도입니다.

템포런 트레이닝의 효과

- 젖산 축적 지연: 젖산역치 속도를 끌어올려 더 높은 강도에서도 피로 누적 없이 달릴 수 있도록 돕습니다.
- 심폐지구력 강화: 비교적 빠른 속도에서도 심박수를 안정적으로 유지할 수 있는 능력을 길러 줍니다.
- 집중력과 정신력 향상: 다소 힘든 페이스를 유지하며 달리는 동안 집중력과 의지를 강화할 수 있습니다.

수준별 템포런 훈련법

초급 러너

처음 템포런을 접하는 초급 러너는 짧은 거리부터 시작하여 점차 반복 횟수를 늘려 나가는 것이 좋습니다.

- 목표 페이스: 평소 달리기 페이스에서 약간 빠른 페이스, 10km 레이스 페이스보다 10~20초 느린 속도
- 훈련 거리: 2~4km × 2회 반복 (휴식시간 5분)
- 훈련 빈도: 주 1회
- 훈련 예시: ① 5분 워밍업 ② 2~5km 템포런 ③ 5분 쿨다운

초급 러너가 템포런 훈련을 할 때는!

초급 러너는 10킬로미터 대회 경험이 부족해 템포런 페이스를 계산하기 어렵기 때문에, 현재 편안하게 달릴 수 있는 조깅 속도에서 시작하는 것이 좋습니다. 먼저 1~2킬로미터 정도를 무리 없이 달

려 보고, 해당 거리에서 측정된 속도를 자신의 조깅 페이스로 삼습니다. 이후 이 조깅 페이스에서 1킬로미터당 10~20초 정도를 줄이면 템포런 훈련에 적합한 페이스가 됩니다. 예를 들어 1킬로미터를 7분에 달렸다면, 템포런 훈련 페이스는 6분 40초/km에서 6분 50초/km 사이가 됩니다.

중급 러너

10킬로미터 이상 레이스 경험이 있는 러너는 본격적인 템포런 훈련을 시작할 수 있습니다.

- 목표 페이스: 실제 10km 레이스 페이스
- 훈련 거리: 3~6km × 2~3회 반복(휴식시간 5분)
- 훈련 빈도: 주 1회
- 훈련 예시: ① 10분 워밍업 ② 3~6km 템포런 ③ 10분 쿨다운

중급 러너가 템포런 훈련을 할 때는!

중급 러너의 템포런 페이스는 실제 '10km 레이스' 페이스와 동일하게 설정합니다. 예를 들어 10킬로미터를 50분에 완주한 경험이 있다면, 5분/km이 바로 템포런 훈련 페이스가 됩니다.
이 속도는 다소 빠르게 느껴지지만, 10~20분 정도는 유지할 수 있는 강도로 달려야 합니다. 따라서 충분한 워밍업은 필수이며, 이 강도로 일정 시간을 달리면 유산소 능력과 젖산역치를 동시에 향상시킬 수 있습니다.

고급 러너

경험 많은 러너에게는 준비하고 있는 레이스에서의 목표 페이스와 동일하게 또는 조금 더 빠른 페이스로 템포런 훈련에 도전해 보길 권합니다.

- 목표 페이스: 하프마라톤 목표 페이스 또는 그보다 약간 빠른 속도
- 훈련 거리: 6~8km × 2~3회 반복(휴식시간 5분)
- 훈련 빈도: 주 1회 (상황에 따라 레이스 시뮬레이션 추가 가능)
- 훈련 예시: ① 10분 워밍업 ② 6~8km 템포런 ③ 10분 쿨다운

고급 러너가 템포런 훈련을 할 때는!

숙련된 러너는 중간중간 레이스 시뮬레이션을 진행하는 것이 좋습니다. 경기 운영 능력과 이미지 트레이닝을 동시에 끌어올리는 효과가 있기 때문입니다.

예를 들어, 5킬로미터 템포런 도중 후반부 마지막 1킬로미터 구간만큼은 평소 설정한 템포런 페이스보다 5~10초 빠르게 달려 보세요. 이 짧은 가속은 경기 중 후반부 돌발적인 페이스 변화나 뒤따르는 경쟁자 추월 상황을 미리 경험하게 해 주며, 달리는 동안 사용한 근육의 패턴도 다양하게 활용할 수 있게 해 줍니다. 그 결과 근육의 협응력과 반응 속도를 높여 나갈 수 있습니다.

템포런 트레이닝 시 주의사항

템포런 훈련은 2~3회 반복하는 강도 높은 훈련인 만큼, 다음 사항을 지키며 진행해 주세요.

▶ 관련 영상
기록 단축 훈련-
템포런 훈련 방법과 소개

- 충분한 워밍업과 쿨다운을 진행하세요: 템포런 전후에는 반드시 워밍업과 쿨다운을 실시해 심박수와 근육의 긴장을 안정시켜야 합니다. 이를 생략하면 부상의 위험이 높아집니다.
- 일정한 페이스를 유지하세요: 템포런의 핵심은 일정한 속도를 끝까지 유지하는 것입니다. 훈련 전 목표 페이스를 설정하고 훈련 중 급격

한 변화 없이 일관된 리듬으로 달리도록 합니다.
- **초반에 무리하지 마세요**: 템포런은 다소 힘든 속도로 일정 시간을 달리는 훈련입니다. 초반에 페이스를 과도하게 높이면 중간에 무너질 수 있으므로, 특히 초급 또는 중급 러너는 목표 페이스에 점진적으로 접근하는 방식으로 훈련을 설계하는 것이 좋습니다.
- **충분한 회복 시간을 확보하세요**: 템포런은 신체에 큰 피로를 줄 수 있습니다. 훈련 다음 날은 반드시 가벼운 조깅이나 휴식일로 설정해 회복 시간을 확보해야 부상 없이 지속적인 훈련이 가능합니다.

템포런 훈련 전후, 워밍업과 쿨다운을 꼭 챙기세요!

템포런은 최대 심박수의 80~90퍼센트 수준에 이르는 중고강도 훈련입니다. 그만큼 신체에 부담이 크기 때문에, 훈련 전후 워밍업과 쿨다운은 필수입니다.

● **훈련 전, 워밍업은 이렇게!**
훈련 전에는 가벼운 조깅과 동적 스트레칭을 통해 심박수를 안정 시 50~60퍼센트 수준에서 시작해 서서히 끌어올리는 것이 좋습니다. 이 과정을 통해 근육의 온도가 올라가고 탄력성이 증가해 근섬유 파열 위험이 줄어들며, 신경과 근육의 협응력이 높아져 고강도 훈련을 소화할 준비가 됩니다.

● **훈련 후, 쿨다운은 왜 중요할까요?**
템포런 후에는 가벼운 조깅과 정적 스트레칭으로 심박수를 점진적으로 낮춰야 합니다. 이 과정을 통해 혈액순환을 원활히 유지하고, 노폐물과 이산화탄소를 배출해 회복 속도를 높일 수 있습니다. 또한 손상된 근육에 산소와 영양소를 빠르게 공급해 다음 훈연을 위한 컨디션을 만듭니다. 쿨다운은 단순한 마무리가 아니라 훈련의 완성입니다.

심화학습 — 고지대 트레이닝

운동선수들이 퍼포먼스를 극대화하기 위해 다양한 훈련 방법을 도입하고 있지만, 그중에서도 고지대 트레이닝(Altitude Training)은 과학적으로 가장 효과적인 방법 중 하나로 평가받고 있습니다. 해발고도가 높은 지역에서는 대기 중 산소 농도가 낮아, 신체가 자연스럽게 적응 과정을 거치며, 운동 능력이 향상됩니다.

고지대 트레이닝이란?

고지대 트레이닝은 산소가 희박한 환경에서 훈련함으로써, 체내 적혈구 수를 증가시키고 산소 운반 능력과 지구력을 향상시키는 과학적 훈련 방법입니다.

일반적으로 고지대는 해발 1,500미터 이상을 의미하며, 훈련 효과가 극대화되는 이상적인 고도는 1,800~2,500미터 사이입니다. 이 고도에서는 산소 농도가 낮아 같은 강도의 운동이라도 신체에 더 큰 생리적 자극을 주게 되고, 이후 평지에서 훈련을 이어가면 상대적으로 경기력이 향상되는 효과를 기대할 수 있습니다.

세계적으로 유명한 고지대 훈련지로는 케냐의 이텐(Iten, 약 2,400m), 미국 플래그스태프(Flagstaff, 약 2,100m), 중국 쿤밍(Kunming, 약 1,900m), 우간다 카프초르와(Kapchorwa, 약 2,000m) 등이 있으며, 각국의 엘리트 러너들이 이곳에서 체력 강화와 레이스 대비를 위한 훈련을 꾸준히 이어가고 있습니다.

고지대 트레이닝의 역사

고지대 트레이닝은 20세기 초부터 장거리 러너와 사이클 선수들에게 주목받기 시작했습니다. 특히 1968년 멕시코시티 올림픽(해발 약 2,240m)을 계기로 고산 환경이 경기력에 미치는 영향이 본격적으로 연구되었으며, 이후 여러 국가와 선수들이 고지대 환경을 전략적으로 활용하기 시작했습니다. 케냐, 에티오피아, 미국 콜로라도 등은 대표적인 고지대 훈련지로 자리 잡았으며, 이곳에서 훈련한 선수들이 세계적인 기록을 세우며 그 효과가 입증되고 있습니다.

고지대 트레이닝의 원리

고지대에서는 산소 농도가 낮기 때문에, 신체는 이에 적응하기 위해 적혈구와 헤모글로빈 수치를 자연스럽게 증가시킵니다. 이를 통해 혈액의 산소 운반 능력이 향상되고, 해수면 지역(평지)으로 돌아왔을 때 더 효율적으로 산소를 활용할 수 있습니다. 또한, 미토콘드리아 활성 증가와 젖산역치 상승 등 다양한 생리학적 변화가 함께 나타나며, 이러한 적응은 궁극적으로 운동 퍼포먼스 향상으로 이어집니다.

혈액 반응	근육 반응
적혈구 생산 증가	모세혈관 팽창
산소 운반능력 향상	미토콘드리아 증가
젖산 분비 감소	젖산염 감소
신체 부하 감소	

고지대 트레이닝의 효과

고지대 트레이닝은 다양한 유형의 운동선수들에게 다음과 같은 생리적 효과를 제공합니다.

- 심폐지구력 향상: 산소가 부족한 환경에 적응하면서 심장과 폐의 기능이 강화됩니다.
- 산소 운반 능력 증가: 적혈구 수와 헤모글로빈 수치가 증가하여 산소 공급 효율이 높아집니다.
- 젖산역치 개선: 피로를 유발하는 젖산 축적을 지연시켜 고강도 운동을 더 오래 지속할 수 있습니다.
- 러닝 이코노미 향상: 같은 운동 강도에서 더 적은 에너지를 소모하게 되어 움직임의 효율이 높아집니다.

최근에는 고지대 훈련이 엘리트 선수뿐 아니라 일반인에게도 긍정적인 영향을 줄 수 있다는 연구 결과가 발표되고 있습니다.

- 실버 세대 체력 증진: 일본과 유럽에서는 노년층을 대상으로 한 저산소 트레이닝 연구가 활발하게 진행되고 있으며, 혈압 조절, 심폐 기능 향상, 근지구력 개선에 효과가 있다는 결과가 보고되고 있습니다.
- 여성 다이어트: 독일과 스위스에서는 저산소 환경에서의 운동이 지방 연소를 촉진하는 데 효과적이라는 연구가 발표되었으며, 체중 감량을 위한 트레이닝으로 활용되고 있습니다.
- 건강 전반의 개선: 미국 스포츠과학회(NSCA)는 저산소 환경에서의 운동이 대사 기능 개선, 혈당 조절, 심폐 건강 증진에 긍정적인 영향을 준다고 밝혔습니다.

러닝과의 연계성

고지대 트레이닝은 러너에게 단순한 심폐 능력 향상을 넘어 장거리 러닝에 필요한 지구력 향상에 직접적인 효과를 줍니다. 특히 마라톤, 울트라 러닝과 같은 종목에서는 페이스 유지 능력을 높이는 데 큰 도움이 됩니다.

세계적인 러너들은 '리브 하이, 트레인 로우(Live High, Train Low, 고지대에서 생활하고, 저지대에서 훈련)'를 통해 고지대 환경의 생리적 적응과 저지대에서의 훈련 효율을 동시에 극대화하고 있습니다.

- 엘리우드 킵초게(Eliud Kipchoge): 케냐 엘도렛(약 2,400m)에서 고지대 생활과 훈련을 병행하며, 산소 부족 환경에 꾸준히 적응하고 있습니다.
- 모 파라(Mo Farah): 미국 플래그스태프(약 2,100m)에서 고지대 캠프를 운영하고, 이후 저지대에서 고강도 속도 훈련을 병행합니다.
- 킬리안 조넷(Kilian Jornet): 울트라 러너로, 고지대에서 장시간 체류하며 근지구력과 내구성을 극대화하는 훈련을 지속하고 있습니다.

고지대 트레이닝을 대한민국에서 한다면

고지대 트레이닝은 과학적으로 입증된 효과적인 훈련법이지만, 국내에서는 지리적 제약으로 인해 적용이 쉽지 않습니다. 대한민국에는 해발 2,000미터 이상의 고지대가 거의 없어, 전통적인 고지대 환경에서의 훈련을 진행하기 어렵습니다.

이에 따라 최근에는 실제 고지대 환경을 대체할 수 있는 다양한 인공 저산소 시스템이 활용되고 있습니다. 대표적인 예로는 '하이폭시아 챔버(Hypoxia Tranning Chamber, 고지대와 유사한 저산소 환경을 인공적으로 구현한 특수 훈련 공간)'와 같은 저산소 환경 시뮬레이터가 있으며, 저산소 마스크를 착용하거나 인터벌 트레이닝을 병행하여 고지대 트레이닝의 일부 효과를 모방하려는 시도도 이어지고 있습니다.

잠깐만요

하이폭시아 챔버를 경험하고 싶다면

서울에 위치한 레이스먼트에서 하이폭시아 챔버 체험이 가능합니다.
www.racement.co.kr

심화 학습

이것만은 기억하세요 1
트레이닝의 종류와 비교

트레이닝의 종류와 비교

훈련명	정의	강도	주요 목적	효과
LSD 트레이닝	낮은 강도로 장시간 달리며 기초 지구력을 쌓는 훈련	최대 심박수의 60~70% (편안한 조깅)	기초 유산소 능력 구축, 지방 연소 촉진	미토콘드리아·모세혈관 발달, 지방 대사 효율 증가, 부상 위험 낮음
파틀렉 트레이닝	실외 코스에서 페이스를 자율적으로 변화시키며 달리기 (속도 변화를 '놀이처럼')	구간에 따라 최대 심박수의 70~90% 변동	유·무산소 시스템 복합 자극, 속도 적응력 강화	자연스러운 페이스 전환, 재미·동기 부여, 회복 능력 개선
인터벌 트레이닝	고강도 구간과 저강도 회복 구간을 반복	최대 심박수의 90~95% (또는 5km 페이스보다 10~15초/km 빠름)	속도 및 심폐 능력 극대화	VO₂max 상승, 젖산역치 상승, 스피드 지구력 강화
지속주 트레이닝	약간 숨이 차는 속도로 달리기	최대 심박수의 75~85% 강도 변경 (짧은 대화 가능한 페이스)	지구력 향상, 페이스 유지 능력 향상	근지구력 향상, 장시간 훈련 부담 분산
템포런 트레이닝	레이스 페이스보다 약간 느린 속도로 10~20분 반복 달리기 또는 2~10km의 거리를 반복 달리기	최대 심박수의 80~90% (강도 변경)	젖산역치 상향, 레이스 지속력 개선	대사 효율 향상, 페이스 유지력 강화
빌드업 조깅	일반적인 조깅 중간 이후 점진적으로 페이스를 높여 마무리	심박수 시작 60~70%, 종료 80~85%	페이스 전환 연습, 후반 스퍼트 준비	지구력과 스피드 전환 능력 동시 강화, 심리적 자신감 상승

심화 학습

**이것만은 기억하세요 2
트레이닝 전후 워밍업과 쿨다운 방법**

워밍업

① 관절 체조, 스킵 동작 등 동적 스트레칭을 양쪽 10회씩 2세트 실시합니다. 자세한 동작은 '일곱째 마당 러닝 보강 운동'을 참고하세요.

② 이후 10분간 워밍업 조깅을 진행합니다. 워밍업 조깅은 가볍게 심박수를 올리고 전신에 혈류를 활성화하여 근육과 신경계에 자극을 전달해 줍니다.

- 첫 4~5분은 평소 조깅보다 느린 페이스(예: A 러너의 경우 6분/km)로 시작
- 이후 5~6분간은 5~10초/km 속도를 높여(예: A 러너, 약 5분 50초/km 페이스) 마무리

* 워밍업 조깅은 무리하지 말고 등에 가볍게 땀이 배어나기 시작하는 정도까지만 진행합니다.

쿨다운

① 러닝 종료 후, 바로 멈추기보다는 5~10분간 천천히 걷거나 매우 느린 조깅으로 심박수를 점진적으로 안정시킵니다. 이 과정은 운동 중 축적된 부산물(운동성 피로물질)을 제거하고, 갑작스러운 혈압 저하나 어지럼증을 예방해 줍니다.

② 이후 정적인 스트레칭을 실시합니다. 스트레칭은 종아리, 햄스트링, 대퇴사두근, 고관절 등 주요 하체 부위 위주로 15~20초씩 부드럽게 늘려 주세요('일곱째 마당 러닝 보강 운동' 참고).

* 정적 스트레칭 시 과도한 긴장보다는 편안한 이완 상태를 유지하는 것이 중요합니다.

여섯째 마당

목표별 훈련 프로그램

22 러닝 훈련 설계의 핵심

23 러닝 입문자를 위한 6주 훈련 프로그램

24 10km 완주를 위한 8주 훈련 프로그램

25 하프 마라톤 완주를 위한 10주 훈련 프로그램

26 풀코스 마라톤 완주를 위한 12주 훈련 프로그램

22. 러닝 훈련 설계의 핵심

러닝 퍼포먼스를 향상시키기 위해서는 각 러너들마다 목표로 하는 거리, 시간 등이 달라도 누구나 지켜야 할 공통의 기본 원칙이 있습니다. 이 원칙을 바탕으로 훈련을 설계하면 효과를 극대화할 수 있고, 부상 없이 러닝을 오래 즐길 수 있습니다.

이제 10킬로미터, 하프 마라톤, 풀코스 마라톤을 훈련할 때 반드시 기억해야 할 핵심 원칙들을 살펴보겠습니다.

러닝 훈련의 5가지 원칙

점진적 과부하의 원칙

러닝 거리와 강도는 반드시 서서히, 그리고 체계적으로 늘려야 합니다. 많은 러너가 훈련 초기에 욕심을 내어 훈련량을 급격히 늘리는 실수를 저지릅니다.

하지만 근육, 관절, 심폐 기능은 점진적으로 발달하는 것이기에 너무 빨리 이를 올리려고 하면 부상 위험이 커지고 훈련의 지속 가능성도 떨어

> **알아 두세요**
>
> **훈련 강도, 이렇게 올리면 안 돼요**(잘못된 예시)
> - 한 달 만에 5킬로미터에서 15킬로미터로 급격하게 증가 → X
> - 주 3회 러닝에서 주 6회로 갑자기 변경 → X
> - 인터벌 훈련과 장거리 달리기를 한꺼번에 시도 → X

집니다. '천천히 달리면 빨라진다'는 말을 꼭 기억해 주세요.

훈련 강도를 올리는 기본 공식

- 주간 거리 증가율: 주간 러닝 거리(한 주 동안 달린 총 거리)는 10퍼센트 이상 증가시키지 않습니다.
- 훈련 부하 증가 원칙: 한 주에 거리, 속도, 강도 중 1가지 요소만 증가시킵니다.
- 3:1 법칙: 3주간 훈련 강도를 높였다면, 1주는 '회복 주간'으로 구성합니다.

80/20 원칙 - 훈련 강도의 균형 유지

훈련의 20퍼센트는 고강도로, 80퍼센트는 저강도로 구성하는 것이 바람직하다는 의미입니다.

많은 러너들이 매번 강도 높은 훈련만 반복하는 실수를 저지르곤 합니다. 하지만 고강도 훈련만 지속하면 피로가 누적되고 컨디션이 저하되며, 부상 위험도 높아집니다. 결국 실력 향상에 도움이 되지 않죠.

반대로 저강도 훈련을 충분히 확보하면서 고강도 훈련을 효과적으로 배치하면 체력과 회복력을 안정적으로 향상시킬 수 있고 장기적인 러닝 퍼포먼스를 높이는 데 효과적입니다.

80/20 러닝 훈련 공식

- 80% : 옆 사람과 대화가 가능한 속도로 달리는 가벼운 러닝
- 20% : 인터벌, 템포런 등 고강도 훈련

효과적인 주간 훈련 패턴 예시

초급 러너	중급 러너	고급 러너
주 1~3회 훈련	주 3~5회 훈련	주 5~7회 훈련
- 1회 템포성 러닝 (약간 힘든 속도로 유지 훈련) - 2회 가벼운 러닝 (가볍게 조깅, 대화 가능한 페이스)	- 1회 템포런 또는 언덕 훈련 - 1회 장거리 달리기 - 3회 가벼운 러닝	- 1회 인터벌 또는 스피드 훈련 - 1회 장거리 달리기 - 가벼운 달리기 - 4회 가벼운 러닝

러닝 실력은 단기간의 고강도 훈련으로 갑자기 향상되는 게 아니라 지속적으로 훈련을 반복해 누적된 훈련량, 회복의 균형을 통해 만들어집니다. 그러니 훈련 계획을 세울 때는 자신의 페이스와 회복 능력을 꼭 고려해야 합니다.

회복의 원칙

러닝 훈련에는 꼭 '쉬는 시간'이 들어갑니다. 근육, 심폐 능력, 신경계는 훈련 후 휴식하는 동안 회복되며, 이 과정에서 더 강해집니다.

쉬어야 더 빨리 달릴 수 있습니다. 부상 당하지 않고 꾸준히 훈련하기 위해 '회복'을 계획적으로 실천하는 습관을 만들어 보세요.

휴식일은 필수

초급 러너	중급 러너	고급 러너
주 2~3회 휴식	주 1~2회 휴식	최소 주 1회 휴식

- 적절한 수면(7~9시간): 충분한 수면은 근육 회복, 에너지 보충, 면역력 강화 등에 필수적입니다. 수면이 부족하면 부상 위험이 높아지고 운동 능력이 떨어질 수 있습니다. 훈련 효과를 극대화하기 위해서는 훈

련 일정과 생활 패턴에 맞춰 규칙적으로 충분한 수면량을 확보하는 것이 무엇보다 중요합니다.
- 러닝 직후 영양 보충(투투 전략): 러닝 직후 20분 이내에는 탄수화물과 단백질을 함께 섭취하고, 2시간 이내에는 샤워를 마친 뒤 휴식에 들어가는 전략입니다. 이 방식은 코치진의 마라톤 스승님이 전해 준 노하우로, 엔듀로레이스 코치들이 오랜 경험을 통해 실천해 온 회복 루틴입니다.
- 스트레칭과 마사지: 훈련 후 정적 스트레칭을 실시해 햄스트링, 종아리, 대퇴사두근 등 근육을 이완하고, 폼롤러 등을 활용해 근막 이완 및 회복을 위한 마사지를 실시합니다.

크로스 트레이닝 원칙

부상을 예방하고 러닝 퍼포먼스를 높이기 위해서는 근력 운동과 보조 운동이 필수입니다. 많은 러너들이 '달리기만 하면 된다'고 생각하지만 강한 몸을 만들기 위해서는 크로스 트레이닝이 꼭 필요합니다. 러닝과 근력 운동을 적절히 병행하면 부상을 줄일 수 있을 뿐 아니라 러닝 속도와 지구력 향상에도 큰 도움이 됩니다. 단단한 기초 체력이야말로 꾸준히 오래 달릴 수 있는 힘입니다.

꾸준함의 원칙 - 최고의 훈련은 지속성이다

1~2주 열심히 하다가 중단하는 것보다 천천히 그리고 꾸준하게 훈련을 이어 가는 것이 훨씬 중요합니다. 러닝 실력은 단기간에 눈에 띄게 향상되지 않기 때문에 최소 8~12주의 훈련 주기를 설정하고 훈련 습관을 지속하는 것이 핵심입니다.

> **알아 두세요**
> **추천 크로스 트레이닝 운동**
> 사이클, 요가, 필라테스, 크로스핏, 헬스 등이 있습니다.

잠깐만요

러너라면 반드시 기억해야 할 훈련 설계의 원칙

다음 5가지 원칙을 기억하고 부상 없이 더 멀리, 더 빠르게, 더 즐겁게 달려 봅시다.

1. 점진적으로 강도를 올려라.
2. 훈련 강도의 균형을 맞춰라.
3. 쉬는 것도 훈련이다.
4. 크로스 트레이닝을 병행하라.
5. 꾸준함이 곧 실력이다.

심화 학습 — 본격적인 훈련 전, 반드시 3가지를 준비하세요

러닝은 나를 정확히 이해하는 것에서 시작합니다. 수많은 러닝 훈련과 코칭을 통해 깨달은 사실은 대부분의 초보 러너가 자신의 현재 상태와 능력을 명확히 파악하지 못한 채 러닝을 시작한다는 것입니다. 자신을 잘 모른 채 러닝을 시작하면 부상 위험이 높아지고 러닝 자체에 대한 흥미를 잃기 쉽습니다. 지금 스스로의 러닝 수준을 객관적으로 진단해 보세요. 예를 들어 ① 5분간 쉬지 않고 편하게 달릴 수 있는지, ② 10분 이상 달려도 숨이 크게 차지 않는지, ③ 공원이나 언덕, 횡단보도에서 걷거나 달릴 때 나의 호흡과 다리 상태가 어떤지 확인해 보길 바랍니다.

스마트폰 만보기로 자신의 하루 평균 걸음 수를 확인하거나 가까운 공원, 트랙에서 10분간 여유 있게 달린 뒤 호흡과 다리의 상태를 체크하는 것도 좋은 방법입니다. 더 정밀하게 알고 싶다면 CPET와 같은 장비를 통해 호흡 데이터를 측정해 보는 것도 가능합니다.

러닝을 시작할 때 가장 중요한 것은 '무리해서 한계를 넘는 것'이 아니라, '지금 내가 할 수 있는 수준'을 기준으로 훈련 목표를 설정하는 것입니다.

러닝을 시작하기 전, 첫 단계는 목표 설정하기

러닝을 시작하기 전에 자신의 목표를 명확히 설정하는 것이 매우 중요합니다. 체중 감량, 스트레스 해소, 마라톤 도전 등 각자의 목표는 모두 다르지만 구체적인 목표가 있을 때 동기부여가 강해지고 훈련 지속력이 높아집니다. 예를 들어, '한 달 안에 5킬로미터를 완주하겠다'와 같이 일정한 기간 내에 측정가능한 목표를 세우면 러닝이 단순한 운동을 넘어 의미 있는 도전으로 바뀝니다.

내가 이루고 싶은 '모습' 또는 '목표'를 그려 봅니다

자신의 현재 상태를 점검했다면, 이제 러닝 목표를 구체적으로 정해 봅니다. 목표는 가능한 한 세부적으로 설정하는 것이 좋습니다. '한 달 뒤 20분 동안 쉬지 않고 달릴 수 있는 체력을 기르겠다', '두 달 후 5킬로미터 마라톤을 완주하겠다'와 같은 구체적인 목표를 그려 봅니다. 체중 감량, 스트레스 해소, 건강한 생활 습관 만들기, 기록 향상 등 자신이 이루고 싶은 모습을 뚜렷하게 그릴수록 훈련의 방향이 뚜렷해지고 동기부여가 잘 됩니다.

목표에 도달하기 위한 과정을 설계해 봅니다

목표를 설정한 후에는 실행 계획을 고민해야 합니다. 1주일에 몇 번 정도, 어느 시간대에 훈련을 할 수 있을지 구체적으로 따져 봅니다. '1주일에 3번, 월·수·금 오전 7시에 20분 조깅'처럼 빈도와 시간대까지 구체적으로 계획하고 이를 캘린더나 알람, 러닝 앱 등에 기록해 두고 생활 루틴으로 만들도록 합니다.

목표는 정하되 융통성 있게

'체력을 기르겠다'보다 '한 달 안에 쉬지 않고 1킬로미터 달리기'와 같이 측정 가능한 구체적 목표가 훈련의 방향을 잡는 데 더욱 유효합니다. 다만, 목표는 목표일 뿐 상황에 적합한 유연성이 필요합니다. 초보 러너가 흔히 저지르는 실수 중 하나는 몸 상태나 날씨 등 외부 신호를 무시한 채 정해둔 거리나 페이스를 무리하게 지키려는 것입니다. 피로가 심할 때나 날씨가 좋지 않을 때는 걷기와 달리기를 섞는 것이 더 현명한 선택일 수 있습니다.

적절한 장비 준비

러닝을 안전하고 즐겁게 하기 위해서는 적절한 러닝 장비를 갖춰야 합니다. 발 모양, 러닝 스타일, 훈련 목적에 맞는 러닝화를 선택하면 부상을 예방할 수 있으며 러닝 퍼포먼스를 높이는 데도 도움이 됩니다. 또한 통기성이 좋은 운동복과 양말도 꼭 준비해야 할 필수 장비입니다. 특히 러닝화는 러닝 장비 중 가장 중요하므로, 아래 내용을 참고해 자신에게 맞는 신발을 선택해 보세요.

- 평발(아치가 낮은 경우) → 안정성을 제공하는 모션 컨트롤 러닝화 추천
- 중립형 발(보통 아치) → 충격 흡수가 좋은 뉴트럴 러닝화 추천
- 고아치(아치가 높은 경우) → 쿠셔닝이 뛰어난 러닝화 추천
- 리어풋 주법(뒤꿈치부터 닿는 경우) → 쿠셔닝이 좋은 러닝화 선택
- 미드풋 / 포어풋 주법(발 앞쪽이나 전체로 닿는 경우) → 가볍고 반발력이 좋은 러닝화 추천
- 도로에서 달릴 경우 → 충격 흡수가 좋은 쿠셔닝 중심 러닝화 선택
- 트레일 러닝(산길, 비포장 도로) → 접지력이 우수한 트레일 러닝화 선택

몸 상태 체크 하기

러닝을 꾸준히 하기 위해 가장 중요한 것은 자신의 몸 상태를 정확히 파악하는 것입니다. 특별한 장비가 없어도 일상 속에서 쉽게 확인할 수 있는 몇 가지 점검 방법을 소개합니다.

아침 기상 직후의 컨디션 확인

눈을 떴을 때 느껴지는 피로감이나 개운함, 몸의 무거움이나 뻐근한 부위가 있는지 살펴보세요. 이는 전날 훈련 강도가 지나쳤는지를 가장 빠르게 알려 주는 지표입니다. 아침에 반복적으로 피로감이 심하게 느껴진다면 훈련 강도를 줄이거나 휴식일을 늘리는 것이 필요합니다.

심박수 측정

스마트워치가 있다면 아침 기상 직후의 안정 시 심박수를 측정하고 기록해 보세요. 기기가 없다면 손목이나 목의 경동맥(목젖 좌우 약 3센티미터 부근)을 손가락으로 눌러 1분간 맥박을 세는 방식으로도 확인할 수 있습니다. 안정 시 심박수가 평소보다 5~10회 이상 높다면 아직 회복이 충분히 이루어지지 않은 상태일 수 있으므로 훈련 강도를 낮추는 것이 좋습니다.

걸을 때 통증 또는 자세 불균형 체크

허리, 무릎, 발목 부위에 통증이나 불편함이 있는지, 걸음이 한쪽으로 치우쳐 있는지 확인해 보세요. 이런 변화는 근육 피로나 부상의 초기 신호일 수 있습니다. 러닝 전후에 가볍게 걷기를 하며 몸의 움직임을 점검하는 습관은 부상 예방에 효과적입니다.

수면 상태 확인

잠이 잘 오지 않거나 자주 깨는 경우, 깊은 수면을 취하지 못하는 경우도 피로 누적의 신호일 수 있습니다. 훈련 후에는 최소 7시간 이상의 숙면이 필요하며, 수면의 질이 떨어질 경우 훈련량 조절 또는 휴식일을 확보하는 것이 좋습니다.

식욕과 에너지 수준 점검

식욕이 규칙적으로 유지되고 충분한 식사가 가능한 상태라면 훈련 강도가 적절한 것입니다. 반면, 갑작스럽게 식욕이 떨어지거나 자주 피로함을 느낀다면 휴식과 영양 섭취가 부족하거나 훈련 강도가 높다는 신호일 수 있습니다.

러닝은 몸이 보내는 미세한 신호에 귀 기울이는 것부터 시작합니다. 이러한 점검을 일상 속 습관으로 만든다면, 오랫동안 건강하고 즐겁게 러닝을 이어 갈 수 있습니다.

23 러닝 입문자를 위한 6주 훈련 프로그램

체력 향상과 러닝 습관을 만드는 6주 훈련 프로그램의 포인트

러닝 경험이 없거나, 이제 막 입문한 초보자를 위한 훈련 과정입니다. 걷기와 조깅을 적절히 섞은 구간 달리기를 통해 신체를 서서히 러닝에 적응시키고, 주차가 지나갈수록 조깅 구간을 늘려 페이스 유지력과 지구력을 향상시키는 데 목적이 있습니다. 전체적으로 주 4회 운동, 주 3회 회복일로 구성되어 있습니다.

> **알아 두세요**
>
> **초급 러너는?**
> - 러닝 경험이 전혀 없는 사람
> - 러닝을 시작한 지 1달 이내인 사람
> - 러닝 습관이 아직 잡히지 않은 사람
> - 5킬로미터를 한 번에 달리지 못하는 사람
> - 시속 9킬로미터 이상 속도로 10분간 연속 주행이 어려운 사람

6주 훈련은 이렇게 진행된다

1주차 (월·수·금·토 진행 / 주간 거리 약 15km)

15분 걷기로 워밍업한 뒤, 5분 조깅와 5분 걷기를 1세트로 구성해 총 3세트를 반복합니다. 일일 주행 거리는 약 4~5킬로미터로 1주일 동안 총 15킬로미터를 뛰는 것을 목표로 합니다. 이때 페이스는 1킬로미터당 7

> **알아 두세요**
>
> ● **스킵 운동**
> 리듬감 있게 몸을 튀어오르게 만드는 기본적인 동작으로 이뤄진 운동입니다. 무릎을 들어 올리는 각도, 발이 지면을 차는 타이밍, 팔의 움직임까지 전신의 협응력이 요구되며, 러닝 리듬을 자연스럽게 익히는 데 매우 효과적입니다.
>
> ● **피치 운동**
> 짧고 빠른 스텝을 반복하며 지면 접촉 시간을 줄이는 훈련입니다. 무릎과 발목에 가해지는 충격을 줄이는 데 효과적이며, 보다 부드럽고 경쾌한 주행 리듬을 익히는 데 도움이 됩니다.

분 정도의 수준으로 여유 있게 달리는 것이 좋습니다.

러닝 전에는 가볍게 스킵 운동(Skip Drills)을 1세트 실시해 하체 워밍업과 리듬을 살려 주세요. 그리고 화·목·일요일은 회복을 위한 휴식일로 지정합니다.

2주차 (월·수·금·토 진행 / 주간 거리 약 20km)

4분 걷기와 6분 조깅을 1세트를 구성해 조깅 비율을 높이고, 페이스는 1킬로미터당 6분 50초로 약간 빠르게 설정합니다.

월·토요일에는 밸런스 운동, 수요일에는 피치 운동(Pitch Drills)을 추가하여 자세와 보폭을 점검합니다. 금요일에는 2세트의 인터벌 러닝 후, 10가지의 복합 저항성 동작을 1세트 실시하고 5분간 쿨다운 조깅으로 마무리합니다.

3주차 (월·수·금·토 진행 / 주간 거리 약 30km)

2분 걷기와 8분 조깅을 1세트로 구성해 총 4세트를 반복합니다. 1주일 동안 총 30킬로미터를 달리는 것을 목표로 합니다.

월·수요일에는 러닝 전후로 피치 운동, 기초 드릴, 코어 강화 운동을 병행합니다. 금요일에는 계단 운동 6가지를 2세트 반복하며 하체 근력과 심폐지구력을 강화합니다. 그리고 토요일에는 2분 걷기와 10분 조깅을 3세트를 반복합니다.

4주차 (월·화·목·토 진행 / 주간 거리 약 30km)

2분 걷기와 10분 조깅을 1세트로 해서 조깅 시간을 늘립니다.

월·화요일은 각각 3세트, 4세트를 수행하고 목요일에는 복합 저항성 운동 2세트를 포함해서 훈련을 구성합니다. 토요일에는 15분 조깅을 3세트를 실행합니다. 수·금·일요일은 회복일로 충분한 휴식을 취합니다.

> **알아 두세요**
>
> **변속주**
> 구간별로 페이스를 다르게 설정하여 달리는 훈련을 말합니다. 1킬로미터는 천천히, 다음 1킬로미터는 빠르게 달리는 식으로 진행합니다.

5주차 (월·화·목·토 진행 / 주간 거리 약 25km)

2분 걷기와 15분 조깅을 1세트로 해서 월·화요일에 각각 3세트씩 수행합니다.

목요일에는 100미터 페이스 업과 100미터 페이스 다운을 반복하는 4킬로미터 변속주 훈련을 실시해 심박 조절과 페이스 조절 능력을 향상시킵니다. 그리고 토요일에는 2분 걷기와 20분 조깅을 2세트를 실행합니다. 이 기간에는 주간 총거리는 25킬로미터로 줄었지만 조깅 지속 시간이 늘어난 점이 포인트입니다.

> **알아 두세요**
>
> **빌드업 런**
> 천천히 출발해 점차 속도를 올리며 진행하는 러닝입니다.

6주차 (월·화·목·토 진행 / 주간 거리 약 25km)

월·목요일에는 2분 걷기와 20분 조깅을 1세트로 구성해 총 2세트를 실시합니다.

화요일에는 5킬로미터 빌드업(Build-up) 조깅을 통해 1킬로미터 페이스를 7분 10초에서 6분 30초까지 점진적으로 끌어올립니다. 토요일에는 6분 50초 페이스로 8킬로미터의 연속 조깅에 도전합니다. 수·금·일요일은 회복일로 지정해 충분히 휴식합니다.

이렇게 단계적으로 거리와 강도를 조절하며 6주간 훈련을 마치면, 초보 러너도 안정적인 페이스 감각과 지속력을 갖춘 러너로 성장할 수 있습니다.

'러닝'을 몸에 익힌다는 가벼운 마음으로

러닝 초기는 몸에 러닝 반응을 익히는 시기입니다. 이 시기에는 심폐지구력과 근지구력을 천천히, 가볍게 끌어올리는 데 주안점을 둡니다. 달리다가 다리가 무겁고 숨이 차다 싶을 때는 그 주의 계획을 과감히 줄이고 걷기의 비중을 늘려 회복주(빠른 걷기)로 대체해 주세요. 입문자에게 자주 발생하는 무릎 통증이나 종아리 근육 뭉침은 러닝 전후 5분 정도의 동적·정적 스트레칭으로 충분히 예방할 수 있습니다. 자세한 스트레칭 동작은 '일곱째 마당 러닝 보강 운동'에서 '유연성 운동 및 스트레칭'을 참고하세요.

초급 러너들이 흔히 하는 실수와 대처법

● **너무 빠른 속도로 시작하기(오버페이스)**
초보자는 속도보다 '지속성'이 훨씬 중요합니다. 처음에는 걷기, 빠른 걷기, 아주 천천히 달리기, 숨이 조금 찰 정도의 속도로 달리기 순으로 점진적으로 훈련을 빌드업해 주세요.

● **충분한 휴식을 취하지 않기**
러닝 후 근육 회복은 매우 중요합니다. 초보자는 주 3회 이상 무리한 훈련을 피하고 '퐁당퐁당 전략'을 사용해 보세요. 이 전략은 하루 러닝, 하루 회복을 반복하는 방식으로, 단순하지만 매우 효과적인 휴식 전략입니다.

● **잘못된 러닝화 착용**
발의 형태와 러닝 스타일에 맞는 러닝화를 선택해야 부상 위험을 줄일 수 있습니다. 예를 들어, 아치가 낮은 평발인 러너가 쿠셔닝 중심의 러닝화를 신을 경우 오히려 무릎 통증이나 족저근막염 등이 유발될 수 있습니다. 러닝화 선택법은 앞서 소개한 장비 편을 꼭 참고해 주세요.

다음에 나오는 계획표에 따라 훈련해 보세요!

● 실제 러너들을 오랫동안 코칭하면서 가장 효과적이었던 훈련 프로그램을 적용했습니다.
● 훈련은 번호순으로 진행합니다.
● 훈련 전에는 동적 스트레칭을, 훈련 후에는 정적 스트레칭을 진행하세요.
● 권장 페이스는 괄호에 적은 권장 페이스를 참고하세요. →(700)은 1킬로미터당 7분 페이스로 달린다는 뜻입니다.

러닝 입문자를 위한 6주 훈련계획표

주차	요일	훈련 내용	주차	요일	훈련 내용
1주	월	① 스킵운동 1set ② 5분 워킹+5분 조깅 3set(700) ③ 쿨다운 5분(730)	2주	월	① 밸런스운동 1set ② 4분 워킹+6분 조깅 4set(650) ③ 쿨다운 5분(730)
	화	휴식		화	휴식
	수	① 피치운동 1set ② 5분 워킹+5분 조깅 3set(700) ③ 쿨다운 5분(730)		수	① 피치운동 1set ② 4분 워킹+6분 조깅 4set(650) ③ 쿨다운 5분(730)
	목	휴식		목	휴식
	금	① 계단운동 2set ② 5분 워킹+5분 조깅 3set(700) ③ 쿨다운 5분(730)		금	① 복합저항성운동 1set ② 4분 워킹+6분 조깅 2set(650) ③ 쿨다운 5분(730)
	토	① 리듬운동 1set ② 5분 워킹+5분 조깅 3set(700) ③ 쿨다운 5분(730)		토	① 밸런스운동 1set ② 4분 워킹+6분 조깅 4set(650) ③ 쿨다운 5분(730)
	일	휴식 주간거리 15km		일	휴식 주간거리 20km
3주	월	① 피치운동 1set ② 2분 워킹+8분 조깅 4set(650) ③ 쿨다운 5분(730)	4주	월	① 밸런스운동 1set ② 2분 워킹+10분 조깅 4set(650) ③ 쿨다운 5분(730)
	화	휴식		화	① 스킵운동 1set ② 2분 워킹+10분 조깅 4set(650) ③ 쿨다운 5분(730)
	수	① 리듬운동 1set ② 2분 워킹+8분 조깅 4set(650) ③ 쿨다운 5분(730)		수	휴식
	목	휴식		목	① 복합저항성운동 1set ② 2분 워킹+10분 조깅 4set(650) ③ 쿨다운 5분(730)
	금	① 계단운동 2set ② 2분 워킹+8분 조깅 4set(650) ③ 쿨다운 5분(730)		금	휴식
	토	① 리듬운동 1set ② 2분 워킹+8분 조깅 3set(650) ③ 쿨다운 5분(730)		토	① 2분 워킹+15분 조깅 3set(650) ② 쿨다운 5분(730)
	일	휴식 주간거리 30km		일	휴식 주간거리 30km
5주	월	① 밸런스운동 1set ② 2분 워킹+15분 조깅 3set(650) ③ 쿨다운 5분(730)	6주	월	① 스킵운동 1set ② 2분 워킹+20분 조깅 2set(650) ③ 쿨다운 5분(730)
	화	① 밸런스운동 1set ② 2분 워킹+15분 조깅 3set(650) ③ 쿨다운 5분(730)		화	① 5km 빌드업 러닝(1km+1km+1km+1km+1km) (710/700/650/640/630) ② 쿨다운 5분(730)
	수	휴식		수	휴식
	목	① 워밍업 10분(650~700) ② 4km 변속주(100m+100m) (100m 40초, 100m 50초) ③ 쿨다운 5분(730)		목	① 2분 워킹+20분 조깅 2set(650) ② 쿨다운 5분(730)
	금	휴식		금	휴식
	토	① 2분 워킹+20분 조깅 2set(650) ② 쿨다운 5분(730)		토	① **8km 연속 러닝**(650) ② 쿨다운 5분(730)
	일	휴식 주간거리 25km		일	휴식 주간거리 25km

24. 10km 완주를 위한 8주 훈련 프로그램

초중급 러너를 위한 8주 훈련 프로그램의 포인트

10킬로미터 완주를 위한 훈련 프로그램은 5킬로미터 이상을 무리 없이 뛰어 본 경험이 있거나, 1주일에 최소 20킬로미터 이상 달려 본 초보 러너 또는 중급 러너를 대상으로 합니다. 10킬로미터 완주를 목표로 하되 40분, 50분, 60분 목표별로 페이스와 훈련 강도를 세분화하여 1주일에 4회 훈련하는 프로그램으로 구성하였습니다.

8주 훈련은 이렇게 진행된다

1~2주차 기초 체력 향상 단계

이 단계는 기초 체력을 점검하고 기반을 다지는 시기입니다. 천천히 오래 달리는 습관을 들이고, 유산소 운동 능력과 기본 체력을 향상하는 데 중점을 둡니다. 마라톤 훈련 전체에서 절반 이상의 비중을 차지할 만큼 중요한 기간입니다.

> **알아 두세요**
> **서킷 트레이닝**
> 여러 가지 운동을 조합해 한 번에 진행하는 훈련입니다 러닝과 근력 운동을 함께할 때 유용합니다.

모든 기록 목표에 관계없이 토요일은 서킷 트레이닝(Circuit Training)을 실시해 전신 근력과 근지구력을 동시에 향상시키는 것이 좋습니다.

- 40분 목표 러너: 저강도 조깅과 스킵 운동으로 러닝 리듬을 익히는 것에 집중합니다.
- 50분 목표 러너: 가벼운 조깅 사이에 계단 운동과 코어 운동을 배치하여 기초 체력을 강화합니다.
- 60분 목표 러너: 편안한 조깅과 함께 기초 근력 향상을 위한 보강 운동 위주로 시작합니다.

2주차 이후 장거리 지구력 훈련 본격 시작

목표 기록에 따라 LSD 러닝 거리를 설정하고, 주차가 거듭될수록 점진적으로 거리와 시간을 늘려 갑니다. 이와 함께 밸런스 보강 운동과 피치 드릴을 주 1회씩 실시하여 러닝 효율도 함께 끌어올립니다

- 40분 목표 러너: 12km LSD 러닝
- 50분 목표 러너: 8~10km LSD 러닝
- 60분 목표 러너: 6~8km LSD 러닝

3~4주차 빌드업 단계

유산소 능력과 기초 체력을 바탕으로 페이스 유지 능력을 강화하는 훈련 단계입니다. 1~2주차에 다진 기초 체력을 유지하며 변속주, 템포런 등 기술 훈련을 시작합니다. 이 시기에는 수요일을 완전 회복일로 설정하고, 목요일에는 주간 최대 강도의 LSD 또는 템포런 훈련을 배치합니다.

- 40분 목표 러너: 200m×200m 인터벌 훈련, 5km 템포런로 빠른 페

> **알아 두세요**
> **타임 트라이얼**
> 자신의 최고 기록을 목표로 정해진 거리를 최대 퍼포먼스로 달려보는 훈련입니다.

이스에 적응합니다.

- 50분 목표 러너: 짧은 변속주 + 2km 템포런 훈련
- 60분 목표 러너: 변속주와 2km 템포런를 실시하되, 강도와 빈도는 낮춰 진행합니다. 여기에 200m 힐 트레이닝과 2km 빌드업 러닝을 병행해 지속력까지 강화합니다.

5~6주차 레이스 지향 단계

5주차부터는 목표 기록에 가까운 페이스 훈련을 본격적으로 실시합니다. 주간 훈련량은 최대치에 도달하며, 6주차에는 실전 페이스로 5km 타임 트라이얼(Time Trial)을 수행합니다.

이 훈련은 목표 페이스보다 다소 빠른 속도로 달려 '여유 스피드'를 확보하는 데 초점을 둡니다. 가장 강도 높은 훈련 단계이므로 부상 관리와 회복 전략에 더욱 신경 써야 합니다. 신체적, 정신적으로 모두 인내가 필요한 시기입니다.

- 40분 목표 러너: 5km를 19분 안에 주파
- 50분 목표 러너: 5km를 24분 이내
- 60분 목표 러너: 5km를 29분 이내

7~8주차 테이퍼링 단계

7주차에는 테이퍼링(Tapering) 단계에 들어갑니다. 그동안 쌓아 온 체력을 유지하면서도 훈련량을 점차 줄여 피로를 해소합니다.

8주차에는 짧은 템포런와 가벼운 조깅, 스트레칭 위주로 구성하여 10킬로미터 레이스를 앞두고 몸의 컨디션을 최상으로 끌어올립니다. 이 과정을 통해 40분, 50분, 60분 목표를 가진 러너들은 모두 자신에게 맞는 페이스를 안정적으로 유지하며 10킬로미터를 완주할 수 있는 자신감을 얻

> **알아 두세요**
> **테이퍼링**
> 마라톤이나 대회를 앞두고 컨디션을 최상으로 유지하기 위해 훈련량을 점차 줄여 나가는 과정을 말합니다.

게 될 것입니다.

패턴만 익히면 훈련 진행이 수월해진다

훈련 종류가 자칫 많아 보일 수 있지만 패턴만 익히면 프로그램 진행이 수월해집니다. 매주 총 주행 거리와 핵심 훈련이 조금씩 달라지므로, 표에 제시된 거리와 페이스를 참고해서 스스로 체크하며 8주를 완주하면 10킬로미터 완주 능력뿐 아니라 레이스 당일의 페이스 관리 능력까지 자연스럽게 향상될 것입니다.

훈련을 꾸준히 지속하기 위한 꿀팁

- **러닝 기록 남기기:** 러닝 앱이나 다이어리를 활용해 달린 거리와 시간을 꾸준히 기록해 보세요.
- **러닝 파트너 찾기:** 함께 달릴 친구나 동료를 찾으면 훈련의 지속성과 동기 부여에 큰 도움이 됩니다.
- **작은 보상 설정하기:** 작은 목표를 달성할 때마다 스스로에게 보상을 주는 것도 좋은 방법입니다. 예를 들어, 좋아하는 간식을 먹거나 새로운 러닝 장비를 하나씩 구입해 보는 것도 좋은 동기부여가 됩니다.

다음에 나오는 계획표에 따라 훈련해 보세요!

- 실제 러너들을 오랫동안 코칭하면서 가장 효과적이었던 훈련 프로그램을 적용했습니다.
- 훈련은 번호순으로 진행합니다.
- 훈련 전에는 동적 스트레칭을, 훈련 후에는 정적 스트레칭을 진행하세요.
- 권장 페이스는 괄호에 적은 권장 페이스를 참고하세요. →(700)은 1킬로미터당 7분 페이스로 달린다는 뜻입니다.

10km 완주를 위한 8주 훈련 계획표(▶60분 목표)

주차	요일	훈련 내용	주차	요일	훈련 내용
1주	월	① 스킵운동 1set ② 가벼운 조깅 20분(640~650)	2주	월	① 피치운동 1set ② 가벼운 조깅 30분(640~650), 100m 질주 2회(전력의 70%) ③ 코어운동 1set
	화	① 워밍업 20분(650~700) ② 계단운동 2set ③ 쿨다운 10분(700)		화	① 워밍업 10분(650~700) ② 타임파틀렉(up 1분+down 2분) 6회(up 1분: 610/down 2분: 710) ③ 쿨다운 10분(700)
	수	휴식		수	휴식
	목	① 스킵운동 1set ② 시간주 30분(640~650)		목	① 스킵운동 1set ② 6km LSD 훈련(640~650)
	금	휴식		금	휴식
	토	① 워밍업 10분(650~700) ② 서킷트레이닝 2set(20초+20초), 세트 간 휴식 5분 ③ 쿨다운 10분(700)		토	① 복합저항성운동 1set ② 4km 지속주(2km+2km)(630/620) ③ 쿨다운 10분(700)
	일	휴식 주간거리 25km		일	휴식 주간거리 30km
3주	월	① 피치운동 1set ② 가벼운 조깅 30분(640~650), 100m 질주 2회(전력의 70%) ③ 코어운동 1set	4주	월	① 스킵운동 1set ② 가벼운 조깅 40분(640~650), 100m 질주 2회(전력의 70%) ③ 코어운동 1set
	화	① 워밍업 10분(650~700) ② 힐트레이닝(200m+200m) 3회 X3set(200m 66초, 200m 120초), 세트 간 휴식 5분 ③ 쿨다운 10분(700)		화	① 밸런스운동 1set ② 6km 빌드업 조깅(2km+2km+2km)(650/640/630)
	수	휴식		수	휴식
	목	① 밸런스운동 1set ② 8km LSD 훈련(640~650)		목	① 워밍업 20분(650~700) ② 2km 템포런X3set(620), 세트 간 휴식 5분 ③ 쿨다운 10분(700)
	금	휴식		금	휴식
	토	① 워밍업 10분(650~700) ② 서킷트레이닝 2set(20초+20초), 세트 간 휴식 5분 ③ 쿨다운 10분(700)		토	① 워밍업 20분(650~700) ② 4000m 변속주(100m+100m)(up: 100m 30초/down: 100m 46초) ③ 쿨다운 10분(700)
	일	휴식 주간거리 30km		일	휴식 주간거리 35km / **월간거리 120km**
5주	월	① 스킵운동 1set ② 가벼운 조깅 40분(640~650), 100m 질주 3회(전력의 70%) ③ 코어운동 1set	6주	월	① 밸런스운동 1set ② 가벼운 조깅 50분(640~650), 100m 질주 3회(전력의 70%) ③ 코어운동 1set
	화	① 워밍업 20분(650~700) ② 계단운동 2set ③ 쿨다운 10분(700)		화	① 워밍업 10분(650~700) ② 변속주(1km+1km) 3회(up: 540/down: 640) ③ 쿨다운 10분(700)
	수	휴식		수	휴식
	목	① 워밍업 20분(650~700) ② 힐트레이닝(200m+200m) 5회 X3set(200m 66초, 200m 120초), 세트 간 휴식 5분 ③ 쿨다운 10분(700)		목	① 피치운동 1set ② 가벼운 조깅 50분(640~650)
	금	휴식		금	휴식
	토	① 워밍업 10분(650~700) ② 8km 지속주(6km+2km)(620/610) ③ 쿨다운 10분(700)		토	**5km 대회 출전** or **타임트라이얼** (목표기록 29분)
	일	휴식 주간거리 35km		일	휴식 주간거리 35km

주차	요일	훈련 내용	주차	요일	훈련 내용
7주	월	① 피치운동 1set ② 가벼운 조깅 40분(640~650), 100m 질주 3회(전력의 70%)	8주	월	① 가벼운 조깅 40분(640~650), 100m 질주 3회(전력의 70%)
	화	① 밸런스운동 1set ② 8km 빌드업 러닝(4km+2km+2km) (650/640/630)		화	① 가벼운 조깅 40분(640~650), 100m 질주 3회(전력의 70%)
	수	휴식		수	휴식
	목	① 워밍업 20분(650~700) ② 인터벌 400m+200m 5회 X2set(400m 130초, 200m 110초), 세트 간 휴식 5분 ③ 쿨다운 10분(700)		목	① 워밍업 20분(650~700) ② 템포런 2000m 1set(540, 11분 20초 이내) ③ 쿨다운 10분(700)
	금	휴식		금	휴식
	토	① 워밍업 10분(650~700) ② 8km 지속주(610~620) ③ 쿨다운 10분(700)		토	① 워밍업 20분(650~700) ② 1000m 1set(530) ③ 쿨다운 10분(700)
	일	휴식		일	10km 대회 출전
		주간거리 40km			주간거리 40km / **월간거리 150km**

10km 완주를 위한 8주 훈련 계획표(▶50분 목표)

주차	요일	훈련 내용	주차	요일	훈련 내용
1주	월	① 스킵운동 1set ② 가벼운 조깅 30분(550~600) ③ 코어운동 1set	2주	월	① 피치운동 1set ② 가벼운 조깅 40분(550~600), 100m 질주 2회(전력의 70%) ③ 코어운동 1set
	화	① 워밍업 20분(550~600) ② 계단운동 2set ③ 쿨다운 10분(600)		화	① 워밍업 10분(550~600) ② 타임파틀렉(up 1분+down 2분) 8회(up 1분: 450/down 2분: 550) ③ 쿨다운 10분(600)
	수	휴식		수	휴식
	목	① 스킵운동 1set ② 시간주 50분(550~600)		목	① 피치운동 1set ② 11km LSD 훈련(550~600)
	금	휴식		금	① 밸런스운동 1set ② 가벼운 조깅 40분(550~600) ③ 코어운동 1set
	토	① 워밍업 10분(550~600) ② 서킷트레이닝 2set(20초+20초), 세트 간 휴식 5분 ③ 쿨다운 10분(600)		토	① 복합저항성운동 1set ② 8km 지속주(4km+4km)(530/520) ③ 쿨다운 10분(600)
	일	휴식		일	휴식
		주간거리 35km			주간거리 40km

주차	요일	훈련 내용	주차	요일	훈련 내용
3주	월	① 피치운동 1set ② 가벼운 조깅 30분(550~600), 100m 질주 2회(전력의 70%) ③ 코어운동 1set	4주	월	① 피치운동 1set ② 가벼운 조깅 50분(550~600), 100m 질주 2회(전력의 70%) ③ 코어운동 1set
	화	① 워밍업 10분(550~600) ② 힐트레이닝(200m+200m) 5회 X2set(200m 54초, 200m 100초), 세트 간 휴식 5분 ③ 쿨다운 10분(600)		화	① 밸런스운동 1set ② 12km 빌드업 조깅(6km+4km+2km) (540/530/520)
	수	휴식		수	휴식
	목	① 밸런스운동 1set ② 13km LSD 훈련(550~600)		목	① 워밍업 20분(550~600) ② 2km 템포런X3set(510), 세트 간 휴식 5분 ③ 쿨다운 10분(600)
	금	휴식		금	① 피치운동 1set ② 가벼운 조깅 50분(550~600) ③ 코어운동 1set
	토	① 워밍업 10분(550~600) ② 서킷트레이닝 2set(20초+20초), 세트 간 휴식 5분 ③ 쿨다운 10분(600)		토	① 워밍업 20분(550~600) ② 6000m 변속주(100m+100m) (up: 100m 25초/down: 100m 42초) ③ 쿨다운 10분(600)
	일	휴식		일	휴식
		주간거리 40km			주간거리 40km / **월간거리 155km**

10km 완주를 위한 8주 훈련 계획표 (▶60분 목표)

주차	요일	훈련 내용
1주	월	① 스킵운동 1set ② 가벼운 조깅 20분(640~650)
	화	① 워밍업 20분(650~700) ② 계단운동 2set ③ 쿨다운 10분(700)
	수	휴식
	목	① 스킵운동 1set ② 시간주 30분(640~650)
	금	휴식
	토	① 워밍업 10분(650~700) ② 서킷트레이닝 2set(20초+20초), 세트 간 휴식 5분 ③ 쿨다운 10분(700)
	일	휴식 / 주간거리 25km
2주	월	① 피치운동 1set ② 가벼운 조깅 30분(640~650), 100m 질주 2회(전력의 70%) ③ 코어운동 1set
	화	① 워밍업 10분(650~700) ② 타임파틀렉(up 1분+down 2분) 6회(up 1분: 610/down 2분: 710) ③ 쿨다운 10분(700)
	수	휴식
	목	① 스킵운동 1set ② 6km LSD 훈련(640~650)
	금	휴식
	토	① 복합저항성운동 1set ② 4km 지속주(2km+2km)(630/620) ③ 쿨다운 10분(700)
	일	휴식 / 주간거리 30km
3주	월	① 피치운동 1set ② 가벼운 조깅 30분(640~650), 100m 질주 2회(전력의 70%) ③ 코어운동 1set
	화	① 워밍업 10분(650~700) ② 힐트레이닝(200m+200m) 3회 X3set(200m 66초, 200m 120초), 세트 간 휴식 5분 ③ 쿨다운 10분(700)
	수	휴식
	목	① 밸런스운동 1set ② 8km LSD 훈련(640~650)
	금	휴식
	토	① 워밍업 10분(650~700) ② 서킷트레이닝 2set(20초+20초), 세트 간 휴식 5분 ③ 쿨다운 10분(700)
	일	휴식 / 주간거리 30km
4주	월	① 스킵운동 1set ② 가벼운 조깅 40분(640~650), 100m 질주 2회(전력의 70%) ③ 코어운동 1set
	화	① 밸런스운동 1set ② 6km 빌드업 조깅(2km+2km+2km) (650/640/630)
	수	휴식
	목	① 워밍업 20분(650~700) ② 2km 템포런X3set(620), 세트 간 휴식 5분 ③ 쿨다운 10분(700)
	금	휴식
	토	① 워밍업 20분(650~700) ② 4000m 변속주(100m+100m) (up: 100m 30초/down: 100m 46초) ③ 쿨다운 10분(700)
	일	휴식 / 주간거리 35km / **월간거리 120km**
5주	월	① 스킵운동 1set ② 가벼운 조깅 40분(640~650), 100m 질주 3회(전력의 70%) ③ 코어운동 1set
	화	① 워밍업 20분(650~700) ② 계단운동 2set ③ 쿨다운 10분(700)
	수	휴식
	목	① 워밍업 20분(650~700) ② 힐트레이닝(200m+200m) 5회 X3set(200m 66초, 200m 120초), 세트 간 휴식 5분 ③ 쿨다운 10분(700)
	금	휴식
	토	① 워밍업 10분(650~700) ② 8km 지속주(6km+2km) (620/610) ③ 쿨다운 10분(700)
	일	휴식 / 주간거리 35km
6주	월	① 밸런스운동 1set ② 가벼운 조깅 50분(640~650), 100m 질주 3회(전력의 70%) ③ 코어운동 1set
	화	① 워밍업 10분(650~700) ② 변속주(1km+1km) 3회(up: 540/down: 640) ③ 쿨다운 10분(700)
	수	휴식
	목	① 피치운동 1set ② 가벼운 조깅 50분(640~650)
	금	휴식
	토	**5km 대회 출전** or **타임트라이얼** (목표기록 29분)
	일	휴식 / 주간거리 35km

주차	요일	훈련 내용	주차	요일	훈련 내용
7주	월	① 피치운동 1set ② 가벼운 조깅 40분(640~650), 100m 질주 3회(전력의 70%)	8주	월	① 가벼운 조깅 40분(640~650), 100m 질주 3회(전력의 70%)
	화	① 밸런스운동 1set ② 8km 빌드업 러닝(4km+2km+2km) (650/640/630)		화	① 가벼운 조깅 40분(640~650), 100m 질주 3회(전력의 70%)
	수	휴식		수	휴식
	목	① 워밍업 20분(650~700) ② 인터벌 400m+200m 5회 X2set(400m 130초, 200m 110초), 세트 간 휴식 5분 ③ 쿨다운 10분(700)		목	① 워밍업 20분(650~700) ② 템포런 2000m 1set(540, 11분 20초 이내) ③ 쿨다운 10분(700)
	금	휴식		금	휴식
	토	① 워밍업 10분(650~700) ② 8km 지속주(610~620) ③ 쿨다운 10분(700)		토	① 워밍업 20분(650~700) ② 1000m 1set(530) ③ 쿨다운 10분(700)
	일	휴식		일	10km 대회 출전
		주간거리 40km			주간거리 40km / **월간거리 150km**

10km 완주를 위한 8주 훈련 계획표(▶50분 목표)

주차	요일	훈련 내용	주차	요일	훈련 내용
1주	월	① 스킵운동 1set ② 가벼운 조깅 30분(550~600) ③ 코어운동 1set	2주	월	① 피치운동 1set ② 가벼운 조깅 40분(550~600), 100m 질주 2회(전력의 70%) ③ 코어운동 1set
	화	① 워밍업 20분(550~600) ② 계단운동 2set ③ 쿨다운 10분(600)		화	① 워밍업 10분(550~600) ② 타임파틀렉(up 1분+down 2분) 8회(up 1분: 450/down 2분: 550) ③ 쿨다운 10분(600)
	수	휴식		수	휴식
	목	① 스킵운동 1set ② 시간주 50분(550~600)		목	① 피치운동 1set ② 11km LSD 훈련(550~600)
	금	휴식		금	① 밸런스운동 1set ② 가벼운 조깅 40분(550~600) ③ 코어운동 1set
	토	① 워밍업 10분(550~600) ② 서킷트레이닝 2set(20초+20초), 세트 간 휴식 5분 ③ 쿨다운 10분(600)		토	① 복합저항성운동 1set ② 8km 지속주(4km+4km)(530/520) ③ 쿨다운 10분(600)
	일	휴식 주간거리 35km		일	휴식 주간거리 40km
3주	월	① 피치운동 1set ② 가벼운 조깅 30분(550~600), 100m 질주 2회(전력의 70%) ③ 코어운동 1set	4주	월	① 피치운동 1set ② 가벼운 조깅 50분(550~600), 100m 질주 2회(전력의 70%) ③ 코어운동 1set
	화	① 워밍업 10분(550~600) ② 힐트레이닝(200m+200m) 5회 X2set(200m 54초, 200m 100초), 세트 간 휴식 5분 ③ 쿨다운 10분(600)		화	① 밸런스운동 1set ② 12km 빌드업 조깅(6km+4km+2km) (540/530/520)
	수	휴식		수	휴식
	목	① 밸런스운동 1set ② 13km LSD 훈련(550~600)		목	① 워밍업 20분(550~600) ② 2km 템포런X3set(510), 세트 간 휴식 5분 ③ 쿨다운 10분(600)
	금	휴식		금	① 피치운동 1set ② 가벼운 조깅 50분(550~600) ③ 코어운동 1set
	토	① 워밍업 10분(550~600) ② 서킷트레이닝 2set(20초+20초), 세트 간 휴식 5분 ③ 쿨다운 10분(600)		토	① 워밍업 20분(550~600) ② 6000m 변속주(100m+100m) (up: 100m 25초/down: 100m 42초) ③ 쿨다운 10분(600)
	일	휴식 주간거리 40km		일	휴식 주간거리 40km / **월간거리 155km**

주차	요일	훈련 내용	주차	요일	훈련 내용
5주	월	① 스킵운동 1set ② 가벼운 조깅 60분(550~600), 100m 질주 3회(전력의 70%) ③ 코어운동 2set	6주	월	① 밸런스운동 1set ② 가벼운 조깅 60분(550~600), 100m 질주 3회(전력의 70%) ③ 코어운동 2set
	화	① 워밍업 20분(550~600) ② 계단운동 3set ③ 쿨다운 10분(600)		화	① 워밍업 20분(550~600) ② 변속주(1km+1km) 3회(up: 440/down: 540) ③ 쿨다운 10분(600)
	수	휴식		수	휴식
	목	① 워밍업 20분(550~600) ② 힐트레이닝(200m+200m) 5회 X3set(200m 54초, 200m 100초), 세트 간 휴식 5분 ③ 쿨다운 10분(600)		목	① 피치운동 1set ② 가벼운 조깅 50분(550~600)
	금	휴식		금	① 워밍업 20분(550~600) ② 1000m 1set(430) ③ 쿨다운 5분(600)
	토	① 워밍업 10분(550~600) ② 5km 템포런 2set(510), 세트 간 휴식 5분 ③ 쿨다운 10분(600)		토	5km 대회 출전 or 타임트라이얼(목표기록 24분)
	일	휴식 주간거리 40km		일	휴식 주간거리 45km
7주	월	① 피치운동 1set ② 가벼운 조깅 60분(550~600), 100m 질주 3회(전력의 70%)	8주	월	① 가벼운 조깅 40분(550~600), 100m 질주 3회(전력의 70%)
	화	① 밸런스운동 1set ② 8km 빌드업 러닝(4km+2km+2km)(540/530/520)		화	① 가벼운 조깅 40분(550~600), 100m 질주 3회(전력의 70%)
	수	휴식		수	휴식
	목	① 워밍업 20분(550~600) ② 인터벌 400m+200m 5회 X2set(400m 108초, 200m 100초), 세트 간 휴식 5분 ③ 쿨다운 10분(600)		목	① 워밍업 20분(550~600) ② 템포런 3000m 1set(450, 9분 40초 이내) ③ 쿨다운 10분(600)
	금	휴식		금	휴식
	토	① 워밍업 10분(550~600) ② 8km 지속주(510~520) ③ 쿨다운 10분(600)		토	① 워밍업 20분(550~600) ② 1000m 1set(430) ③ 쿨다운 10분(600)
	일	휴식 주간거리 50km		일	10km 대회 출전 주간거리 40km / 월간거리 175km

10km 완주를 위한 8주 훈련 계획표(▶40분 목표)

주차	요일	훈련 내용	주차	요일	훈련 내용
1주	월	① 스킵운동 1set ② 가벼운 조깅 40분(500~520) ③ 코어운동 1set	2주	월	① 피치운동 1set ② 가벼운 조깅 50분(500~520), 100m 질주 2회(전력의 70%) ③ 코어운동 1set
	화	① 워밍업 30분(500~520) ② 계단운동 3set ③ 쿨다운 10분(530)		화	① 워밍업 10분(550~600) ② 타임파틀렉(up 1분+down 2분) 12회(up 1분: 400/down 2분: 500) ③ 쿨다운 10분(530)
	수	휴식		수	휴식
	목	① 스킵운동 1set ② 시간주 60분(510~530)		목	① 피치운동 1set ② 12km LSD 훈련(510~530)
	금	① 피치운동 1set ② 가벼운 조깅 40분(500~520) ③ 코어운동 1set		금	① 밸런스운동 1set ② 가벼운 조깅 40분(500~520) ③ 코어운동 1set
	토	① 워밍업 20분(500~520) ② 서킷트레이닝 2set(30초+20초), 세트 간 휴식 5분 ③ 쿨다운 10분(530)		토	① 복합저항성운동 1set ② 8km 지속주(4km+4km)(430/420) ③ 쿨다운 10분(530)
	일	휴식 주간거리 45km		일	휴식 주간거리 50km

주차	요일	훈련 내용	주차	요일	훈련 내용
3주	월	① 피치운동 1set ② 가벼운 조깅 60분(500~520), 100m 질주 2회(전력의 70%) ③ 코어운동 1set	4주	월	① 피치운동 1set ② 가벼운 조깅 60분(500~520), 100m 질주 2회(전력의 70%) ③ 코어운동 1set
	화	① 워밍업 10분(500~520) ② 힐트레이닝(200m+200m) 5회 X3set(200m 44초, 200m 90초), 세트 간 휴식 5분 ③ 쿨다운 10분(530)		화	① 밸런스운동 1set ② 12km 빌드업 조깅(6km+4km+2km) (500/450/430)
	수	휴식		수	휴식
	목	① 밸런스운동 1set ② 16km LSD 훈련(510~530)		목	① 워밍업 20분(500~520) ② 5km 템포런X2set(420), 세트 간 휴식 5분 ③ 쿨다운 10분(530)
	금	① 피치운동 1set ② 가벼운 조깅 60분(500~520) ③ 코어운동 1set		금	휴식
	토	① 워밍업 10분(500~520) ② 서킷트레이닝 2set(30초+20초), 세트 간 휴식 5분 ③ 쿨다운 10분(530)		토	① 워밍업 20분(500~520) ② 8000m 변속주(100m+100m) (up: 100m 22초/down: 100m 38초) ③ 쿨다운 10분(530)
	일	휴식 주간거리 55km		일	휴식 주간거리 60km / **월간거리 210km**
5주	월	① 스킵운동 1set ② 가벼운 조깅 60분(500~520), 100m 질주 3회(전력의 70%) ③ 코어운동 1set	6주	월	① 밸런스운동 1set ② 가벼운 조깅 60분(500~520), 100m 질주 3회(전력의 70%) ③ 코어운동 2set
	화	① 워밍업 20분(500~520) ② 계단운동 5set ③ 쿨다운 10분(530)		화	① 워밍업 20분(500~520) ② 변속주(1km+1km) 5회(up: 350/down: 450) ③ 쿨다운 10분(530)
	수	휴식		수	휴식
	목	① 워밍업 20분(500~520) ② 힐트레이닝(200m+200m) 8회 X2set(200m 46초, 200m 90초), 세트 간 휴식 5분 ③ 쿨다운 10분(530)		목	① 피치운동 1set ② 가벼운 조깅 60분(500~520)
	금	① 피치운동 1set ② 가벼운 조깅 60분(500~520)		금	① 워밍업 20분(500~520) ② 1000m 1set(330) ③ 쿨다운 10분(530)
	토	① 워밍업 20분(500~520) ② 10km 지속주(8km+2km) (420/400) ③ 쿨다운 10분(530)		토	**5km 대회 출전** or **타임트라이얼** (목표기록 19분)
	일	휴식 주간거리 65km		일	휴식 주간거리 65km
7주	월	① 피치운동 1set ② 가벼운 조깅 60분(500~520), 100m 질주 3회(전력의 70%)	8주	월	① 가벼운 조깅 40분(500~520), 100m 질주 3회(전력의 70%)
	화	① 밸런스운동 1set ② 12km 빌드업 러닝(5km+5km+2km) (450/440/430)		화	① 가벼운 조깅 40분(500~520), 100m 질주 3회(전력의 70%)
	수	휴식		수	휴식
	목	① 워밍업 20분(500~520) ② 인터벌 400m+200m 5회 X3set(400m 84초, 200m 90초), 세트 간 휴식 5분 ③ 쿨다운 10분(530)		목	① 워밍업 20분(500~520) ② 템포런 3000m 1set(340) ③ 쿨다운 10분(530)
	금	휴식		금	휴식
	토	① 워밍업 10분(500~520) ② 8km 지속주(410~420) ③ 쿨다운 10분(530)		토	① 워밍업 20분(500~520) ② 1000m 1set(330) ③ 쿨다운 10분(530)
	일	휴식 주간거리 60km		일	**10km 대회 출전** 주간거리 40km / **월간거리 230km**

25 하프 마라톤 완주를 위한 10주 훈련 프로그램

중급 러너를 위한 10주 훈련 프로그램의 포인트

10주 하프 마라톤 훈련 프로그램은 완주 목표에 따라 2시간 10분, 2시간, 1시간 50분, 1시간 40분, 1시간 30분으로 나뉘어 구성됩니다.

이 훈련은 주 5회 실시하는 것을 기본으로 합니다. 월요일은 가벼운 조깅과 러닝 드릴, 화요일은 계단 운동과 힐 트레이닝, 목요일은 장거리 지구력 훈련(LSD)과 템포런, 토요일은 복합 체력 훈련(서킷, 변속주, 지속주 등)으로 주간 핵심 프로그램을 구성합니다. 수요일과 일요일(또는 금요일)은 회복일로 설정해 충분한 휴식을 취합니다.

10주 훈련은 이렇게 진행된다

1~3주차 기초 체력 향상

이 시기는 하프 마라톤 거리에 대응할 수 있는 기본 체력을 쌓는 데 집중하는 기간입니다. 주간 러닝 거리는 30~50킬로미터 정도로 구성합니다.

월요일은 가벼운 조깅과 스킵 운동, 러닝 드릴, 러닝 후 코어 운동으로 리듬감과 근력을 강화합니다. 화요일에는 계단 운동과 200m 힐 트레이닝으로 하체 근지구력을 단련합니다.

목요일은 주간 장거리 훈련일로 설정하고, 토요일은 지속주 트레이닝으로 페이스 유지 능력을 기릅니다. 수요일과 일요일은 회복일로 지정합니다.

- 2시간~2시간 10분 목표 러너: 10km 전후의 LSD 러닝을 점진적으로 늘려가는 데 중점을 둡니다.
- 1시간 40분~1시간 30분 목표 러너: 15km 수준의 LSD 러닝을 주 1회 실시해 심폐지구력을 끌어올립니다.

4~6주차 마라톤 지지 단계

이 단계는 기초 체력을 유지하면서도 고강도 훈련의 비중이 본격적으로 증가하는 시기입니다.

LSD 러닝은 12~20킬로미터까지 확대되며, 200미터+200미터 반복 인터벌, 5~10킬로미터 템포런, 100미터 질주 반복 등 다양한 속도 훈련을 주 1회씩 실시합니다.

주요 훈련은 월, 화, 목, 토요일에 배치하고 수요일은 완전 휴식일, 금요일은 회복 조깅일로 설정하여 회복과 강도의 균형을 유지합니다.

특히 6주차 주말에는 목표 기록별 10킬로미터 빌드업 조깅을 진행하여 후반부 스피드와 페이스 유지 능력을 점검합니다.

7~8주차 마라톤 경주 지향 단계

이 시기는 실제 목표 페이스보다 다소 빠른 속도로 달려 여유 스피드를 확보하는 시기입니다.

- 2시간 10분 또는 2시간 목표 러너: 주간 거리 60~65km
- 1시간 40분 또는 1시간 30분 목표 러너: 주간 거리 75~80km

8주차 주말에는 10킬로미터 타임 트라이얼을 실시합니다.

하프 마라톤 목표	10km 타임 트라이얼 목표
2:10:00	00:60:00
2:00:00	00:55:00
1:50:00	00:50:00
1:40:00	00:46:30
1:30:00	00:41:00

이후 훈련 빈도와 강도를 점차 줄이면서 가벼운 조깅과 스트레칭 중심의 훈련으로 전환합니다. 레이스 감각을 유지하면서 피로를 해소하는 것이 핵심입니다.

9~10주차 테이퍼링 및 컨디셔닝 단계

마지막 2주는 최종 컨디셔닝과 테이퍼링 시기입니다. 주간 훈련량은 절반 이하로 줄이고 1,000미터 1회 반복, 100미터 질주 훈련 등을 통해 몸에 가볍게 자극을 주며 대회 페이스 감각을 유지합니다.

10주차 마지막에는 완주 목표보다 약간 빠른 속도로 10~12킬로미터 지속주 훈련을 진행해 최종 컨디션을 점검하고 대회 당일 스스로 설정한 목표 페이스에 맞춰 자신 있게 도전합니다.

잠깐만요

다음에 나오는 계획표에 따라 훈련해 보세요!

- 실제 러너들을 오랫동안 코칭하면서 가장 효과적이었던 훈련 프로그램을 적용했습니다.
- 훈련은 번호순으로 진행합니다.
- 훈련 전에는 동적 스트레칭을, 훈련 후에는 정적 스트레칭을 진행하세요.
- 권장 페이스는 괄호에 적은 권장 페이스를 참고하세요. →(700)은 1킬로미터당 7분 페이스로 달린다는 뜻입니다.

하프 마라톤 완주를 위한 10주 훈련 계획표(▶2:10 목표)

주차	요일	훈련 내용	주차	요일	훈련 내용
1주	월	① 스킵운동 1set ② 가벼운 조깅 30분(650~710) ③ 코어운동 1set	2주	월	① 스킵운동 1set ② 가벼운 조깅 30분(650~710), 100m 질주 2회(전력의 70%) ③ 코어운동 1set
	화	① 워밍업 20분(650~710) ② 계단운동 2set ③ 쿨다운 10분(700)		화	① 워밍업 20분(650~710) ② 타임파틀렉(up 1분+down 2분) 6회(up 1분: 610/down 2분: 710) ③ 쿨다운 10분(700)
	수	휴식		수	휴식
	목	① 피치운동 1set ② 시간주 40분(650~710)		목	① 피치운동 1set ② 8km LSD 훈련(640~700)
	금	휴식		금	휴식
	토	① 워밍업 20분(650~710) ② 서킷트레이닝 2set(20초+20초), 세트 간 휴식 5분 ③ 쿨다운 10분(700)		토	① 복합저항성운동 1set ② 8km 지속주(620~630) ③ 쿨다운 10분(700)
	일	휴식		일	휴식
		주간거리 25km			주간거리 32km
3주	월	① 피치운동 1set ② 가벼운 조깅 30분(650~710), 100m 질주 2회(전력의 70%) ③ 코어운동 1set	4주	월	① 피치운동 1set ② 가벼운 조깅 50분(650~710), 100m 질주 2회(전력의 70%) ③ 코어운동 1set
	화	① 워밍업 10분(650~710) ② 힐트레이닝(200m+200m) 3회 X3set(200m 66초, 200m 120초), 세트 간 휴식 5분 ③ 쿨다운 10분(700)		화	① 밸런스운동 1set ② 10km 빌드업 조깅 (2km+2km+2km+2km+2km)(650/640/630/610/600)
	수	휴식		수	휴식
	목	① 밸런스운동 1set ② 10km LSD 훈련(640~700)		목	① 피치운동 1set ② 15km LSD 훈련(640~700)
	금	휴식		금	휴식
	토	① 워밍업 20분(650~710) ② 서킷트레이닝 2set(20초+20초), 세트 간 휴식 5분 ③ 쿨다운 10분(700)		토	① 워밍업 20분(650~710) ② 변속주 6000m(100m+100m) (up: 100m 28초/down: 100m 46초) ③ 쿨다운 10분(700)
	일	휴식		일	휴식
		주간거리 35km			주간거리 45km / **월간거리 137km**

주차	요일	훈련 내용	주차	요일	훈련 내용
5주	월	① 스킵운동 1set ② 가벼운 조깅 50분(650~710), 100m 질주 3회(전력의 70%) ③ 코어운동 1set	6주	월	① 밸런스운동 1set ② 가벼운 조깅 60분(650~710), 100m 질주 3회(전력의 70%) ③ 코어운동 1set
	화	① 워밍업 20분(650~710) ② 계단운동 3set ③ 쿨다운 10분(700)		화	① 스킵운동 1set ② 15km 빌드업 조깅 (5km+5km+3km+2km)(650/640/630/620)
	수	휴식		수	휴식
	목	① 워밍업 20분(650~710) ② 힐트레이닝(200m+200m) 5회 X2set(200m 66초, 200m 120초), 세트 간 휴식 5분 ③ 쿨다운 10분(700)		목	① 워밍업 20분(650~710) ② 10km 지속주 (620~640) ③ 쿨다운 10분(700)
	금	휴식		금	휴식
	토	① 워밍업 10분(650~710) ② 12km 지속주(10km+2km)(620/600) ③ 쿨다운 10분(700)		토	① 워밍업 20분(650~710) ② 변속주(1000m+1000m) 4회 (up: 600/down: 700) ③ 쿨다운 10분(700)
	일	휴식 주간거리 40km		일	휴식 주간거리 50km
7주	월	① 스킵운동 1set ② 가벼운 조깅 60분(650~710), 100m 질주 3회(전력의 70%) ③ 코어운동 1set	8주	월	① 밸런스운동 1set ② 가벼운 조깅 60분(650~710), 100m 질주 3회(전력의 70%) ③ 코어운동 1set
	화	① 피치운동 2set ② 20km 가벼운 장거리 조깅(650~710)		화	① 워밍업 20분(650~710) ② 템포런 2000mX3set (1~2set: 550/3set: 540), 세트 간 휴식 5분 ③ 쿨다운 10분(700)
	수	휴식		수	휴식
	목	① 워밍업 10분(650~710) ② 인터벌 400m+200m 4회 X3set(400m 136초, 200m 110초), 세트 간 휴식 5분 ③ 쿨다운 10분(700)		목	① 가벼운 조깅 40분(650~710), 100m 질주3회(전략의 70%)
	금	휴식		금	휴식
	토	① 피치운동 1set ② 16km 빌드업 조깅 (4km+4km+4km+4km)(650/640/630/620)		토	**10km 대회 출전** or **타임트라이얼** (목표기록 60분)
	일	휴식 주간거리 60km		일	휴식 주간거리 40km / **월간거리 190km**
9주	월	① 피치운동 1set ② 가벼운 조깅 50분(650~710), 100m 질주 3회(전력의 70%)	10주	월	① 가벼운 조깅 40분(650~710), 100m 질주 3회(전력의 70%)
	화	① 워밍업 10분(650~710) ② 리듀스템포런(3km+2km+1km)(600/550/530), 세트 간 휴식 4분, 3분 ③ 쿨다운 10분(700)		화	휴식
	수	휴식		수	① 워밍업 20분(650~710) ② 템포런 3000m 1회(550, 17분 30초 이내) ③ 쿨다운 10분(700)
	목	① 가벼운 조깅 50분(650~710), 100m 질주 3회(전력의 70%)		목	① 가벼운 조깅 30분(650~710), 100m 질주 3회(전력의 70%)
	금	휴식		금	휴식
	토	① 워밍업 10분(650~710) ② 12km 지속주(10km+2km)(610/550) ③ 쿨다운 10분(700)		토	① 워밍업 20분(650~710) ② 1000m 1set(540) ③ 쿨다운 10분(700)
	일	휴식 주간거리 45km		일	**하프마라톤 출전** 주간거리 45km

하프 마라톤 완주를 위한 10주 훈련 계획표(▶2:00 목표)

주차	요일	훈련 내용	주차	요일	훈련 내용
1주	월	① 스킵운동 1set ② 가벼운 조깅 40분(630~650) ③ 코어운동 1set	2주	월	① 스킵운동 1set ② 가벼운 조깅 40분(630~650), 100m 질주 2회(전력의 70%) ③ 코어운동 1set
	화	① 워밍업 20분(630~650) ② 계단운동 3set ③ 쿨다운 10분(650)		화	① 워밍업 20분(630~650) ② 타임파틀렉(up 1분+down 2분) 8회(up 1분: 530/down 2분: 630) ③ 쿨다운 10분(650)
	수	휴식		수	휴식
	목	① 피치운동 1set ② 시간주 50분(620~640)		목	① 피치운동 1set ② 10km LSD 훈련(620~640)
	금	휴식		금	휴식
	토	① 워밍업 20분(630~650) ② 서킷트레이닝 2set(20초+20초), 세트 간 휴식 5분 ③ 쿨다운 10분(650)		토	① 복합저항성운동 1set ② 10km 지속주(5km+5km)(600~550) ③ 쿨다운 10분(650)
	일	휴식 주간거리 30km		일	휴식 주간거리 38km
3주	월	① 피치운동 1set ② 가벼운 조깅 50분(630~650), 100m 질주 2회(전력의 70%) ③ 코어운동 1set	4주	월	① 피치운동 1set ② 가벼운 조깅 50분(630~650), 100m 질주 2회(전력이 70%) ③ 코어운동 2set
	화	① 워밍업 20분(630~650) ② 힐트레이닝(200m+200m) 5회 X3set(200m 60초, 200m 110초), 세트 간 휴식 5분 ③ 쿨다운 10분(650)		화	① 밸런스운동 1set ② 10km 빌드업 조깅 (2km+2km+2km+2km+2km)(630/620/610/600/550)
	수	휴식		수	휴식
	목	① 밸런스운동 1set ② 12km LSD 훈련(620~640)		목	① 피치운동 1set ② 15km LSD 훈련(630~650)
	금	① 피치운동 1set ② 가벼운 조깅 60분(630~650) ③ 코어운동 1set		금	휴식
	토	① 워밍업 20분(630~650) ② 서킷트레이닝 3set(20초+20초), 세트 간 휴식 5분 ③ 쿨다운 10분(650)		토	① 워밍업 20분(640~700) ② 변속주 8000m(100m+100m) (up: 100m 26초/down: 100m 46초) ③ 쿨다운 10분(650)
	일	휴식 주간거리 50km		일	휴식 주간거리 45km / **월간거리 163km**
5주	월	① 스킵운동 1set ② 가벼운 조깅 60분(630~650), 100m 질주 3회(전력의 70%) ③ 코어운동 2set	6주	월	① 밸런스운동 1set ② 가벼운 조깅 60분(630~650), 100m 질주 3회(전력의 70%) ③ 코어운동 2set
	화	① 워밍업 20분(630~650) ② 계단운동 5set ③ 쿨다운 10분(650)		화	① 스킵운동 1set ② 16km 빌드업 조깅 (5km+5km+3km+3km)(630/620/610/600)
	수	휴식		수	휴식
	목	① 워밍업 20분(640~700) ② 힐트레이닝(200m+200m) 8회 X2set(200m 60초, 200m 110초), 세트 간 휴식 5분 ③ 쿨다운 10분(650)		목	① 워밍업 20분(630~650) ② 10km 지속주(540~550) ③ 쿨다운 10분(650)
	금	휴식		금	① 피치운동 1set ② 가벼운 조깅 60분(630~650) ③ 코어운동 2set
	토	① 워밍업 20분(630~650) ② 16km 지속주(10km+6km)(610/550) ③ 쿨다운 10분(650)		토	① 워밍업 20분(630~650) ② 변속주(1000m+1000m) 5회 (up: 520/down: 620) ③ 쿨다운 10분(650)
	일	휴식 주간거리 45km		일	휴식 주간거리 65km

주차	요일	훈련 내용	주차	요일	훈련 내용
7주	월	① 스킵운동 1set ② 가벼운 조깅 60분(630~650), 100m 질주 3회(전력의 70%) ③ 코어운동 2set	8주	월	① 밸런스운동 1set ② 가벼운 조깅 70분(630~650), 100m 질주 3회(전력의 70%) ③ 코어운동 2set
	화	① 피치운동 1set ② 20km 가벼운 장거리 조깅(630~650)		화	① 워밍업 20분(630~650) ② 템포런 2000mX3set (1~2set: 540/3set: 520) ③ 쿨다운 10분(650)
	수	휴식		수	휴식
	목	① 워밍업 20분(630~650) ② 인터벌 400m+200m 5회 X3set(400m 124초, 200m 110초), 세트 간 휴식 5분 ③ 쿨다운 10분(650)		목	① 가벼운 조깅 40분(630~650), 100m 질주3회(전력의 70%)
	금	휴식		금	① 워밍업 20분(630~650) ② 1000m 1set(510) ③ 쿨다운 10분(650)
	토	① 피치운동 1set ② 18km 빌드업 조깅 (5km+5km+5km+3km)(630/620/610/600)		토	**10km 대회 출전 or 타임트라이얼** (목표기록 55분)
	일	휴식 주간거리 60km		일	휴식 주간거리 50km / **월간거리 220km**

주차	요일	훈련 내용	주차	요일	훈련 내용
9주	월	① 피치운동 1set ② 가벼운 조깅 50분(630~650), 100m 질주 3회(전력의 70%)	10주	월	① 가벼운 조깅 40분(630~650), 100m 질주 3회(전력의 70%)
	화	① 워밍업 20분(630~650) ② 리듀스템포런(4km+3km+1km)(530/520/500), 세트 간 휴식 4분, 3분 ③ 쿨다운 10분(650)		화	휴식
	수	휴식		수	① 워밍업 20분(630~650) ② 템포런 3000m 1회(520, 16분 이내) ③ 쿨다운 10분(650)
	목	① 가벼운 조깅 50분(630~650), 100m 질주 3회(전략의 70%)		목	① 가벼운 조깅 40분(630~650) 100m 질주 3회(전력의 70%)
	금	휴식		금	휴식
	토	① 워밍업 20분(630~650) ② 15km 지속주(10km+5km)(540/530) ③ 쿨다운 10분(650)		토	① 워밍업 20분(630~650) ② 1000m 1set(510) ③ 쿨다운 10분(650)
	일	휴식 주간거리 50km		일	**하프마라톤 출전** 주간거리 50km

하프 마라톤 완주를 위한 10주 훈련 계획표(▶1:50 목표)

주차	요일	훈련 내용	주차	요일	훈련 내용
1주	월	① 스킵운동 1set ② 가벼운 조깅 40분(600~620) ③ 코어운동 1set	2주	월	① 스킵운동 1set ② 가벼운 조깅 40분(600~620), 100m 질주 2회(전력의 70%) ③ 코어운동 1set
	화	① 워밍업 20분(600~620) ② 계단운동 2set ③ 쿨다운 10분(630)		화	① 워밍업 20분(600~620) ② 타임파틀렉(up 1분+down 2분) 10회(up 1분: 500/down 2분: 600) ③ 쿨다운 10분(630)
	수	휴식		수	휴식
	목	① 피치운동 1set ② 시간주 60분(600~620)		목	① 피치운동 1set ② 12km LSD 훈련(550~610)
	금	휴식		금	① 밸런스운동 1set ② 가벼운 조깅 50분(600~620) ③ 코어운동 1set
	토	① 워밍업 20분(600~620) ② 서킷트레이닝 2set(20초+20초), 세트 간 휴식 5분 ③ 쿨다운 10분(630)		토	① 복합저항성운동 1set ② 10km 지속주(5km+5km)(530/520) ③ 쿨다운 10분(630)
	일	휴식		일	휴식
		주간거리 35km			주간거리 50km
3주	월	① 피치운동 1set ② 가벼운 조깅 50분(600~620), 100m 질주 2회(전력의 70%) ③ 코어운동 1set	4주	월	① 피치운동 1set ② 가벼운 조깅 50분(600~620), 100m 질주 2회(전력의 70%) ③ 코어운동 1set
	화	① 워밍업 20분(600~620) ② 힐트레이닝(200m+200m) 5회 X3set(200m 56초, 200m 110초), 세트 간 휴식 5분 ③ 쿨다운 10분(630)		화	① 밸런스운동 1set ② 12km 빌드업 조깅(5km+5km+2km)(550/540/530)
	수	휴식		수	휴식
	목	① 밸런스운동 1set ② 16km LSD 훈련(550~610)		목	① 피치운동 1set ② 20km LSD 훈련(550~610)
	금	① 피치운동 1set ② 가벼운 조깅 60분(600~620) ③ 코어운동 1set		금	휴식
	토	① 워밍업 20분(600~620) ② 서킷트레이닝 3set(30초+20초), 세트 간 휴식 5분 ③ 쿨다운 10분(630)		토	① 워밍업 20분(600~620) ② 변속주 12000m(100m+100m)(up: 100m 24초/down: 100m 44초) ③ 쿨다운 10분(630)
	일	휴식		일	휴식
		주간거리 55km			주간거리 55km / **월간거리 195km**
5주	월	① 스킵운동 1set ② 가벼운 조깅 60분(600~620), 100m 질주 3회(전력의 70%) ③ 코어운동 2set	6주	월	① 밸런스운동 1set ② 가벼운 조깅 60분(600~620), 100m 질주 3회(전력의 70%) ③ 코어운동 2set
	화	① 워밍업 20분(600~620) ② 계단운동 5set ③ 쿨다운 10분(630)		화	① 스킵운동 1set ② 16km 빌드업 조깅(4km+4km+4km+4km)(600/550/540/530)
	수	휴식		수	휴식
	목	① 워밍업 20분(600~620) ② 힐트레이닝(200m+200m) 8회 X2set(200m 56초, 200m 100초), 세트 간 휴식 5분 ③ 쿨다운 10분(630)		목	① 워밍업 20분(600~620) ② 12km 지속주(520~530) ③ 쿨다운 10분(630)
	금	① 피치운동 1set ② 가벼운 조깅 60분(600~620) ③ 코어운동 2set		금	① 피치운동 1set ② 가벼운 조깅 60분(600~620) ③ 코어운동 2set
	토	① 워밍업 20분(600~620) ② 16km 지속주(10km+6km)(530/540/520) ③ 쿨다운 10분(630)		토	① 워밍업 20분(600~620) ② 변속주(1000m+1000m) 5회(up: 450/down: 550) ③ 쿨다운 10분(630)
	일	휴식		일	휴식
		주간거리 55km			주간거리 65km

주차	요일	훈련 내용	주차	요일	훈련 내용
7주	월	① 스킵운동 1set ② 가벼운 조깅 70분(600~620), 100m 질주 3회(전력의 70%) ③ 코어운동 2set	8주	월	① 밸런스운동 1set ② 가벼운 조깅 70분(600~620), 100m 질주 3회(전력의 70%) ③ 코어운동 2set
	화	① 피치운동 1set ② 20km 가벼운 장거리 조깅(600~620)		화	① 워밍업 20분(600~620) ② 템포런 2000mX3set (1~2set: 500/3set: 450) ③ 쿨다운 10분(630)
	수	휴식		수	휴식
	목	① 워밍업 20분(600~620) ② 인터벌 400m+200m 5회 X3set(400m 112초, 200m 100초), 세트 간 휴식 5분 ③ 쿨다운 10분(630)		목	① 가벼운 조깅 40분(600~620), 100m 질주3회(전략의 70%)
	금	휴식		금	① 워밍업 20분(600~620) ② 1000m 1set(430) ③ 쿨다운 10분(630)
	토	① 피치운동 1set ② 18km 빌드업 조깅 (5km+5km+5km+3km)(600/550/540/530)		토	**10km 대회 출전 or 타임트라이얼** (목표기록 50분)
	일	휴식 주간거리 65km		일	휴식 주간거리 60km / **월간거리 245km**
주차	요일	훈련 내용	주차	요일	훈련 내용
9주	월	① 피치운동 1set ② 가벼운 조깅 50분(600~620), 100m 질주 3회(전력의 70%)	10주	월	① 가벼운 조깅 50분(600~620), 100m 질주 3회(전력의 70%)
	화	① 워밍업 20분(600~620) ② 리듀스템포런(4km+3km+1km)(520/500/430), 세트 간 휴식 4분, 3분 ③ 쿨다운 10분(630)		화	휴식
	수	휴식		수	① 워밍업 20분(600~620) ② 템포런 3000m 1회(440, 14분 이내) ③ 쿨다운 10분(630)
	목	① 가벼운 조깅 50분(600~620), 100m 질주 3회(전력의 70%)		목	① 가벼운 조깅 40분(600~620), 100m 질주 3회(전력의 70%)
	금	휴식		금	휴식
	토	① 워밍업 20분(600~620) ② 15km 지속주(10km+5km)(510/500) ③ 쿨다운 10분(630)		토	① 워밍업 20분(600~620) ② 1000m 1set(430) ③ 쿨다운 10분(630)
	일	휴식 주간거리 45km		일	**하프마라톤 출전** 주간거리 55km

하프 마라톤 완주를 위한 10주 훈련 계획표 (▶1:40 목표)

주차	요일	훈련 내용	주차	요일	훈련 내용
1주	월	① 스킵운동 1set ② 가벼운 조깅 50분(530~550) ③ 코어운동 1set	2주	월	① 스킵운동 1set ② 가벼운 조깅 50분(530~550), 100m 질주 2회(전력의 70%) ③ 코어운동 1set
	화	① 워밍업 30분(530~550) ② 계단운동 3set ③ 쿨다운 10분(600)		화	① 워밍업 20분(530~550) ② 타임파틀렉(up 1분+down 3분) 10회(up 1분: 440/down 3분: 540) ③ 쿨다운 10분(600)
	수	휴식		수	휴식
	목	① 밸런스운동 1set ② 시간주 80분(530~550)		목	① 피치운동 1set ② 15km LSD 훈련(520~540)
	금	① 피치운동 1set ② 가벼운 조깅 50분(530~550) ③ 코어운동 1set		금	① 밸런스운동 1set ② 가벼운 조깅 50분(530~550) ③ 코어운동 1set
	토	① 워밍업 20분(530~550) ② 서킷트레이닝 2set(30초+20초), 세트 간 휴식 5분 ③ 쿨다운 10분(600)		토	① 복합저항성운동 1set ② 10km 지속주(5km+5km) (500/450) ③ 쿨다운 10분(600)
	일	휴식 주간거리 50km		일	휴식 주간거리 55km
3주	월	① 피치운동 1set ② 가벼운 조깅 60분(530~550), 100m 질주 2회(전력의 70%) ③ 코어운동 1set	4주	월	① 피치운동 1set ② 가벼운 조깅 60분(530~550), 100m 질주 2회(전력의 70%) ③ 코어운동 1set
	화	① 워밍업 20분(530~550) ② 힐트레이닝(200m+200m) 5회 X3set(200m 52초, 200m 100초), 세트 간 휴식 5분 ③ 쿨다운 10분(600)		화	① 밸런스운동 1set ② 12km 빌드업 조깅(5km+5km+2km) (540/530/520)
	수	휴식		수	휴식
	목	① 밸런스운동 1set ② 20km LSD 훈련(520~540)		목	① 피치운동 1set ② 120분 시간주(520~540)
	금	① 피치운동 1set ② 가벼운 조깅 60분(530~550) ③ 코어운동 1set		금	휴식
	토	① 워밍업 20분(530~550) ② 서킷트레이닝 3set(30초+20초), 세트 간 휴식 5분 ③ 쿨다운 10분(600)		토	① 워밍업 20분(530~550) ② 변속주 12000m(100m+100m) (up: 100m 22초/down: 100m 42초) ③ 쿨다운 10분(600)
	일	휴식 주간거리 60km		일	휴식 주간거리 65km / **월간거리 230km**
5주	월	① 스킵운동 1set ② 가벼운 조깅 60분(530~550), 100m 질주 3회(전력의 70%) ③ 코어운동 2set	6주	월	① 밸런스운동 1set ② 가벼운 조깅 60분(530~550), 100m 질주 3회(전력의 70%) ③ 코어운동 2set
	화	① 워밍업 20분(530~550) ② 계단운동 5set ③ 쿨다운 10분(600)		화	① 스킵운동 1set ② 16km 빌드업 조깅 (4km+4km+4km+4km)(540/530/520/510)
	수	휴식		수	휴식
	목	① 워밍업 20분(530~550) ② 힐트레이닝(200m+200m) 8회 X2set(200m 52초, 200m 100초), 세트 간 휴식 5분		목	① 워밍업 20분(530~550) ② 12km 지속주(450~500) ③ 쿨다운 10분(600)
	금	① 피치운동 1set ② 가벼운 조깅 60분(530~550) ③ 코어운동 2set		금	① 피치운동 1set ② 가벼운 조깅 60분(530~550) ③ 코어운동 2set
	토	① 워밍업 20분(530~550) ② 16km 지속주(10km+6km) (510~520/500) ③ 쿨다운 10분(600)		토	① 워밍업 20분(530~550) ② 변속주(1000m+1000m) 6회 (up: 430/down: 530) ③ 쿨다운 10분(600)
	일	휴식 주간거리 65km		일	휴식 주간거리 75km

주차	요일	훈련 내용
7주	월	① 스킵운동 1set ② 가벼운 조깅 70분(530~550), 100m 질주 3회(전력의 70%) ③ 코어운동 2set
	화	① 피치운동 1set ② 20km 가벼운 장거리 조깅(530~550)
	수	휴식
	목	① 워밍업 20분(530~550) ② 인터벌 400m+200m 5회 X3set(400m 104초, 200m 90초), 세트 간 휴식 5분 ③ 쿨다운 10분(600)
	금	① 피치운동 1set ② 가벼운 조깅 60분(530~550) ③ 코어운동 2set
	토	① 피치운동 1set ② 18km 빌드업 조깅 (5km+5km+5km+3km)(540/530/520/510)
	일	휴식 주간거리 80km

주차	요일	훈련 내용
8주	월	① 밸런스운동 1set ② 가벼운 조깅 70분(530~550), 100m 질주 3회(전력의 70%) ③ 코어운동 2set
	화	① 워밍업 20분(530~550) ② 템포런 3000mX3set (1~2set: 440/3set: 430), 세트 간 휴기 5분 ③ 쿨다운 10분(600)
	수	휴식
	목	① 가벼운 조깅 40분(530~550), 100m 질주 3회(전력의 70%)
	금	① 워밍업 20분(530~550) ② 1000m 1set(410) ③ 쿨다운 10분(600)
	토	**10km 대회 출전** or **타임트라이얼** (목표기록 46분 30초)
	일	휴식 주간거리 65km / **월간거리 285km**

주차	요일	훈련 내용
9주	월	① 피치운동 1set ② 가벼운 조깅 50분(530~550), 100m 질주 3회(전력의 70%)
	화	① 워밍업 20분(530~550) ② 리듀스템포런(4km+3km+2km+1km)(440/430/420/410), 세트 간 휴식 4분, 3분, 2분 ③ 쿨다운 10분(600)
	수	휴식
	목	① 가벼운 조깅 50분(530~550), 100m 질주 3회(전력의 70%)
	금	휴식
	토	① 워밍업 20분(530~550) ② 15km 지속주(10km+5km)(450/440) ③ 쿨다운 10분(600)
	일	휴식 주간거리 50km

주차	요일	훈련 내용
10주	월	① 가벼운 조깅 50분(530~550), 100m 질주 3회(전력의 70%)
	화	휴식
	수	① 워밍업 20분(530~550) ② 템포런 3000m 1회(420, 13분 이내) ③ 쿨다운 10분(600)
	목	① 가벼운 조깅 40분(530~550), 100m 질주 3회(전력의 70%)
	금	휴식
	토	① 워밍업 20분(530~550) ② 1000m 1set(410) ③ 쿨다운 10분(600)
	일	**하프마라톤 출전** 주간거리 55km

하프 마라톤 완주를 위한 10주 훈련 계획표(▶1:30 목표)

주차	요일	훈련 내용	주차	요일	훈련 내용
1주	월	① 스킵운동 1set ② 가벼운 조깅 50분(500~520) ③ 코어운동 1set	2주	월	① 스킵운동 1set ② 가벼운 조깅 50분(500~520), 100m 질주 2회(전력의 70%) ③ 코어운동 1set
	화	① 워밍업 30분(500~520) ② 계단운동 3set ③ 쿨다운 10분(530)		화	① 워밍업 20분(500~520) ② 타임파틀렉(up 1분+down 3분) 10회(up 1분: 405/down 3분: 505) ③ 쿨다운 10분(530)
	수	휴식		수	휴식
	목	① 밸런스운동 1set ② 시간주 80분(500~520)		목	① 피치운동 1set ② 15km LSD 훈련(500~520)
	금	① 피치운동 1set ② 가벼운 조깅 50분(500~520) ③ 코어운동 1set		금	① 밸런스운동 1set ② 가벼운 조깅 50분(500~520) ③ 코어운동 1set
	토	① 워밍업 20분(500~520) ② 서킷트레이닝 2set(30초+20초), 세트 간 휴식 5분 ③ 쿨다운 10분(530)		토	① 복합저항성운동 1set ② 10km 지속주(5km+5km)(430/420) ③ 쿨다운 10분(530)
	일	휴식 주간거리 50km		일	휴식 주간거리 55km
3주	월	① 피치운동 1set ② 가벼운 조깅 60분(500~520), 100m 질주 2회(전력의 70%) ③ 코어운동 1set	4주	월	① 피치운동 1set ② 가벼운 조깅 60분(500~520), 100m 질주 2회(전력의 70%)(500~520) ③ 코어운동 1set
	화	① 워밍업 20분(500~520) ② 힐트레이닝(200m+200m) 5회 X3set(200m 46초, 200m 90초), 세트 간 휴식 5분 ③ 쿨다운 10분(530)		화	① 밸런스운동 1set ② 12km 빌드업 조깅(5km+5km+2km)(500/450/440)
	수	휴식		수	휴식
	목	① 밸런스운동 1set ② 20km LSD 훈련(500~520)		목	① 피치운동 1set ② 120분 시간주(500~520)
	금	① 피치운동 1set ② 가벼운 조깅 60분(500~520) ③ 코어운동 1set		금	휴식
	토	① 워밍업 20분(500~520) ② 서킷트레이닝 3set(30초+20초), 세트 간 휴식 5분 ③ 쿨다운 10분(530)		토	① 워밍업 20분(500~520) ② 변속주 12000m(100m+100m)(up: 100m 20초/down: 100m 40초) ③ 쿨다운 10분(530)
	일	휴식 주간거리 60km		일	휴식 주간거리 65km / **월간거리 230km**
5주	월	① 스킵운동 1set ② 가벼운 조깅 60분(500~520), 100m 질주 3회(전력의 70%) ③ 코어운동 2set	6주	월	① 밸런스운동 1set ② 가벼운 조깅 60분(500~520), 100m 질주 3회(전력의 70%) ③ 코어운동 2set
	화	① 워밍업 30분(500~520) ② 계단운동 5set ③ 쿨다운 10분(530)		화	① 스킵운동 1set ② 16km 빌드업 조깅(4km+4km+4km+4km)(500/450/440/430)
	수	휴식		수	휴식
	목	① 워밍업 20분(500~520) ② 힐트레이닝(200m+200m) 8회 X2set(200m 46초, 200m 90초), 세트 간 휴식 5분 ③ 쿨다운 10분(530)		목	① 워밍업 20분(500~520) ② 12km 지속주 (420~430) ③ 쿨다운 10분(530)
	금	① 피치운동 1set ② 가벼운 조깅 60분(500~520) ③ 코어운동 2set		금	① 피치운동 1set ② 가벼운 조깅 60분(500~520) ③ 코어운동 2set
	토	① 워밍업 20분(500~520) ② 16km 지속주(10km+6km)(440/430) ③ 쿨다운 10분(530)		토	① 워밍업 20분(530~550) ② 변속주(1000m+1000m) 6회 (up: 400/down: 500) ③ 쿨다운 10분(530)
	일	휴식 주간거리 65km		일	휴식 주간거리 75km

주차	요일	훈련 내용	주차	요일	훈련 내용
7주	월	① 스킵운동 1set ② 가벼운 조깅 70분(500~520), 100m 질주 3회(전력의 70%) ③ 코어운동 2set	8주	월	① 밸런스운동 1set ② 가벼운 조깅 70분(500~520), 100m 질주 3회(전력의 70%) ③ 코어운동 2set
	화	① 피치운동 1set ② 20km 가벼운 장거리 조깅(500~520)		화	① 워밍업 10분(500~520) ② 템포런 3000mX3set (1~2set: 410/3set: 400) ③ 쿨다운 10분(530)
	수	휴식		수	휴식
	목	① 워밍업 20분(500~520) ② 인터벌 400m+200m 5회 X3set(400m 88초, 200m 90초), 세트 간 휴식 5분 ③ 쿨다운 10분(530)		목	① 가벼운 조깅 40분(500~520), 100m 질주3회(전략의 70%)
	금	① 피치운동 1set ② 가벼운 조깅 60분(500~520) ③ 코어운동 2set		금	① 워밍업 20분(500~520) ② 1000m 1set(350) ③ 쿨다운 10분(530)
	토	① 피치운동 1set ② 18km 빌드업 조깅 (5km+5km+5km+3km)(500/450/440/430)		토	**10km 대회 출전** or **타임트라이얼** (목표기록 41분)
	일	휴식 주간거리 80km		일	휴식 주간거리 65km / **월간거리 285km**

주차	요일	훈련 내용	주차	요일	훈련 내용
9주	월	① 피치운동 1set ② 가벼운 조깅 50분(500~520), 100m 질주 3회(전력의 70%)	10주	월	① 가벼운 조깅 50분(500~520), 100m 질주 3회(전력의 70%)
	화	① 워밍업 20분(500~520) ② 리듀스템포런(4km+3km+2km+1km)(420/410/400/350), 세트 간 휴식 4분, 3분, 2분 ③ 쿨다운 10분(530)		화	휴식
	수	휴식		수	① 워밍업 20분(500~520) ② 템포런 3000m 1회(400, 12분 이내) ③ 쿨다운 10분(530)
	목	① 가벼운 조깅 50분(500~520), 100m 질주 3회(전력의 70%)		목	① 가벼운 조깅 40분(500~520), 100m 질주 3회(전력의 70%)
	금	휴식		금	휴식
	토	① 워밍업 20분(500~520) ② 15km 지속주(10km+5km)(420/400) ③ 쿨다운 10분(530)		토	① 워밍업 20분(500~520) ② 1000m 1set(350) ③ 쿨다운 10분(530)
	일	휴식 주간거리 50km		일	**하프마라톤 출전** 주간거리 55km

26. 풀코스 마라톤 완주를 위한 12주 훈련 프로그램

고급 러너를 위한 12주 훈련 프로그램의 포인트

12주 풀코스 마라톤 프로그램은 완주 목표 기록에 따라 5시간, 4시간 30분, 4시간, 3시간 30분, 3시간으로 나뉘어 구성됩니다.

훈련은 주 5회 진행하며 월요일은 가벼운 조깅과 러닝 드릴, 화요일은 계단 운동, 힐 트레이닝, 파틀렉 훈련 등을 복합적으로 배치합니다. 목요일은 기초 단계에서는 LSD 훈련 중심으로, 레이스 지향 단계에 들어서면 인터벌 훈련이나 중·고강도 기술 훈련 중심으로 구성합니다.

토요일은 서킷, 변속주, 지속주 등 복합 체력 훈련을 핵심 세션으로 삼습니다. 수요일, 금요일(또는 일요일)은 회복일로 지정해 충분한 휴식을 취합니다.

> **알아 두세요**
>
> **야소 800 훈련**
> 이 훈련은 러너 잡지 《러너스 월드》 편집자 바트 야소가 대회를 앞두고 시행했던 훈련법입니다. 800m를 10회 실시하는 훈련으로, 이 훈련으로 풀코스 기록을 예상해볼 수 있습니다.

12주 훈련은 이렇게 진행된다

1~3주차 마라톤 기초 체력 향상 단계

이 시기는 마라톤 거리 대비 기본 체력을 쌓는 데 집중하는 시기입니다. 초반부터 훈련 거리 자체가 긴 편이므로, 강도 조절과 회복이 매우 중요합니다.

- 5시간 목표 러너: LSD 거리 약 8km
- 3시간 목표 러너: LSD 거리 약 20km

주차별로 점진적으로 거리를 늘려 나갑니다. 기초 체력을 높이기 위해 계단 운동, 파틀렉 훈련, 서킷 트레이닝 등을 함께 실시합니다.

4~6주차 마라톤 성장 단계

4~6주차는 훈련량과 질이 본격적으로 증가하는 시기입니다. 이전 3주간의 기본기를 바탕으로, 훈련의 강도와 집중도를 높여 나갑니다.

- 10~20km 빌드업 조깅
- 지속주 훈련, 변속주 훈련
- 야소 800(Yasso 800) 훈련

수요일과 일요일은 필수 회복일로 유지하고, 강도 높은 주간 훈련 시에는 금요일을 추가 회복일로 설정합니다.

7~10주차 마라톤 경주 지향 단계

이 시기는 레이스 페이스보다 약간 빠른 속도로 훈련해 '여유 스피드'를 확보하는 것이 핵심입니다. 유·무산소 계통이 함께 작용하는 리듀스 템포런, 짧은 인터벌 훈련이 포함됩니다.

- 실전 도로에서 거리주 훈련(한강변, 포장 도로 등)
- 5:00 또는 4:30 목표: 주간 총 40~60km
- 4:00 또는 3:30 목표: 주간 총 60~80km
- 3:00 목표: 주간 총 80~100km

10주차 주말에는 21.0975킬로미터 하프 마라톤을 실전처럼 수행합니다. 목표 기록별로 설정된 타임 트라이얼은 다음과 같습니다. 이 시기에는 자신이 목표로 하는 레이스 페이스에 익숙해지고, 남은 테이퍼링 구간에 대비해야 합니다.

풀코스 목표	하프 타임 트라이얼 목표
5:00:00	2:25:00
4:30:00	2:10:00
4:00:00	1:55:00
3:30:00	1:40:00
3:00:00	1:25:00

11~12주차 테이퍼링 및 컨디셔닝 단계

12주 훈련의 마지막 2주는 테이퍼링과 컨디셔닝 기간입니다. 주간 러닝 거리는 서서히 10퍼센트씩 줄이며, 훈련량보다는 세부 기술과 회복 중심으로 전환합니다.

- 짧은 인터벌 훈련(고강도)

- 15km 지속주(완주 페이스보다 약간 빠르게)
- 탄수화물 저장을 위한 식이요법
- 레이스 이미지 트레이닝

마지막 주는 페이스 체크와 컨디션 조절에 집중하고, 대회 당일에는 스스로 설정한 목표 페이스를 믿고 자신감 있게 레이스에 임합니다.

다음에 나오는 계획표에 따라 훈련해 보세요!

- 실제 러너들을 오랫동안 코칭하면서 가장 효과적이었던 훈련 프로그램을 적용했습니다.
- 훈련은 번호순으로 진행합니다.
- 훈련 전에는 동적 스트레칭을, 훈련 후에는 정적 스트레칭을 진행하세요.
- 권장 페이스는 괄호에 적은 권장 페이스를 참고하세요. →(700)은 1킬로미터당 7분 페이스로 달린다는 뜻입니다.

훈련 시 주의하세요

모든 훈련 프로그램에 공통되는 주의사항은 '몸이 보내는 작은 이상 신호를 절대 무시하지 않는 것'입니다. 미세한 통증이나 과도한 피로감이 느껴질 경우, 즉시 훈련 강도를 낮추고 충분히 휴식을 취해야 합니다. 또한, 훈련 일정 변경이 불가피할 때는 반드시 핵심 세션(장거리 러닝, 인터벌, 템포런)을 우선순위에 두고, 나머지 훈련은 회복주 또는 실내 사이클, 수영 등 크로스 트레이닝으로 유연하게 대체하세요. 이 가이드에서 제시한 체계적인 훈련 계획은 나의 몸 상태와 라이프스타일에 맞게 조절하여 자신에게 맞는 '맞춤형 훈련 프로그램'으로 실천해야 효과가 있습니다. 부상 없이 꾸준히 러닝을 이어 나간다면 뜻이 있는 러너는 누구든지 풀코스 마라톤도 완주까지 안전하게 달성할 수 있을 것입니다.

풀코스 마라톤 완주를 위한 12주 훈련 계획표(▶5:00 목표)

주차	요일	훈련 내용	주차	요일	훈련 내용
1주	월	① 스킵운동 1set ② 가벼운조깅 30분(720~730) ③ 코어운동 1set	2주	월	① 스킵운동 1set ② 가벼운 조깅 40분(720~730), 100m 질주 2회(전력의 70%) ③ 코어운동 1set
	화	① 워밍업 20분(720~730) ② 계단운동 2set ③ 쿨다운 10분(730)		화	① 워밍업 20분(730~740) ② 타임파틀렉(up 1분+down 3분) 4회(up 1분: 630/down 4분: 730) ③ 쿨다운 10분(730)
	수	휴식		수	휴식
	목	① 피치운동 1set ② 8km LSD 훈련(720~730)		목	① 피치운동 1set ② 13km LSD 훈련(720~730)
	금	휴식		금	휴식
	토	① 워밍업 조깅 10분(720~730) ② 서킷트레이닝 2set(20초+20초), 세트 간 휴식 5분 ③ 쿨다운 10분(700)		토	① 복합저항성운동 1set ② 템포런 2000m 4set(1~2set 710/3~4set 700), 세트 간 휴식 4분 ③ 쿨다운 10분(730)
	일	휴식 주간거리 28km		일	휴식 주간거리 40km
3주	월	① 피치운동 1set ② 가벼운 조깅 40분(720~730), 100m 질주 2회(전력의 70%) ③ 코어운동 1set	4주	월	① 피치운동 1set ② 가벼운 조깅 60분(720~730), 100m 질주 2회(전력의 70%) ③ 코어운동 1set
	화	① 워밍업 20분(730~740) ② 힐트레이닝(200m+200m) 8회×2set(1set: 200m 70초, 200m 110초/2set: 200m 66초, 200m 110초), 세트 간 휴식 5분 ③ 쿨다운 10분(730)		화	① 밸런스운동 1set ② 10km 빌드업 조깅(2km+2km+2km+2km+2km)(740/730/720/710/700)
	수	휴식		수	휴식
	목	① 밸런스운동 1set ② 110분 시간주(720~730)		목	① 시간주 90분(720~730)
	금	휴식		금	휴식
	토	① 워밍업 20분(730~740) ② 서킷트레이닝 2set(20초+20초), 세트 간 휴식 5분 ③ 쿨다운 10분(730)		토	① 워밍업 20분(730~740) ② 변속주 12000m(100m+100m)(up: 100m 30초/down: 100m 50초) ③ 쿨다운 10분(730)
	일	휴식 주간거리 40km		일	휴식 주간거리 55km / **월간거리 163km**
5주	월	① 스킵운동 1set ② 가벼운 조깅 60분(720~730), 100m 질주 2회(전력의 70%) ③ 코어운동 1set	6주	월	① 밸런스운동 1set ② 가벼운 조깅 60분(720~730), 100m 질주 2회(전력의 70%) ③ 코어운동 1set
	화	① 워밍업 30분(730~740) ② 계단운동 3set ③ 쿨다운 10분(730)		화	① 스킵운동 2set ② 12km 빌드업 조깅(4km+4km+2km+2km)(740/730/720/710)
	수	휴식		수	휴식
	목	① 워밍업 20분(730~740) ② 힐트레이닝(200m+200m) 8회×2set(1set: 200m 70초, 200m 110초/2set: 200m 66초, 200m 110초), 세트 간 휴식 5분 ③ 쿨다운 10분(730)		목	① 워밍업 20분(730~740) ② 6km 지속주 2set(1set: 700/2set : 650), 세트 간 휴식 10분 ③ 쿨다운 10분(730)
	금	휴식		금	휴식
	토	① 워밍업 20분(730~740) ② 16km 지속주(10km+6km)(700/650) ③ 쿨다운 10분(730)		토	① 워밍업 20분(730~740) ② 야소 800m 8회(800m: 5분/400m: 4분) ③ 쿨다운 10분(730)
	일	휴식 주간거리 50km		일	휴식 주간거리 55km

주차	요일	훈련 내용	주차	요일	훈련 내용
7주	월	① 스킵운동 1set ② 가벼운 조깅 70분(720~730), 100m 질주 3회(전력의 70%) ③ 코어운동 2set	8주	월	① 밸런스운동 1set ② 가벼운 조깅 70분(720~730), 100m 질주 3회(전력의 70%) ③ 코어운동 2set
	화	① 피치운동 2set ② 14km 빌드업 조깅(5km+5km+2km+2km)(740/730/720/710)		화	① 스킵운동 1set ② 120분 시간주(720~730)
	수	휴식		수	휴식
	목	① 워밍업 20분(730~740) ② 인터벌 400m+200m 8회 X2set(1set: 400m 144초, 200m 110초/2set: 400m 140초, 200m 110초), 세트 간 휴식 5분 ③ 쿨다운 10분(730)		목	① 워밍업 20분(730~740) ② 인터벌 1000m+200m 4회 X2set(1set: 1000m 640, 200m 110초/2set: 1000m 630, 200m 110초), 세트 간 휴식 5분 ③ 쿨다운 10분(730)
	금	휴식		금	휴식
	토	① 워밍업 20분(730~740) ② 템포런 2000m 5set(1~3set: 640/4~5set: 620), 세트 간 휴식 5분 ③ 쿨다운 10분(730)		토	① 워밍업 20분(730~740) ② 30km 거리주(10km+10km+5km+5km)(730/720/710/700/650) ③ 쿨다운 10분(730)
	일	휴식 주간거리 55km		일	휴식 주간거리 80km / **월간거리 240km**
9주	월	① 피치운동 1set ② 가벼운 조깅 70분(720~730), 100m 질주 3회(전력의 70%) ③ 코어운동 3set	10주	월	① 스킵운동 1set ② 가벼운 조깅 60분(720~730), 100m 질주 3회(전력의 70%) ③ 코어운동 2set
	화	① 워밍업 20분(730~740) ② 리듀스템포런(5km+4km+2km+1km)(640/630/620/600), 세트 간 휴식 5분, 4분, 3분 ③ 쿨다운 10분(730)		화	휴식
	수	휴식		수	① 워밍업 20분(730~740) ② 12km 지속주(10km+2km)(650/640) ③ 쿨다운 10분(730)
	목	① 20km 장거리 조깅(720~730)		목	휴식
	금	휴식		금	① 워밍업 30분(730~740) ② 1000m 러닝 1set(620) ③ 쿨다운 10분(730)
	토	① 워밍업 20분(730~740) ② 인터벌 300m+100m 8회 (300m 108초/100m 52초), 템포런 2000m(640), 세트 간 휴식 5분 ③ 쿨다운 10분(730)		토	**하프마라톤 출전** or **타임트라이얼** (목표기록 2시간 25분)
	일	휴식 주간거리 60km		일	휴식 주간거리 60km
11주	월	① 피치운동 1set ② 가벼운 조깅 50분(720~730), 100m 질주 3회(전력의 70%)	12주	월	① 밸런스운동 1set ② 가벼운 조깅 40분(720~730), 100m 질주 3회(전력의 70%)
	화	① 워밍업 20분(730~740) ② 인터벌 200m+200m 12회(up: 200m 70초/down: 200m 110초) ③ 쿨다운 10분(730)		화	휴식
	수	휴식		수	① 워밍업 30분(730~740) ② 템포런 2000m 1회(630, 13분 이내) ③ 쿨다운 10분(730)
	목	① 스킵운동 1set ② 가벼운 조깅 60분(720~730), 100m 질주 3회(전력의 70%)		목	① 가벼운 조깅 30분(720~730)
	금	휴식		금	휴식
	토	① 워밍업 10분(730~740) ② 15km 지속주(10km+5km)(650/640) ③ 쿨다운 10분(730)		토	① 워밍업 30분(730~740) ② 1000m 러닝 1set(620) ③ 쿨다운 10분(730)
	일	휴식 주간거리 50km		일	**풀코스 마라톤 출전** 주간거리 70km / **월간거리 250km**

풀코스 마라톤 완주를 위한 12주 훈련 계획표(▶4:30 목표)

주차	요일	훈련 내용	주차	요일	훈련 내용
1주	월	① 스킵운동 1set ② 가벼운 조깅 40분(650~700) ③ 코어운동 1set	2주	월	① 스킵운동 1set ② 가벼운 조깅 50분(650~700), 100m 질주 2회(전력의 70%) ③ 코어운동 1set
	화	① 워밍업 30분(650~700) ② 계단운동 3set ③ 쿨다운 10분(700)		화	① 워밍업 20분(650~700) ② 타임파틀렉(up 1분down 4분) 6회(up 1분: 600/down 4분: 700) ③ 쿨다운 10분(700)
	수	휴식		수	휴식
	목	① 피치운동 1set ② 12km LSD 훈련(640~650)		목	① 피치운동 1set ② 18km LSD 훈련(640~650)
	금	휴식		금	휴식
	토	① 워밍업 20분(650~700) ② 서킷트레이닝 2set(20초+20초), 세트 간 휴식 5분 ③ 쿨다운 10분(700)		토	① 복합저항성운동 1set ② 12km 지속주(5km+5km+2km) (640/630/620) ③ 쿨다운 10분(700)
	일	휴식 주간거리 40km		일	휴식 주간거리 55km

주차	요일	훈련 내용	주차	요일	훈련 내용
3주	월	① 피치운동 1set ② 가벼운 조깅 60분(650~700), 100m 질주 2회(전력의 70%) ③ 코어운동 1set	4주	월	① 피치운동 1set ② 가벼운 조깅 60분(650~700), 100m 질주 2회(전력의 70%) ③ 코어운동 1set
	화	① 워밍업 20분(650~700) ② 힐트레이닝(200m+200m) 8회X2set(1set: 200m 66초, 200m 110초/2set: 200m 62초, 200m 110초), 세트 간 휴식 5분 ③ 쿨다운 10분(700)		화	① 밸런스운동 1set ② 15km 빌드업 조깅(5km+5km+3km+2km) (700/650/640/630)
	수	휴식		수	휴식
	목	① 밸런스운동 1set ② 110분 시간주(650~700)		목	① 시간주 120분(640~650)
	금	① 피치운동 1set ② 가벼운 조깅 50분(650~700) ③ 코어운동 1set		금	휴식
	토	① 워밍업 20분(650~700) ② 서킷트레이닝 2set(20초+20초), 세트 간 휴식 5분 ③ 쿨다운 10분(700)		토	① 워밍업 20분(650~700) ② 변속주 18000m(100m+100m) (up: 100m 26초/down: 100m 46초) ③ 쿨다운 10분(700)
	일	휴식 주간거리 65km		일	휴식 주간거리 75km / **월간거리 235km**

주차	요일	훈련 내용	주차	요일	훈련 내용
5주	월	① 스킵운동 1set ② 가벼운 조깅 70분(650~700), 100m 질주 3회(전력의 70%) ③ 코어운동 2set	6주	월	① 밸런스운동 1set ② 가벼운 조깅 70분(650~700), 100m 질주 3회(전력의 70%) ③ 코어운동 2set
	화	① 워밍업 30분(650~700) ② 계단운동 3set ③ 쿨다운 10분(700)		화	① 스킵운동 2set ② 16km 빌드업 조깅(5km+5km+3km+3km) (700/650/640/630)
	수	휴식		수	휴식
	목	① 워밍업 20분(650~700) ② 힐트레이닝(200m+200m) 10회X2set(1set: 200m 66초, 200m 110초/2set: 200m 62초, 200m 110초), 세트 간 휴식 5분 ③ 쿨다운 10분(700)		목	① 워밍업 20분(650~700) ② 8km 지속주 2set(1set: 640/2set: 630), 세트 간 휴식 10분 ③ 쿨다운 10분(700)
	금	휴식		금	① 피치운동 1set ② 가벼운 조깅 50분(650~700) ③ 코어운동 2set
	토	① 워밍업 20분(650~700) ② 18km 지속주(10km+8km) (630/620) ③ 쿨다운 10분(700)		토	① 워밍업 20분(650~700) ② 야소 800m 8회(800m: 4분 30초/400m: 4분) ③ 쿨다운 10분(700)
	일	휴식 주간거리 60km		일	휴식 주간거리 70km

주차	요일	훈련 내용	주차	요일	훈련 내용
7주	월	① 스킵운동 1set ② 가벼운 조깅 70분(650~700), 100m 질주 3회(전력의 70%) ③ 코어운동 2set	8주	월	① 밸런스운동 1set ② 가벼운 조깅 70분(650~700), 100m 질주 3회(전력의 70%) ③ 코어운동 2set
	화	① 피치운동 2set ② 18km 빌드업 조깅(5km+5km+5km+3km)(700/650/640/630)		화	① 스킵운동 2set ② 120분 시간주(640~700)
	수	휴식		수	휴식
	목	① 워밍업 20분(650~700) ② 인터벌 400m+200m 8회 X2set(1set: 400m 136초, 200m 110초/2set: 400m 132초, 200m 110초), 세트 간 휴식 5분 ③ 쿨다운 10분(700)		목	① 워밍업 20분(650~700) ② 인터벌 1000m+200m 5회 X2set(1set: 1000m 610, 200m 100초/2set: 1000m 600, 200m 100초), 세트 간 휴식 5분 ③ 쿨다운 10분(700)
	금	① 피치운동 2set ② 가벼운 조깅 50분(650~700) ③ 코어운동 2set		금	휴식
	토	① 워밍업 20분(650~700) ② 템포런 5000m 3set(1set: 630/2set: 620/3set: 610), 세트 간 휴식 5분 ③ 쿨다운 10분(700)		토	① 워밍업 20분(650~700) ② 30km 거리주(10km+10km+5km+5km)(650~640/630/620/610) ③ 쿨다운 10분(700)
	일	휴식 주간거리 72km		일	휴식 주간거리 90km / **월간거리 290km**

주차	요일	훈련 내용	주차	요일	훈련 내용
9주	월	① 피치운동 1set ② 가벼운 조깅 70분(650~700), 100m 질주 3회(전력의 70%) ③ 코어운동 2set	10주	월	① 스킵운동 1set ② 가벼운 조깅 60분(650~700), 100m 질주 3회(전력의 70%) ③ 코어운동 2set
	화	① 워밍업 20분(650~700) ② 리듀스템포런(5km+4km+2km+1km)(600/550/540/530), 세트 간 휴식 5분, 4분, 3분 ③ 쿨다운 10분(700)		화	휴식
	수	휴식		수	① 워밍업 20분(650~700) ② 12km 지속주(10km+2km)(630/620) ③ 쿨다운 10분(700)
	목	① 22km 장거리 조깅(640~700)		목	휴식
	금	휴식		금	① 워밍업 30분(650~700) ② 1000m 러닝 1set(540) ③ 쿨다운 10분(700)
	토	① 워밍업 20분(650~700) ② 인터벌 300m+100m 10회(300m 102초/100m 52초), 템포런 3000m(610), 세트 간 휴식 5분 ③ 쿨다운 10분(700)		토	**하프마라톤 출전 or 타임트라이얼** (목표기록 2시간 10분)
	일	휴식 주간거리 75km		일	휴식 주간거리 70km

주차	요일	훈련 내용	주차	요일	훈련 내용
11주	월	① 피치운동 1set ② 가벼운 조깅 50분(650~700), 100m 질주 3회(전력의 70%)	12주	월	① 가벼운 조깅 40분(650~700), 100m 질주 3회(전력의 70%)
	화	① 워밍업 20분(650~700) ② 인터벌 200m+200m 20회(up: 200m 60초/down: 200m 110초) ③ 쿨다운 10분(700)		화	휴식
	수	휴식		수	① 워밍업 30분(650~700) ② 템포런 3000m 1회(600, 18분 이내) ③ 쿨다운 10분(700)
	목	① 스킵운동 1set ② 가벼운 조깅 60분(650~700), 100m 질주 3회(전력의 70%)		목	① 가벼운 조깅 40분(650~700), 100m 질주 3회(전력의 70%)
	금	휴식		금	휴식
	토	① 워밍업 20분(650~700) ② 15km 지속주(10km+5km)(610/600) ③ 쿨다운 10분(700)		토	① 워밍업 30분(650~700) ② 1000m 러닝 1set(540) ③ 쿨다운 10분(700)
	일	휴식 주간거리 60km		일	**풀코스 마라톤 출전** 주간거리 80km / **월간거리 285km**

풀코스 마라톤 완주를 위한 12주 훈련 계획표(▶4:00 목표)

주차	요일	훈련 내용	주차	요일	훈련 내용
1주	월	① 스킵운동 1set ② 가벼운 조깅 50분(620~640), 100m 질주 2회(전력의 70%) ③ 코어운동 1set	2주	월	① 스킵운동 1set ② 가벼운 조깅 50분(620~640), 100m 질주 2회(전력의 70%) ③ 코어운동 1set
	화	① 워밍업 40분(620~640) ② 계단운동 3set ③ 쿨다운 10분(630)		화	① 워밍업 20분(620~640) ② 타임파틀렉(up 1분+down 4분) 8회(up 1분: 530/down 4분: 630) ③ 쿨다운 10분(630)
	수	휴식		수	휴식
	목	① 피치운동 1set ② 15km LSD 훈련(620~640)		목	① 피치운동 1set ② 20km LSD 훈련(620~640)
	금	① 스킵운동 1set ② 가벼운 조깅 50분(620~640) ③ 코어운동 1set		금	① 밸런스운동 1set ② 가벼운 조깅 40분(620~640) ③ 코어운동 1set
	토	① 워밍업 20분(620~640) ② 서킷트레이닝 2set(20초+20초), 세트 간 휴식 5분 ③ 쿨다운 10분(630)		토	① 복합저항성운동 1set ② 12km 지속주(5km+5km+2km)(600/550/540)▶ ③ 쿨다운 10분(630)
	일	휴식 주간거리 65km		일	휴식 주간거리 70km
3주	월	① 피치운동 1set ② 가벼운 조깅 60분(620~640), 100m 질주 2회(전력의 70%) ③ 코어운동 1set	4주	월	① 피치운동 1set ② 가벼운 조깅 60분(620~640), 100m 질주 2회(전력의 70%) ③ 코어운동 1set
	화	① 워밍업 20분(620~640) ② 힐트레이닝(200m+200m) 10회X2set(1set: 200m 60초, 200m 100초/2set: 200m 56초, 200m 100초), 세트 간 휴식 5분 ③ 쿨다운 10분(630)		화	① 밸런스운동 1set ② 16km 빌드업 조깅(5km+5km+3km+3km)(630/620/610/600)
	수	휴식		수	휴식
	목	① 밸런스운동 1set ② 120분 시간주(620~640)		목	① 시간주 120분(620~640)
	금	① 피치운동 1set 가벼운 조깅 50분(620~640) ③ 코어운동 1set		금	휴식
	토	① 워밍업 20분(620~640) ② 서킷트레이닝 3set(20초+20초), 세트 간 휴식 5분 ③ 쿨다운 10분(630)		토	① 워밍업 20분(620~640) ② 변속주 20000m(100m+100m)(up: 100m 24초/down: 100m 44초) ③ 쿨다운 10분(630)
	일	휴식 주간거리 70km		일	휴식 주간거리 80km / **월간거리 285km**
5주	월	① 스킵운동 1set ② 가벼운 조깅 70분(620~640), 100m 질주 3회(전력의 70%) ③ 코어운동 2set	6주	월	① 밸런스운동 1set ② 가벼운 조깅 70분(620~640), 100m 질주 3회(전력의 70%) ③ 코어운동 2set
	화	① 워밍업 30분(620~640) ② 계단운동 5set ③ 쿨다운 10분(630)		화	① 스킵운동 2set ② 18km 빌드업 조깅(5km+5km+5km+3km)(630/620/610/600)
	수	휴식		수	휴식
	목	① 워밍업 20분(620~640) ② 힐트레이닝(200m+200m) 10회X2set(1set: 200m 60초, 200m 100초/2set: 200m 56초, 200m 100초), 세트 간 휴식 5분 ③ 쿨다운 10분(630)		목	① 워밍업 20분(620~640) ② 8km 지속주 2set(1set: 600/2set: 550), 세트 간 휴식 10분
	금	휴식		금	① 피치운동 1set ② 가벼운 조깅 60분(620~640) ③ 코어운동 2set
	토	① 워밍업 20분(620~630) ② 18km 지속주(10km+8km)(550/540) ③ 쿨다운 10분(630)		토	① 워밍업 20분(620~640) ② 야소 800m 8회(800m: 4분/400m: 4분) ③ 쿨다운 10분(630)
	일	휴식 주간거리 65km		일	휴식 주간거리 85km

주차	요일	훈련 내용
7주	월	① 밸런스운동 1set ② 가벼운 조깅 70분(620~640), 100m 질주 3회(전력의 70%) ③ 코어운동 2set
	화	① 피치운동 2set ② 20km 빌드업 조깅(5km+5km+5km+5km)(630/620/610/600)
	수	휴식
	목	① 워밍업 20분(620~640) ② 인터벌 400m+200m 10회 X2set(1set: 400m 110초, 200m 100초/2set: 400m 108초, 200m 100초), 세트 간 휴식 5분
	금	① 피치운동 2set ② 가벼운 조깅 60분(620~640) ③ 코어운동 2set
	토	① 워밍업 20분(620~640) ② 템포런 5000m 3set(1set: 600 /2set: 550/3set: 540), 세트 간 휴식 5분 ③ 쿨다운 10분(630)
	일	휴식 주간거리 90km

주차	요일	훈련 내용
8주	월	① 밸런스운동 1set ② 가벼운 조깅 70분(620~640), 100m 질주 3회(전력의 70%) ③ 코어운동 2set
	화	① 스킵운동 2set ② 130분 시간주(620~640)
	수	휴식
	목	① 워밍업 20분(620~640) ② 인터벌 1000m+200m 6회 X2set(1set: 1000m 530, 200m 100초/2set: 1000m 520, 200m 100초), 세트 간 휴식 5분 ③ 쿨다운 10분(630)
	금	휴식
	토	① 워밍업 10분(620~640) ② 30km 거리주(10km+10km+5km+5km)(620/620/610/600) ③ 쿨다운 10분(630)
	일	휴식 주간거리 90km / **월간거리 330km**

주차	요일	훈련 내용
9주	월	① 피치운동 1set ② 가벼운 조깅 80분(620~640), 100m 질주 3회(전력의 70%) ③ 코어운동 2set
	화	① 워밍업 20분(620~640) ② 리듀스템포런(5km+4km+2km+1km)(530/520/510/500), 세트 간 휴식 5분, 4분, 3분 ③ 쿨다운 10분(630)
	수	휴식
	목	① 23km 장거리 조깅(620~640)
	금	휴식
	토	① 워밍업 20분(620~640) ② 인터벌 300m+100m 12회(300m 85초/100m 50초), 템포런 3000m(530), 세트 간 휴식 5분 ③ 쿨다운 10분(630)
	일	휴식 주간거리 70km

주차	요일	훈련 내용
10주	월	① 스킵운동 1set ② 가벼운 조깅 70분(620~640), 100m 질주 3회(전력의 70%) ③ 코어운동 2set
	화	휴식
	수	① 워밍업 10분(620~640) ② 12km 지속주(4km+4km+4km)(600/540/530) ③ 쿨다운 10분(630)
	목	휴식
	금	① 워밍업 30분(620~640) ② 1000m 러닝 1set(510) ③ 쿨다운 10분(630)
	토	**하프마라톤 출전** or **타임트라이얼** (목표기록 1시간 55분)
	일	휴식 주간거리 70km

주차	요일	훈련 내용
11주	월	① 피치운동 1set ② 가벼운 조깅 60분(620~640), 100m 질주 3회(전력의 70%)
	화	① 워밍업 20분(620~640) ② 인터벌 200m+200m 20회(up: 200m 56초/down: 200m 100초) ③ 쿨다운 10분(630)
	수	휴식
	목	① 스킵운동 1set ② 가벼운 조깅 60분(620~640), 100m 질주 3회(전력의 70%)
	금	휴식
	토	① 워밍업 20분(620~640) ② 15km 지속주(10km+5km)(540/530) ③ 쿨다운 10분(630)
	일	휴식 주간거리 60km

주차	요일	훈련 내용
12주	월	① 가벼운 조깅 50분(620~640), 100m 질주 3회(전력의 70%)
	화	휴식
	수	① 워밍업 30분(620~640) ② 템포런 3000m 1회(520, 16분 이내) ③ 쿨다운 10분(630)
	목	① 가벼운 조깅 40분(620~640), 100m 질주 3회(전력의 70%)
	금	휴식
	토	① 워밍업 30분(620~640) ② 1000m 러닝 1set(510) ③ 쿨다운 10분(630)
	일	**풀코스 마라톤 출전** 주간거리 80km / **월간거리 285km**

풀코스 마라톤 완주를 위한 12주 훈련 계획표(▶3:30 목표)

주차	요일	훈련 내용	주차	요일	훈련 내용
1주	월	① 스킵운동 1set ② 가벼운 조깅 60분(540~600), 100m 질주 2회 (전력의 70%) ③ 코어운동 1set	2주	월	① 스킵운동 1set ② 가벼운 조깅 60분(540~600), 100m 질주 2회(전력의 70%) ③ 코어운동 1set
	화	① 워밍업 40분(540~600) ② 계단운동 3set ③ 쿨다운 10분(600)		화	① 워밍업 20분(540~600) ② 타임파틀렉(up 1분+down 4분) 10회(up 1분: 440/down 4분: 540) ③ 쿨다운 10분(600)
	수	휴식		수	휴식
	목	① 피치운동 1set ② 17km LSD 훈련(540~600)		목	① 피치운동 1set ② 22km LSD 훈련(540~600)
	금	① 스킵운동 1set ② 가벼운 조깅 60분(540~600) ③ 코어운동 1set		금	① 밸런스운동 1set ② 가벼운 조깅 40분(540~600) ③ 코어운동 1set
	토	① 워밍업 20분(540~600) ② 서킷트레이닝 3set(30초+20초), 세트 간 휴식 5분 ③ 쿨다운 10분(600)		토	① 복합저항성운동 1set ② 16km 지속주(6km+5km+5km)(520/510/500)▶ 쿨다운 10분(600)
	일	휴식 주간거리 70km		일	휴식 주간거리 80km
3주	월	① 피치운동 1set ② 가벼운 조깅 70분(540~600), 100m 질주 2회(전력의 70%) ③ 코어운동 1set	4주	월	① 피치운동 1set ② 가벼운 조깅 70분(540~600), 100m 질주 2회(전력의 70%) ③ 코어운동 1set
	화	① 워밍업 20분(540~600) ② 힐트레이닝(200m+200m) 10회X2set(1set: 200m 54초, 200m 100초/2set: 200m 52초, 200m 100초), 세트 간 휴식 5분 ③ 쿨다운 10분(600)		화	① 밸런스운동 1set ② 16km 빌드업 조깅(5km+5km+3km+3km)(600/550/540/530)
	수	휴식		수	휴식
	목	① 밸런스운동 1set ② 120분 시간주(540~600)		목	① 시간주 120분(540~600)
	금	① 피치운동 1set ② 가벼운 조깅 60분(540~600) ③ 코어운동 1set		금	휴식
	토	① 워밍업 20분(540~600) ② 서킷트레이닝 3set(20초+20초), 세트 간 휴식 5분 ③ 쿨다운 10분(600)		토	① 워밍업 20분(540~600) ② 변속주 26000m(100m+100m)(up: 100m 22초/down: 100m 42초) ③ 쿨다운 10분(600)
	일	휴식 주간거리 75km		일	휴식 주간거리 85km **월간거리 310km**
5주	월	① 스킵운동 1set ② 가벼운 조깅 80분(540~600), 100m 질주 3회(전력의 70%) ③ 코어운동 2set	6주	월	① 밸런스운동 1set ② 가벼운 조깅 80분(540~600), 100m 질주 3회(전력의 70%) ③ 코어운동 2set
	화	① 워밍업 40분(540~600) ② 계단운동 5set ③ 쿨다운 10분(600)		화	① 스킵운동 2set ② 18km 빌드업 조깅(5km+5km+5km+3km)(600/550/540/530)
	수	휴식		수	휴식
	목	① 워밍업 20분(540~600) ② 힐트레이닝(200m+200m) 10회X2set(1set: 200m 54초, 200m 100초/2set: 200m 52초, 200m 100초), 세트 간 휴식 5분		목	① 워밍업 20분(540~600) ② 10km 지속주 2set(1set: 540/2set: 520), 세트 간 휴식 10분 ③ 쿨다운 10분(600)
	금	휴식		금	① 피치운동 1set ② 가벼운 조깅 60분(540~600) ③ 코어운동 2set
	토	① 워밍업 20분(540~600) ② 20km 지속주(10km+5km+5km)(520/510/500) ③ 쿨다운 10분(600)		토	① 워밍업 20분(540~600) ② 야소 800m 10회(800m: 3분 30초/400m: 3분 30초) ③ 쿨다운 10분(600)
	일	휴식 주간거리 70km		일	휴식 주간거리 95km

주차	요일	훈련 내용	주차	요일	훈련 내용
7주	일	① 밸런스운동 1set ② 가벼운 조깅 80분(540~600), 100m 질주 3회(전력의 70%) ③ 코어운동 2set	8주	월	① 밸런스운동 1set ② 가벼운 조깅 80분(540~600), 100m 질주 3회(전력의 70%) ③ 코어운동 2set
	화	① 피치운동 2set ② 20km 빌드업 조깅(5km+5km+5km+5km) (550/540/530/520)		화	① 스킵운동 2set ② 130분 시간주(540~600)
	수	휴식		수	휴식
	목	① 워밍업 20분(540~600) ② 인터벌 400m+200m 10회 X2set(1set: 400m 108초, 200m 90초/2set: 400m 104초, 200m 90초), 세트 간 휴식 5분 ③ 쿨다운 10분(600)		목	① 워밍업 20분(540~600) ② 인터벌 1000m+200m 6회 X2set(1set: 1000m 450, 200m 90초/2set: 1000m 440, 200m 100초), 세트 간 휴식 5분 ③ 쿨다운 10분(600)
	금	① 피치운동 2set ② 가벼운 조깅 60분(540~600) ③ 코어운동 2set		금	휴식
	토	① 워밍업 20분(540~600) ② 템포런 5000m 3set(1set: 520/2set: 510/3set: 500), 세트 간 휴식 5분 ③ 쿨다운 10분(600)		토	① 워밍업 10분(540~600) ② 35km 거리주(10km+10km+10km+5km)(550~540/530/520/500) ③ 쿨다운 10분(600)
	일	휴식 주간거리 95km		일	휴식 주간거리 95km / **월간거리 355km**
9주	월	① 피치운동 1set ② 가벼운 조깅 80분(540~600), 100m 질주 3회(전력의 70%) ③ 코어운동 2set	10주	월	① 스킵운동 1set ② 가벼운 조깅 70분(540~600), 100m 질주 3회(전력의 70%) ③ 코어운동 2set
	화	① 워밍업 20분(540~600) ② 리듀스템포런(5km+4km+2km+1km)(430/420/410/400), 세트 간 휴식 4분, 3분, 2분 ③ 쿨다운 10분(600)		화	휴식
	수	휴식		수	① 워밍업 20분(540~600) ② 12km 지속주(4km+4km+4km)(520/510/500) ③ 쿨다운 10분(600)
	목	① 25km 장거리 조깅(540~600)		목	휴식
	금	휴식		금	① 워밍업 30분(540~600) ② 1000m 러닝 1set(420) ③ 쿨다운 10분(600)
	토	① 워밍업 20분(540~600) ② 인터벌 300m+100m 15회(300m 81초/100m 44초), 템포런 3000m(450), 세트 간 휴식 5분 ③ 쿨다운 10분(600)		토	**하프마라톤 출전** or **타임트라이얼** (목표기록 1시간 40분)
	일	휴식 주간거리 75km		일	휴식 주간거리 70km
11주	월	① 피치운동 1set ② 가벼운 조깅 60분(540~600), 100m 질주 3회(전력의 70%)	12주	월	① 가벼운 조깅 50분(540~600), 100m 질주 3회(전력의 70%)
	화	① 워밍업 20분(540~600) ② 인터벌 200m+200m 20회(up: 200m 44초/down: 200m 90초) ③ 쿨다운 10분(600)		화	휴식
	수	휴식		수	① 워밍업 30분(540~600) ② 템포런 3000m 1회(430, 13분 30초 이내) ③ 쿨다운 10분(600)
	목	① 스킵운동 1set ② 가벼운 조깅 60분(540~600), 100m 질주 3회(전력의 70%)		목	① 가벼운 조깅 40분(540~600), 100m 질주 3회(전력의 70%)
	금	휴식		금	휴식
	토	① 워밍업 20분(540~600) ② 15km 지속주(10km+5km)(450/440) ③ 쿨다운 10분(600)		토	① 워밍업 30분(540~600) ② 1000m 러닝 1set(420) ③ 쿨다운 10분(600)
	일	휴식 주간거리 60km		일	**풀코스 마라톤 출전** 주간거리 85km / **월간거리 290km**

풀코스 마라톤 완주를 위한 12주 훈련 계획표(▶3:00 목표)

주차	요일	훈련 내용
1주	월	① 스킵운동 1set ② 가벼운 조깅 70분(500~520), 100m 질주 2회 (전력의 70%) ③ 코어운동 1set
	화	① 워밍업 40분(500~520) ② 계단운동 3set ③ 쿨다운 10분(530)
	수	휴식
	목	① 피치운동 1set ② 20km LSD 훈련(500~530)
	금	① 스킵운동 1set ② 가벼운 조깅 60분(500~520) ③ 코어운동 1set
	토	① 워밍업 20분(500~520) ② 서킷트레이닝 3set(30초+20초), 세트 간 휴식 5분 ③ 쿨다운 10분(530)
	일	휴식
		주간거리 70km
2주	월	① 스킵운동 1set ② 가벼운 조깅 70분(500~520), 100m 질주 2회(전력의 70%) ③ 코어운동 1set
	화	① 워밍업 20분(500~520) ② 타임파틀렉(up 1분+down 4분) 10회(up 1분: 350/down 4분: 450) ③ 쿨다운 10분(530)
	수	휴식
	목	① 피치운동 1set ② 25km LSD 훈련(500~530)
	금	① 밸런스운동 1set ② 가벼운 조깅 40분(500~520) ③ 코어운동 1set
	토	① 복합저항성운동 1set ② 16km 지속주(6km+5km+5km)(440/430/420)▶ ③ 쿨다운 10분(530)
	일	휴식
		주간거리 80km
3주	월	① 피치운동 1set ② 가벼운 조깅 70분(500~520), 100m 질주 2회(전력의 70%) ③ 코어운동 1set
	화	① 워밍업 20분(500~520) ② 힐트레이닝(200m+200m) 10회X2set(1set: 200m 45초, 200m 90초/2set: 200m 42초, 200m 90초), 세트 간 휴식 5분 ③ 쿨다운 10분(530)
	수	휴식
	목	① 밸런스운동 1set ② 130분 시간주(500~530)
	금	① 피치운동 1set ② 가벼운 조깅 60분(500~520) ③ 코어운동 1set
	토	① 워밍업 20분(500~520) ② 서킷트레이닝 3set(30초+20초), 세트 간 휴식 5분 ③ 쿨다운 10분(530)
	일	휴식
		주간거리 75km
4주	월	① 피치운동 1set ② 가벼운 조깅 70분(500~520), 100m 질주 2회(전력의 70%) ③ 코어운동 1set
	화	① 밸런스운동 1set ② 16km 빌드업 조깅(5km+5km+3km+3km)(510/500/450/430)
	수	휴식
	목	① 시간주 120분(450~520)
	금	휴식
	토	① 워밍업 20분(500~520) ② 변속주 26000m(100m+100m)(up: 100m 20초/down: 100m 40초) ③ 쿨다운 10분(530)
	일	휴식
		주간거리 85km / **월간거리 310km**
5주	월	① 스킵운동 1set ② 가벼운 조깅 80분(500~520), 100m 질주 3회(전력의 70%) ③ 코어운동 2set
	화	① 워밍업 40분(500~520) ② 계단운동 5set ③ 쿨다운 10분(530)
	수	휴식
	목	① 워밍업 20분(500~520) ② 힐트레이닝(200m+200m) 10회X2set(1set: 200m 45초, 200m 90초/2set: 200m 42초, 200m 90초), 세트 간 휴식 5분 ③ 쿨다운 10분(530)
	금	휴식
	토	① 워밍업 20분(500~520) ② 20km 지속주(10km+5km+5km)(440/430/420) ③ 쿨다운 10분(530)
	일	휴식
		주간거리 70km
6주	월	① 밸런스운동 1set ② 가벼운 조깅 80분(500~520), 100m 질주 3회(전력의 70%) ③ 코어운동 2set
	화	① 스킵운동 2set ② 18km 빌드업 조깅(5km+5km+5km+3km)(510/500/450/440)
	수	휴식
	목	① 워밍업 20분(500~520) ② 10km 지속주 2set(1set: 430/2set: 410), 세트 간 휴식 10분 ③ 쿨다운 10분(530)
	금	① 피치운동 1set ② 가벼운 조깅 60분(500~520) ③ 코어운동 2set
	토	① 워밍업 20분(500~520) ② 야소 800m 10회(800m: 3분/400m: 3분) ③ 쿨다운 10분(530)
	일	휴식
		주간거리 95km

주차	요일	훈련 내용	주차	요일	훈련 내용
7주	월	① 밸런스운동 1set ② 가벼운 조깅 80분(500~520), 100m 질주 3회(전력의 70%) ③ 코어운동 2set	8주	월	① 밸런스운동 1set ② 가벼운 조깅 80분(500~520), 100m 질주 3회(전력의 70%) ③ 코어운동 2set
	화	① 피치운동 2set ② 20km 빌드업 조깅(5km+5km+5km+5km) (510/500/450/440)		화	① 스킵운동 2set ② 140분 시간주(500~530)
	수	휴식		수	휴식
	목	① 워밍업 20분(500~520) ② 인터벌 400m+200m 10회 X2set(1set: 400m 88초, 200m 90초/2set: 400m 86초, 200m 90초), 세트 간 휴식 5분 ③ 쿨다운 10분(530)		목	① 워밍업 20분(500~520) ② 인터벌 1000m+200m 6회 X2set(1set: 1000m 400, 200m 90초/2set: 1000m 350, 200m 100초), 세트 간 휴식 5분 ③ 쿨다운 10분(530)
	금	① 피치운동 2set ② 가벼운 조깅 60분(500~520) ③ 코어운동 2set		금	휴식
	토	① 워밍업 20분(500~520) ② 템포런 5000m 3set(1set: 420/2set: 410/3set: 400), 세트 간 휴식 5분 ③ 쿨다운 10분(530)		토	① 워빙업 10분(500~520) ② 35km 거리주(10km+10km+10km+5km)(450/440/430/420) ③ 쿨다운 10분(530)
	일	휴식 주간거리 95km		일	휴식 주간거리 95km / **월간거리 355km**
9주	월	① 피치운동 1set ② 가벼운 조깅 80분(500~520), 100m 질주 3회(전력의 70%) ③ 코어운동 2set	10주	월	① 스킵운동 1set ② 가벼운 조깅 80분(500~520), 100m 질주 3회(전력의 70%) ③ 코어운동 2set
	화	① 워밍업 20분(500~520) ② 리듀스템포런(5km+4km+2km+1km)(420/400/350/330), 세트 간 휴식 4분, 3분, 2분 ③ 쿨다운 10분(530)		화	휴식
	수	휴식		수	① 워밍업 20분(500~520) ② 12km 지속주(4km+4km+4km) (420/410/400) ③ 쿨다운 10분(530)
	목	① 27km 장거리 조깅(450~510)		목	휴식
	금	휴식		금	① 워밍업 30분(500~520) ② 1000m 러닝 1set(340) ③ 쿨다운 10분(530)
	토	① 워밍업 20분(500~520) ② 인터벌 300m+100m 15회 (300m 64초/100m 40초), 템포런 3000m(350), 세트 간 휴식 5분 ③ 쿨다운 10분(530)		토	**하프마라톤 출전** or **타임트라이얼** (목표기록 1시간 25분)
	일	휴식 주간거리 75km		일	휴식 주간거리 70km
11주	월	① 피치운동 1set ② 가벼운 조깅 60분(500~520), 100m 질주 3회(전력의 70%)	12주	월	① 가벼운 조깅 50분(500~520), 100m 질주 3회(전력의 70%)
	화	① 워밍업 20분(500~520) ② 인터벌 200m+200m 20회(up: 200m 42초/down: 200m 90초) ③ 쿨다운 10분(530)		화	휴식
	수	휴식		수	① 워밍업 30분(440~500) ② 템포런 3000m 1회(345, 11분 15초 이내) ③ 쿨다운 10분(530)
	목	① 스킵운동 1set ② 가벼운 조깅 60분(500~520), 100m 질주 3회(전력의 70%)		목	① 가벼운 조깅 40분(500~520), 100m 질주 3회(전력의 70%)
	금	휴식		금	휴식
	토	① 워밍업 10분(500~520) ② 15km 지속주(10km+5km)(400/350) ③ 쿨다운 10분(530)		토	① 워밍업 30분(440~500) ② 1000m 러닝 1set(340) ③ 쿨다운 10분(530)
	일	휴식 주간거리 60km		일	**풀코스 마라톤 출전** 주간거리 85km / **월간거리 290km**

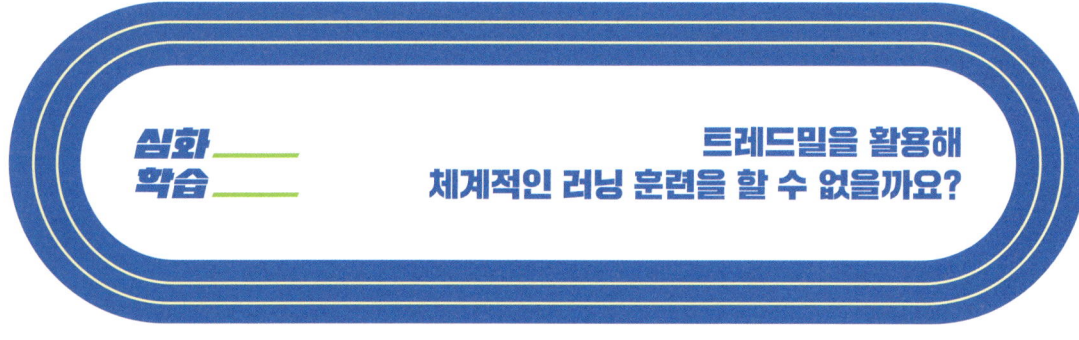

심화 학습 — 트레드밀을 활용해 체계적인 러닝 훈련을 할 수 없을까요?

러너라면 누구나 바깥 공기를 마시며 달리는 야외 러닝을 선호할 것입니다. 하지만 언제나 상쾌한 기분으로 야외에서 러닝하기란 쉽지 않습니다. 날씨가 좋지 않거나 미세먼지와 도심 교통체증이 훈련을 방해할 때도 있고, 바쁜 일상 속에서는 새벽이나 늦은 밤에 안전하게 달릴 수 있는 공간이 제한되기 때문입니다. 그렇다고 러닝을 포기할 수는 없습니다. 러너라면 언제 어디서든 달릴 수 있어야 하니까요. 그런 점에서 트레드밀은 단순한 보조 도구를 넘어 언제 어디서든 러닝을 도와주는 든든한 훈련 파트너가 될 수 있습니다.

트레드밀 활용의 장점

트레드밀 러닝은 야외 러닝과 분명한 차이가 있습니다. 바람도 없고, 지형 변화도 없으며, 벨트 위를 계속 달려야 하는 단조로움은 존재하죠. 하지만 러너의 목적에 맞게 트레드밀을 잘 활용하면 야외에서는 얻기 어려운 여러 장점을 누릴 수 있습니다. 대표적인 예로, 정확한 페이스 유지, 일정한 경사 설정, 날씨와 무관한 꾸준한 훈련 등이 있습니다. 실제로 국가대표 선수들 역시 시즌을 앞두고 있거나 날씨가 좋지 않을 때, 트레드밀 위에서 반복 훈련을 통해 페이스 감각을 익히고 일정한 환경에서 집중 훈련을 진행합니다. 이처럼 트레드밀은 초급 러너는 물론 고급 러너에게도 유용한 훈련 도구가 될 수 있습니다.

수준별 트레드밀 활용의 핵심

트레드밀을 효과적으로 활용하기 위해 가장 먼저 신경 써야 할 것은 올바른 사용법입니다. 많은 러너들이 손잡이를 잡거나 상체를 앞으로 숙이는 등 불안정한 자세로 달리는 경우가 많습니다. 하지만 트레드밀 위에서도 야외 러닝과 동일한 자세를 유지하는 것이 중요합니다. 시선은 정면을 향하고, 상체는 곧게 편 채, 팔은 자연스럽게 흔들어야 합니다.

또한 중요한 요소는 경사도 설정입니다. 트레드밀의 경사도를 0으로 설정하면 실제 도로에서 달리는 것보다 쉽게 느껴질 수 있기 때문에, 보통 1~2퍼센트 경사도를 기본값으로 설정하는 것이 좋습니다. 이 정도만 유지해도 야외 러닝에 가까운 훈련 효과를 얻을 수 있습니다.

초급 러너의 활용법

초급 러너는 처음부터 무리하게 달릴 필요가 없습니다. 가장 중요한 것은 트레드밀에 익숙해지는 것입니다. 처음에는 걷기와 달리기를 병행하는 방식으로 시작해 보세요. 예를 들어, 1분 달리고 2분 걷기를 반복하며 점차 러닝 시간을 늘려 갑니다. 4주차에는 5분 이상 연속으로 달리기를 목표로 삼는 것이 좋습니다. 이 시기의 핵심은 '속도'가 아니라 '습관'입니다. 하루 10분이라도 꾸준히 트레드밀 위에서 몸을 움직이는 것이 무엇보다 중요합니다. 작은 반복이 러닝의 기본 체력을 길러 주고 장기적인 성장으로 이어집니다.

중급 러너의 활용법

중급 러너에게 트레드밀은 정밀한 훈련 도구로 활용될 수 있습니다. 특히 페이스 러닝이나 인터벌 훈련을 적용하면 트레드밀의 장점을 극대화할 수 있죠. 야외에서는 일정한 속도를 유지하기가 어렵지만 트레드밀에서는 목표 페이스를 정확히 맞추며 훈련할 수 있습니다. 예를 들어, 목표 페이스를 설정해 5~10킬로미터를 지속주로 달리거나, 2분 빠르게 달리고 1분 회복하는 인터벌 훈련을 통해 심폐지구력을 효과적으로 향상시킬 수 있습니다. 이러한 훈련은 실제 레이스 후반에 체력을 안정적으로 유지하는 데 큰 도움이 됩니다.

고급 러너의 활용법

고급 러너에게 트레드밀은 더욱 정교한 훈련 도구가 될 수 있습니다. 오르막 경사도를 활용한 힐 트레이닝, 정밀한 VO_2max 훈련 등도 트레드밀에서 효과적으로 수행할 수 있으며, 마라톤을 준비하는 러너라면 LSD나 장거리 지속주 훈련도 가능합니다. 이러한 장거리 훈련은 마라톤 후반부의 체력 저하를 방지하고, 근지구력 향상에 큰 도움을 줍니다. 특히 레이스 페이스보다 약간 빠른 속도로 일정 시간을 달리는 템포런은 페이스 감각을 익히는 데 매우 효과적입니다.

트레드밀 훈련을 위해 알아야 할 기본사항

트레드밀을 올바르게 사용하면 부상을 예방하고 효율적인 러닝 훈련이 가능합니다. 특히 초급 러너라면 기계 조작법을 정확히 익히는 것이 매우 중요합니다.

트레드밀 사용 전 확인사항

- 기계의 전원과 손잡이, 발 디딤 공간의 위치를 확인합니다.
- 트레드밀 벨트 위에 올라서기 전, 속도가 0km/h인지 반드시 확인합니다.
- 긴급 정지 버튼(Stop)의 위치를 사전에 파악해 둡니다.
- 가벼운 워밍업 후 러닝을 시작합니다.

트레드밀 기본 기능 이해하기

- 속도(Speed): 러닝 속도를 조절하는 기능으로, 보통 0.1km/h 단위로 조정할 수 있습니다.
- 경사도(Incline): 지면 경사도를 조절하는 기능으로, 오르막 효과를 주어 근력 강화에 도움이 됩니다.
- 프리셋 프로그램(Preset Program): 속도와 경사도를 자동으로 조정해 주는 프로그램으로, 초급 러너부터 고급 러너까지 맞춤형 훈련을 할 수 있습니다.

올바른 트레드밀 자세

- 허리를 곧게 펴고 턱을 살짝 당긴 상태로 자연스러운 자세를 유지합니다.

- 손잡이는 균형 잡는 용도로만 사용하며, 달리는 동안에는 잡지 않습니다.
- 발 전체로 부드럽게 착지하고, 리듬감 있는 움직임을 유지합니다.
- 시선은 정면을 향하며 머리가 과도하게 앞으로 쏠리지 않도록 주의합니다.
- 팔은 자연스럽게 흔들며, 야외 러닝과 동일한 팔 스윙을 유지합니다.

실전! 초급 러너를 위한 트레드밀 훈련

트레드밀을 활용한 훈련은 야외 러닝과 거의 동일한 효과를 낼 수 있습니다. 초급 러너는 먼저 기본적인 달리기 감각을 익히고, 꾸준한 습관과 기초 체력을 만드는 데 집중하는 것이 중요합니다.

4주 트레드밀 러닝 프로그램

목표: 러닝 습관 형성 및 기초 유산소 체력 강화

주차	훈련 단계	구성
1주차	러닝 적응기	5분 걷기(4~5km/h) → (1분 달리기 + 2분 걷기) × 5세트 → 5분 쿨다운 걷기
2주차	지속력 키우기	5분 워밍업 걷기(5km/h) → (2분 달리기 + 1분 걷기) × 6세트 → 5분 쿨다운 걷기
3주차	거리 늘리기	5분 워밍업 걷기 → (3분 달리기 + 1분 걷기) × 7세트 → 5분 쿨다운 걷기
4주차	5km 도전 준비	5분 워밍업 걷기 → (5분 달리기 + 1분 걷기) × 5세트 → 5분 쿨다운 걷기

* TIP: 초반에는 트레드밀 속도를 7~8km/h로 설정하고, 주차별로 조금씩 올려 9~10km/h까지 올려 보세요.
  : 경사도는 1~2%로 설정하면 야외 러닝과 유사한 환경을 만들 수 있습니다.

실전! 중급 및 고급 러너를 위한 트레드밀 훈련법

이미 10킬로미터 이상을 무리 없이 완주할 수 있고, 30~60분 이상 일정한 페이스로 달릴 수 있는 러너에게도 트레드밀 훈련은 매우 효과적입니다. 이 단계의 러너는 기본적인 지구력과 체력은 물론, 페이스 조절 능력까지 갖추고 있기 때문에 단순 반복이 아닌 정교하고 체계적인 훈련이 필요합니다.

추천 훈련 유형 1 - 인터벌 훈련

- 400m~1km 구간을 자신의 5km 또는 10km 페이스보다 빠르게 달리기
- 800m 인터벌 예시: 800m 빠르게 달리기 → 400m 회복 조깅 반복
  (트레드밀은 속도 및 거리 조절이 정밀하기 때문에 인터벌 훈련의 효율성과 정확도를 극대화할 수 있습니다)

추천 훈련 유형 2 - 지속주 훈련

- 30~60분 또는 8~16km를 자신의 하프마라톤 또는 10km 페이스로 유지
- 젖산역치(LT) 향상 및 장거리 페이스 감각 훈련에 효과적
- 페이스 세부 조정이 가능해 실전 대비에 유리

중급 및 고급 러너는 트레드밀을 활용해 빠른 페이스 유지 능력 향상, 정확한 거리 기반의 인터벌 훈련, 지속주 훈련을 정밀하게 수행할 수 있습니다. 야외 훈련이 어렵거나 일정한 조건에서 훈련하고 싶은 날에는 트레드밀은 러닝 능력을 한 단계 끌어올리는 효율적이고 효과적인 도구가 될 수 있습니다.

트레드밀을 활용한 인터벌 트레이닝

목표: 심폐지구력 향상 및 스피드 증가	
구성	내용
워밍업	10분 조깅(8~10km/h)
본 훈련	(2분 빠르게[12~14km/h] + 1분 걷기[5km/h]) × 6~10세트
쿨다운	5분 걷기

* 이 훈련은 VO_2max(최대산소섭취량)를 향상시키고, 레이스 페이스를 유지할 수 있는 역치 능력을 키우는 데 효과적입니다.

PART 3
레벨업 러닝

일곱째
마당

러닝 보강 운동

27 러닝 퍼포먼스의 숨은 비밀

28 달리기에 꼭 필요한 전신 코어 강화 운동

29 러닝 감각을 향상시키는 밸런스 운동

30 부상 방지와 회복의 열쇠, 유연성 운동과 스트레칭

31 러닝 자세 교정을 위한 소도구 활용 보강 운동

32 크로스 트레이닝

27 러닝 퍼포먼스의 숨은 비밀

"왕관을 쓰려는 자, 그 무게를 견뎌라."

이 말은 트레이닝 관점에서도 깊은 울림을 줍니다. 더 빠른 속도, 더 높은 강도, 더 긴 시간, 더 먼 거리를 달리기 위해서는 그만큼 몸에 전달되는 부하를 견뎌 낼 수 있는 근력이 반드시 필요하기 때문입니다.

올림픽이나 아시안게임과 같은 대회 시즌, 단거리 선수와 마라톤 선수의 몸을 비교해 본 적이 있으신가요? 단거리 선수는 폭발적인 속도를 내기 위한 강한 근육과 단단한 체격을 갖추고 있으며, 마라톤 선수는 불필요한 지방과 근육은 최대한 줄이고 오로지 '달리기'에 필요한 근육만 남긴 효율적인 체형을 가지고 있습니다. 즉, 종목의 특성에 따라 신체에 가해지는 부하가 다르며, 그 부하를 견딜 수 있는 근력이 필수입니다.

러닝은 동일한 동작을 수천 번, 수만 번 반복하는 운동입니다. 이때 발목, 무릎 등 주요 관절에는 체중의 3배에서 5배까지 부하가 걸릴 수 있습니다(사람마다 차이는 있지만, 걷기의 경우에도 체중의 약 1.5~2배에 해당하는 부하가 전달됩니다). 이처럼 큰 부하를 견디지 못하면 자연스럽게 통증이 발생할 수 있습니다. 러닝으로 인해 발생할 수 있는 관절 통증은 적절한 보강 운동을 통해 상당 부분 예방하거나 완화할 수 있습니다. 물론 이미 통증이 있거나 러닝을 하지 않아도 불편함을 느끼는 경우라면 반드시 병원을 방문해 의사의 정확한 진단과 치료를 받는 것이 우선입니다.

러닝 속도와 보강 운동의 관계

러닝 속도가 빨라지고, 강도가 높아지며, 거리와 시간이 길어질수록 보강 운동은 '선택'이 아니라 '필수'가 됩니다. 예를 들어 1킬로미터를 7분 페이스로 달리는 것과 3분대 페이스로 달리는 경우는 몸에 가해지는 부하가 완전히 다릅니다. 달리고자 하는 페이스를 버틸 수 있는 근력을 만들어야만 러닝이 지속 가능하고, 그 러닝이 즐겁고 부상 없이 오래 유지될 수 있습니다.

또한 러닝 퍼포먼스는 체중의 영향을 크게 받는 운동입니다. 체중 감량이 병행될 경우, 러닝 효율이 더 높아질 수 있습니다. 아무리 가벼운 물건이라도 오래 들고 있으면 점점 무겁게 느껴지듯, 러닝에서도 일정 수준 이상의 강도나 시간이 주어지면 체력 소모는 빠르게 시작됩니다. 따라서 충분한 보강 운동을 통해 기본 근력을 유지하고, 러닝 중에도 이를 버텨낼 수 있는 힘을 기르는 것이 무엇보다 중요합니다.

보강 운동의 종류

러닝 중 내가 원하는 페이스를 몸이 감당할 수 있도록, 보강 운동을 통해 근력을 차근차근 키워 보시길 바랍니다. 보강 운동은 목적과 방식에 따라 다양한 유형으로 나뉘며, 대표적으로 다음 4가지가 있습니다.

잠깐만요

페이스에 따라 몸에 가해지는 부하는 어떻게 달라질까요?

예를 들어, 1킬로미터를 7분 페이스로 달리는 것과 3분 페이스로 달리는 것은 단순히 속도의 차이를 넘어서, 몸에 가해지는 물리적·생리적 부하가 완전히 다르게 나타납니다. 먼저, 착지 시 지면에서 오는 반작용 힘, 즉 지면반발력(Ground Reaction Force)은 속도가 빨라질수록 크게 증가합니다. 일반적인 조깅 속도인 7분 페이스(시속 약 8.6킬로미터)에서는 한 걸음마다 체중의 약 2배 정도의 충격이 발에 전달되지만, 3분 페이스(시속 약 20킬로미터)에서는 그 충격이 체중의 4~5배까지 증가할 수 있습니다. 이는 관절, 인대, 근육에 가해지는 부담이 단순히 '조금 더'가 아니라 2~3배 이상 커진다는 뜻입니다.

지근 섬유 비율이 높은 마라토너

소모되는 에너지도 크게 다릅니다. 7분 페이스는 분당 약 8~10kcal를 소비하지만, 3분 페이스에서는 분당 20~25kcal 이상을 소모합니다. 같은 거리, 같은 시간이라도 빠른 페이스일수록 더 많은 산소를 필요로 하고, 심박수도 높아지며, 심폐계에 가해지는 부하도 기하급수적으로 증가합니다.

근육의 사용 방식도 달라집니다. 느린 페이스에서는 주로 지근 섬유(slow-twitch fibers)가 중심이 되어 유산소 에너지를 사용하지만, 빠른 페이스에서는 속근 섬유(fast-twitch fibers)의 사용 비중이 늘어나 젖산 축적과 근육 피로를 더 빠르게 유발하게 됩니다. 즉, 같은 러닝이라도 페이스가 달라지면 에너지 시스템, 근육 작용, 회복 시간까지 전혀 달라지는 것입니다.

속근 섬유 비율이 높은 단거리 스프린터

코어 운동

코어는 상체와 하체를 연결하는 중심부로, 러닝 자세의 흔들림을 줄이고 체간 안정성을 높이는 데 매우 효과적입니다. 특히 장거리 러닝에서는 자세 붕괴를 막는 데 큰 도움이 됩니다.

밸런스 운동

러닝은 한 발로 균형을 잡으며 전진하는 동작의 반복입니다. 이때 좌우 밸런스와 근력의 균형이 매우 중요합니다. 밸런스 운동을 통해 착지 시 안정성을 높이고, 고관절의 컨트롤 능력을 기를 수 있습니다.

유연성 운동과 스트레칭

러닝은 전신을 사용하는 반복적 운동으로 근육과 관절 전반에 긴장과 피로를 유발할 수 있습니다. 유연성 운동은 상체와 하체를 포함한 전신의 근육과 인대의 가동 범위를 넓혀 움직임을 부드럽게 만들어 주고 부상 위험을 줄이는 데 효과적입니다. 특히 러닝 시 주요하게 쓰이는 햄스트링과 종아리, 고관절 주변뿐 아니라 허리와 어깨의 유연성까지 함께 향상시키면 효율적인 러닝 자세 유지와 피로 회복에 큰 도움이 됩니다.

미니 허들 운동

미니 허들은 리듬감과 발의 순발력을 향상시키는 데 탁월한 도구입니다. 짧은 간격의 허들을 넘으며 발의 반응 속도, 지면 접촉 시간 등을 훈련할 수 있고, 무릎 위치, 다리 회전, 팔치기 등 러닝 자세 교정에도 효과적입니다.

크로스 트레이닝

러닝에서 잘 사용하지 않는 움직임과 근육을 활용해 전신의 균형을 잡고 부상 위험을 줄이는 데 효과적입니다. 크로스 트레이닝에는 사이클(무릎 부담을 줄이면서 유산소 능력을 향상), 수영(관절 부담이 적고 회복 효과가 뛰어남), 요가·필라테스(유연성과 호흡 조절 능력 강화), 웨이트 트레이닝(하체와 코어 근력 향상→부하에 대한 저항력 강화) 등이 있습니다.

이러한 다양한 보강 운동을 러닝 훈련과 함께 병행한다면 러닝 능력뿐 아니라 부상 저항력과 회복력까지 자연스럽게 향상시킬 수 있습니다. 결국 잘 달리는 능력은 잘 버틸 수 있는 몸에서 시작됩니다.

잠깐만요

러너를 위한 보강 운동, 이렇게 기억하세요!

● **보강 운동은 훈련 전보다 훈련 후가 더 효과적입니다.**
보강 운동은 러닝 후 피로한 상태에서 실시하면 실전 조건과 유사해 효과가 더 큽니다. 단, 무리한 고강도 운동은 피하세요.

● **매일 하지 않아도 됩니다. 주 2~3회가 적당합니다.**
보강 운동은 하루 10~15분, 주 2~3회만 꾸준히 해도 충분합니다. 중요한 건 '지속성'입니다.

● **부위별로 나눠서 해 보세요.**
하루는 코어, 하루는 하체 위주로 나누면 부담 없이 루틴을 만들 수 있습니다.

● **러닝 전 스트레칭, 러닝 후 보강 운동 루틴으로!**
러닝 전에는 동적 스트레칭으로 몸을 풀고, 러닝 후에는 보강 운동으로 마무리하는 루틴을 만들어 보세요.

● **보강 운동은 '달리기를 위한 운동'입니다.**
무작정 근육을 키우는 것이 아니라, 러닝 동작을 버틸 수 있는 기능성 근력을 만드는 데 집중해야 합니다.

28. 달리기에 꼭 필요한 전신 코어 강화 운동

러너에게 코어 운동이 중요한 이유

러닝은 전신을 사용하는 유산소 운동이지만, 러너들의 부상은 주로 무릎, 허리, 발목 등 특정 부위에 집중되는 경향이 있습니다. 이는 신체의 균형이 무너지거나, 올바른 러닝 자세를 유지하는 능력이 부족할 때 발생합니다. 이러한 문제를 해결하려면 러닝을 위한 전신 코어 운동이 필수적입니다. 하지만 많은 러너가 러닝 자체에 집중하다 보니 코어 운동의 중요성을 간과하는 경우가 많습니다. 바쁜 일정 속에서 러닝 시간 확보조차 쉽지 않은데, 여기에 추가적인 보강 운동까지 하려면 부담이 크기 때문입니다. 또한 코어 운동은 반복 동작이 많고 즉각적인 성과가 눈에 띄지 않아 다소 지루하게 느껴지기도 합니다.

그러나 코어 운동을 소홀히 하면 러닝 퍼포먼스 저하는 물론 부상 위험 증가로도 이어질 수 있습니다. 코어가 약해지면 상체와 하체 간의 에너지가 제대로 전달되지 않아 러닝 자세가 흐트러지고, 그로 인해 불필요한 근육 피로와 부상이 발생할 수 있습니다.

러닝을 보다 효율적으로 수행하고, 부상을 예방하며 오래 달리기 위해서는 러닝 훈련과 함께 반드시 코어 보강 운동을 병행해야 합니다.

전신 코어 운동 8가지

러너에게 필수적인 전신 코어 강화 운동 8가지를 소개합니다. 이 운동들은 상체와 하체의 힘을 연결하고, 러닝 중 신체 안정성을 높이는 데 도움이 됩니다. 개인의 수준에 따라 15~20회씩, 2~3세트 반복해 보세요.

❶ 푸시업(Push-Up)
❷ 시티드 피치(Seated Pitch)
❸ 싯업(Sit-Up)
❹ 플랭크 힙 드롭(Plank Hip Drop)
❺ 슈퍼맨(Superman Exercise)
❻ 글루트 브릿지(Glute Bridge)
❼ 스쿼트(Squat)
❽ 카프레이즈(Calf Raise)

❶ 푸시업

코어뿐만 아니라 가슴, 어깨, 삼두근을 함께 단련합니다.
- 양팔을 펴 바닥을 짚고 무릎을 바닥에 대고 엎드립니다.
  상체와 엉덩이를 일직선으로 유지하며 천천히 팔을 굽혀 가슴을 바닥에 닿기 직전까지 내려갑니다.

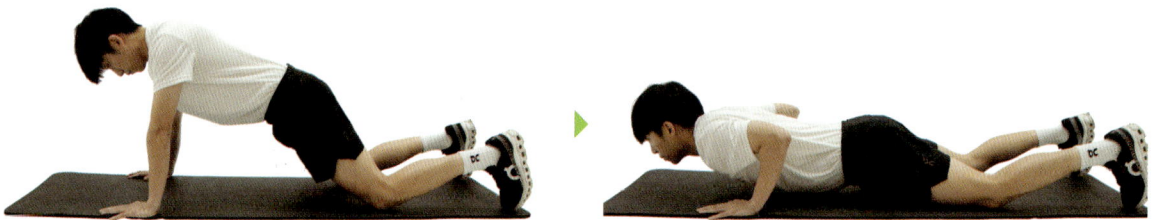

❷ 시티드 피치

복부 코어를 단련합니다.
- 바닥에 등을 대고 누운 다음 손바닥과 팔로 받쳐 상체를 약간 세운 상태에서 한 다리씩 무릎을 굽혀 가슴 쪽으로 끌어옵니다.

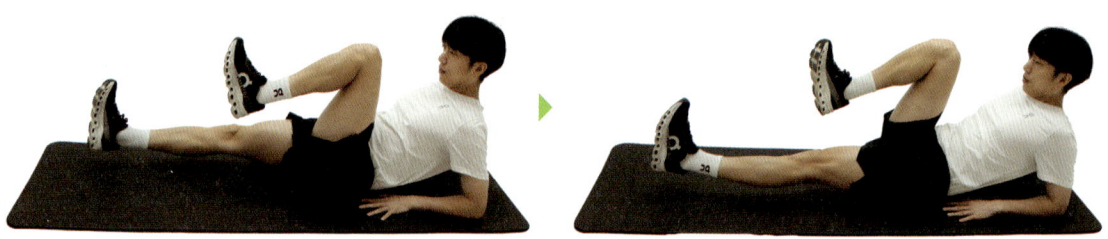

❸ 싯업

코어 근육을 단련하는 운동입니다.

- 바닥에 ㄴ자로 앉은 후, 손을 등 뒤 바닥에 대고 몸을 뒤로 기울여 자세를 잡습니다. 다리는 바닥에서 살짝 들어 올려 뻗고, 팔꿈치가 바닥에 닿지 않게 주의합니다.
- 무릎을 굽혀 가슴 쪽으로 다리를 끌어당깁니다.

❹ 플랭크 힙 드롭

복사근을 자극해 회전 안정성을 높이는 운동입니다.

- 플랭크 자세를 잡습니다. 힙을 좌우로 움직이며 바닥을 터치합니다.

❺ 슈퍼맨

엉덩이 근육과 허리를 강화해 허리 안정성을 높이는 운동입니다.

- 팔과 다리를 밖으로 뻗은 상태로 바닥에 엎드려 자세를 잡습니다. 손과 반대쪽 다리를 들어 올립니다. 마지막은 양손과 양다리를 동시에 들어 올린 후 유지합니다.
- 엉덩이와 허리의 힘으로 팔과 다리를 들어 올린다는 감각으로 진행합니다.

❻ 글루트 브릿지

엉덩이 근육과 코어를 강화하는 운동입니다.

- 바닥에 등을 대고 누운 후, 무릎을 굽혀 세웁니다. 무릎이 벌어지지 않도록 주의하며 골반을 위로 들어 올리며 동작합니다.

잠깐만요

러닝에 중요한 엉덩이 근육을 자세히 알아봅시다

엉덩이 근육은 하나의 근육이 아니라, 대둔근·중둔근·소둔근·이상근으로 구성된 4대 둔부 근육을 말합니다. 이들은 러닝에서 매우 중요한 역할을 합니다.

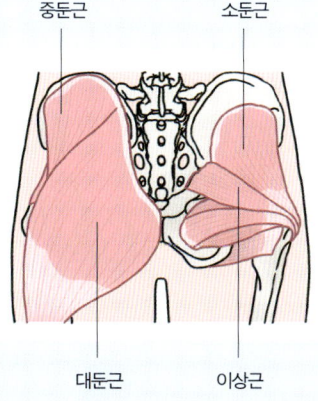

● **대둔근** (Gluteus Maximus)
엉덩이 뒤쪽에 위치한 가장 크고 강한 근육으로, 고관절을 펴는 힘, 즉 러닝 중 몸을 앞으로 밀어내는 추진력(Hip Drive)을 만들어내는 데 핵심적인 역할을 합니다. 글루트 브릿지 동작에서 골반을 들어 올리는 주요 움직임이 바로 대둔근의 힘을 활용한 것입니다.

● **중둔근** (Gluteus Medius)
엉덩이 측면, 골반 옆에 위치한 근육으로, 한쪽 다리로 착지할 때 골반이 기울어지지 않도록 지지해 줍니다. 러닝은 한 발로 착지하는 동작이 반복되기 때문에, 중둔근이 약하면 골반이 흔들리고 무릎이나 허리에 부담이 커질 수 있습니다.

● **소둔근** (Gluteus Minimus)
중둔근의 더 깊은 층에 위치한 근육으로, 고관절의 안정화를 돕고, 중둔근과 함께 착지 시 균형 유지와 측면 안정성을 담당합니다.

● **이상근** (Piriformis)
대둔근 아래 깊은 층에 위치한 작은 근육으로, 고관절을 외회전시키고 하체 정렬을 유지하는 역할을 합니다. 러닝 중 다리의 착지와 전환이 반복되는 과정에서 골반과 고관절의 회전 안정성을 확보해 줍니다. 이 근육이 약하거나 긴장되면 좌골신경을 압박해 이상근 증후군을 유발할 수 있습니다.

글루트 브릿지는 이 4가지 엉덩이 근육을 통합적으로 자극하는 운동으로, 러닝에서 필요한 추진력, 착지 안정성, 골반 정렬을 동시에 향상시키는 데 매우 효과적입니다. 특히 무릎이 벌어지지 않도록 주의하면서 골반을 들어 올리면, 중둔근과 이상근까지 함께 활성화되어 러닝 중 좌우 흔들림과 부상 위험을 줄이는 데 도움이 됩니다.

❼ 스쿼트

대퇴사두근, 햄스트링, 엉덩이 근육을 강화하는 대표적인 하체 운동입니다.

- 어깨 너비로 발을 벌리고 발끝은 약간 바깥쪽으로 향하게 한 후 바로 섭니다. 엉덩이를 뒤로 빼면서 앉는 동작을 진행합니다.
- 앉는 동작을 할 때 무릎이 모이지 않게, 무릎을 살짝 바깥쪽으로 밀어준다는 감각으로 진행합니다.

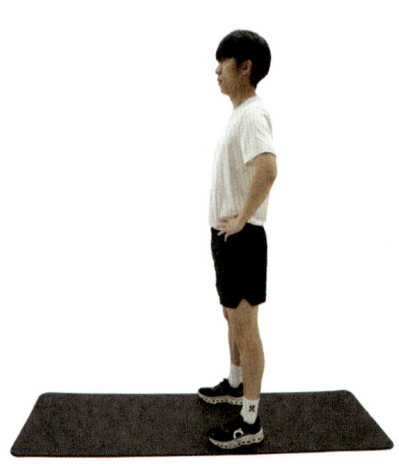

❽ 카프레이즈

하퇴삼두근(종아리 근육)을 강화해 추진력과 지구력을 높이기 위한 운동입니다.

- 어깨 너비로 발을 벌리고 손은 허리춤을 잡아 바로 섭니다. 뒤꿈치를 최대한 높이 들어올렸다 내리는 동작을 반복합니다.

잠깐만요

러너에게 스쿼드 운동이 좋은 이유

스쿼트는 대퇴사두근·햄스트링·엉덩이 근육을 강화하는 대표적인 하체 보강 운동입니다. 이 3가지 근육군은 러닝에서도 매우 중요한 역할을 담당합니다.

● **대퇴사두근**(Quadriceps)

허벅지 앞쪽에 위치한 근육으로, 무릎을 펴는 역할을 합니다. 러닝 중 착지 직후 무릎이 굽혀졌다가 펴질 때 가장 활발하게 작용하며, 지면 충격을 흡수하고 다음 동작으로 연결되는 반동을 만들어 냅니다. 특히 오르막이나 계단, 힐 트레이닝에서 무릎을 밀어주는 힘의 핵심입니다.

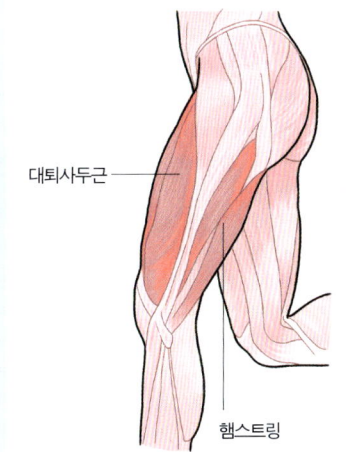

● **햄스트링**(Hamstrings)

허벅지 뒤쪽에 위치한 근육으로, 무릎을 굽히고 엉덩이를 펴는 역할을 동시에 합니다. 러닝에서는 착지 직전 다리를 뒤로 접거나, 지면을 밀어낸 후 다리를 회수할 때 작동합니다. 달리는 리듬을 빠르게 유지하고 무릎 관절을 보호하는 데 기여하며, 햄스트링이 약하면 반동을 잃고 무릎이나 허리에 부담이 증가할 수 있습니다.

● **엉덩이 근육**(Glutes, 특히 대둔근)

엉덩이 뒤쪽에 위치한 큰 근육으로, 고관절을 펴서 몸을 앞으로 밀어주는 추진력을 만들어 냅니다. 러닝에서 착지 후 발을 지면에서 떼고 다음 스텝으로 나아갈 때 엉덩이 근육이 충분히 작동해야 힘 있게 전진할 수 있습니다. 또한, 엉덩이 근육은 몸통과 하체를 안정적으로 연결해 주며, 러닝 후반부에 자세가 무너지는 것을 막는 데도 큰 도움이 됩니다.

이처럼 스쿼트는 단순한 하체 강화 운동이 아니라, 러닝에서 '착지 → 반력 흡수 → 추진'으로 이어지는 하체 전체 흐름을 지탱하는 근육들을 동시에 단련할 수 있는 핵심 운동입니다.

하퇴삼두근의 역할

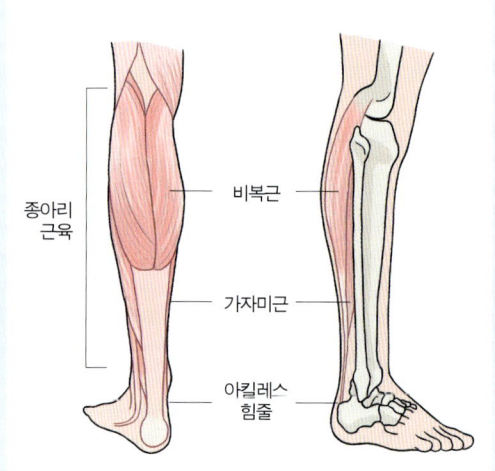

하퇴삼두근(Triceps Surae)은 종아리 뒤쪽에 위치한 2개의 근육, 비복근(Gastrocnemius)과 가자미근(Soleus)으로 구성된 근육군입니다. 비복근은 내측두와 외측두, 2개의 갈래(머리)를 가지고 있으며, 가자미근은 하나의 머리로 이루어져 있어 전체적으로 3개의 근육 머리를 가진 구조입니다. 이처럼 하퇴삼두근은 비록 2개의 근육으로 이루어져 있지만, 기능적으로는 하나의 단위처럼 함께 작용합니다. 이 근육군은 발목을 아래로 누르는 족저 굴곡(plantar flexion)을 수행하며, 걷거나 뛸 때 지면을 강하게 밀어내는 추진력을 만들어 냅니다.

러닝 중에는 착지 이후 발뒤꿈치가 들리는 순간 지면을 강하게 밀어내며, 몸을 앞으로 튕겨 주는 반발력의 핵심 역할을 합니다. 또한 매 스텝마다 반복되는 충격과 반작용을 흡수하고 다음 동작으로 전환하는 과정에서, 지속적인 근수축과 이완을 반복하며 지구력 근육으로써도 작용합니다. 특히 가자미근은 지근 섬유가 풍부하여 장시간 반복되는 중·저강도 움직임에 강하기 때문에, 장거리 러너에게 매우 중요한 근육입니다.

하퇴삼두근이 잘 발달되어 있으면, 더 빠르고 가볍게 반발하며 달릴 수 있을 뿐 아니라, 러닝 후반부에도 종아리 주변의 피로 누적을 줄여 자세 붕괴를 방지하는 데도 효과적입니다.

전신 코어 운동이 러닝에 미치는 긍정적인 영향

전신 코어 보강 운동은 러너들에게 다음과 같은 5가지 측면에서 긍정적인 영향을 줍니다.

첫째, 코어가 강화되면 러닝 중 올바른 자세를 유지하는 데 큰 도움이 됩니다. 상체가 흔들리지 않고 안정적으로 유지되면서 더 효율적인 움직임이 가능해집니다.

둘째, 코어는 상체와 하체를 연결하는 중심 역할을 하기 때문에, 강한 코어는 하체에서 발생한 힘을 상체로 효과적으로 전달하여 보다 안정적이고 강력한 러닝을 가능하게 합니다.

셋째, 러닝은 반복적인 충격이 누적되는 운동이므로, 강한 코어는 이러한 충격을 흡수하고 전체 동작의 안정성을 높이는 데 기여합니다.

넷째, 코어가 단단할수록 러닝 이코노미가 향상되어, 더 적은 에너지로 더 오래 달릴 수 있는 기반을 만들어 줍니다.

다섯째, 강한 코어는 호흡에도 긍정적인 영향을 줍니다. 코어 근육이 강화되면 횡격막과 호흡 보조 근육이 활성화되어, 러닝 중 더욱 깊고 효과적인 호흡이 가능해지고 지구력 향상에도 도움이 됩니다.

이처럼 강한 코어는 러닝 퍼포먼스를 전반적으로 높이며, 허리·무릎·고관절 등의 부상 예방에도 중요한 역할을 합니다. 러너들이 흔히 겪는 다양한 신체 불균형 문제를 줄이고, 안정적인 자세와 리듬을 유지하는 데 큰 도움이 됩니다.

▶ **관련 영상**

러닝에 꼭 필요한
기초 코어 운동 8가지

29. 러닝 감각을 향상시키는 밸런스 운동

러닝은 두 발이 동시에 지면에 닿아 있는 시간이 없습니다. 단 1초도 없습니다. 실제 러닝 동작을 슬로모션으로 보면, 두 발이 모두 공중에 떠 있는 순간이 존재합니다. 즉, 러닝은 항상 한 발로 체중을 지탱하거나 잠시 공중에 떠 있는 상태가 반복되는 운동입니다. 반면 걷기는 항상 한 발 이상이 지면에 닿아 있어 몸의 중심을 안정적으로 지탱할 수 있습니다. 러닝의 이러한 특성 때문에 러너에게는 밸런스를 유지하는 능력이 필수입니다.

Support ——— Flight ——— Support

한 발로 착지하면서 체중을 지탱하고 충격을 흡수해야 하기 때문에 밸런스 보강 운동은 선택이 아니라 기본입니다.

러너에게 밸런스 운동이 중요한 이유

부상 예방

러닝은 시작부터 끝까지 동일한 동작이 반복되는 운동으로, 근육뿐 아니라 고관절, 무릎, 발목 등 관절에도 지속적인 스트레스가 가해집니다. 밸런스 보강 운동은 관절 주변의 안정성과 지지력을 높여 주어 부상 예방에 효과적입니다. 또한 균형 감각이 향상되면 다양한 지면이나 환경에서도 넘어지거나 발목을 삐는 사고를 줄일 수 있어, 장기적으로는 운동 중단을 방지할 수 있습니다.

자세 개선

밸런스 운동은 고유수용성 감각(Proprioception)을 향상시킵니다. 이 감각은 신체 부위를 눈으로 보지 않고도 위치나 움직임을 인식할 수 있는 능력으로, 이를 통해 러닝 중에도 감각적으로 팔치기나 다리 움직임을 조절할 수 있습니다. 결국 자세 유지 능력이 향상되고, 이는 에너지 효율과 지구력 향상으로 이어집니다.

근력 및 안정성 강화

러닝에는 하체뿐 아니라 전신의 근력이 중요합니다. 밸런스 운동은 대근육뿐 아니라 평소 사용하지 않던 소근육까지 단련해 전신의 안정성을 높입니다. 특히 중심이 되는 코어 근육이 강화되면 상체와 하체가 조화롭게 연결되어 에너지 전달 효율이 높아지고, 러닝 퍼포먼스가 향상됩니다.

> **알아 두세요**
>
> **고유수용성 감각**
>
> 내 몸의 위치와 움직임, 근육의 긴장 상태를 뇌가 실시간으로 감지하고 조절하는 능력을 말합니다. 예를 들어, 눈을 감고도 내가 지금 한쪽 다리로 서 있는지, 발이 바닥에 닿았는지를 느낄 수 있는 능력이 바로 고유수용성 감각입니다. 이 감각이 잘 발달되어 있으면 러닝 중에도 착지할 때 발목이 꺾이거나 중심이 무너지는 상황을 빠르게 감지하고, 본능적으로 자세를 안정화시킬 수 있습니다.

운동 능력 향상

밸런스 운동은 근육뿐만 아니라 신경계를 함께 자극합니다. 근육과 신경 간의 연결성을 높이고 협응력을 향상시켜, 러닝에 필요한 전반적인 운동 능력을 끌어올리는 데 기여합니다. 균형 잡힌 몸은 모든 운동의 기초가 되며, 러닝 퍼포먼스를 안정적으로 뒷받침해 줍니다.

결국 밸런스 보강 운동은 단순한 보조 훈련이 아니라, 러너의 안정성과 퍼포먼스를 극대화하기 위한 핵심 훈련입니다.

러너들에게 추천하는 밸런스 운동 6가지

러닝을 막 시작한 입문자부터 서브 3(Sub 3)을 목표로 하는 수준급 러너까지 누구나 쉽게 따라 할 수 있는 밸런스 보강 운동으로 구성했습니다. 총 6가지 동작이며, 수준에 따라 8~12회씩, 2~3세트 실시합니다.

❶ 티 밸런스
❷ 러닝 밸런스
❸ 러닝 밸런스 점프
❹ 러닝 밸런스 리듬
❺ 러닝 밸런스 프론트 점프(양발)
❻ 러닝 밸런스 프론트 점프(외발)

> **알아 두세요**
>
> **서브 3**
> 마라톤 풀코스(42.195km)를 3시간 미만으로 완주하는 것을 의미합니다. 여기서 '서브(Sub)'는 '미만(under)'이라는 뜻이며, '3'은 3시간을 의미합니다. 즉, 서브 3은 마라톤을 2시간대에 완주한 러너를 뜻하는 표현입니다. 평균 페이스는 1km당 약 4분 15초 이내로 유지해야 하며, 이는 상당한 체력과 지구력, 체계적인 훈련이 요구되는 기록입니다. 일반적으로 서브 3은 러너의 실력을 상징적으로 나타내며, 특히 남성 마스터즈 러너들에게는 '꿈의 기록'으로 여겨집니다.

❶ 티 밸런스
왼쪽, 오른쪽 진행

신체의 지지력과 고유수용성 감각을 동시에 자극하는 밸런스 강화 운동입니다.

- 한쪽 다리로 균형을 잡고 섭니다. 반대쪽 손끝이 바닥을 터치한다는 느낌으로 상체를 숙이면서 반대쪽 다리를 뒤로 들어 올립니다.
- 상체를 숙일 때는 엉덩이를 뒤로 살짝 빼며 상체를 접는 느낌으로 내려가 허리에 무리를 주지 않도록 합니다.

❷ 러닝 밸런스
왼쪽, 오른쪽 진행

러닝 자세를 유지한 채 한 발 지지 능력과 중심 회복 능력을 함께 훈련할 수 있습니다.

- 한쪽 다리로 균형을 잡고 섭니다. 그 상태에서 반대쪽 무릎을 들어 올렸다 내렸다 하며 몸의 균형을 유지합니다.
- 무릎을 과하게 펴면 중심이 쉽게 흔들립니다. 무릎은 살짝 굽혀 하체에 안정적으로 무게중심이 실리도록 유지하세요.

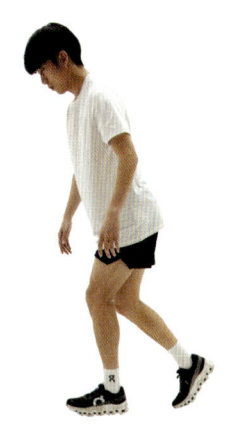

❸ 러닝 밸런스 점프
왼쪽, 오른쪽 진행

착지 안정성, 지지 근력, 고유수용성 감각을 함께 훈련할 수 있으며, 러닝 중 반복되는 '추진'과 '착지' 상황을 보다 동적으로 모사하는 데 효과적입니다.

- 달리는 듯한 모양을 하며 한쪽 다리로 균형을 잡고 섭니다. 반대쪽 다리를 들어 올리며 점프한 후, 착지하면서 다시 중심을 유지하도록 합니다.
- 높이보다는 안정성이 더 중요합니다. 높게 뛰기보다 낮고 안정된 높이로 점프하며 중심 제어에 집중합니다.

❹ 러닝 밸런스 리듬
왼쪽, 오른쪽 진행

하체 전체의 추진력과 중심 회복력을 함께 강화하는 복합 운동입니다.

- 한쪽 다리로 균형을 잡고 섰다가 반대쪽 다리를 복부 쪽으로 들어 올리며 연속적으로 점프합니다. 착지하는 순간마다 중심을 잃지 않도록 합니다.
- 중심이 흔들릴 경우, 착지 후 반대쪽 발끝을 지면에 가볍게 대어 균형을 보조할 수 있습니다. 단, 체중이 실리면 운동 효과가 떨어지므로 발끝은 중심 보조용으로만 사용합니다.
- 점프 동작과 착지 리듬이 끊기지 않도록 자연스럽게 연결하되, 착지 순간에는 무릎과 고관절이 안으로 무너지지 않도록 정렬된 자세를 유지합니다.

❺ 러닝 밸런스 프론트 점프(양발)

앞으로 밀어내는 추진력 속에서도 자세가 무너지지 않도록 중심을 유지하는 능력을 훈련하는 동작입니다. 좌우 흔들림 없이 전방으로 밀어내는 정직한 추진력과 착지 시 지지력을 함께 기를 수 있습니다.

- 달리는 듯한 모양을 하며 한쪽 다리로 균형을 잡고 섭니다. 앞으로 한 걸음씩 양발로 번갈아 점프하고 착지합니다.
- 점프의 목표는 '높이'가 아닌 '정확한 전방 이동'입니다. 몸통과 골반이 좌우로 흔들리지 않도록 코어에 힘을 주고, 착지 시에도 중심이 흔들리지 않도록 집중합니다.

❻ 러닝 밸런스 프론트 점프(외발)
왼쪽, 오른쪽 진행

지지력과 추진력은 물론 중심 회복력까지 동시에 요구되는 고난도 단측 밸런스 운동입니다.

- 달리는 듯한 모양을 하며 섰다가 한쪽 다리로만 지면을 밀어내며 앞으로 점프합니다. 점프할 때는 들고 있는 반대쪽 다리를 복부로 끌어올리는 반동을 활용합니다.
- 착지 → 정지 → 재점프의 리듬을 유지하며 중심 회복 시간을 확보해야, 착지 시 중심이 무너지지 않고 다음 동작으로 안정적으로 연결됩니다.

잠깐만요

밸런스 운동, 언제 하면 좋을까요?

러너에게 밸런스 운동이 특히 효과적인 시점은 다음과 같습니다.

● **1순위-훈련 전 워밍업 루틴에 포함시키기**

가장 우선적으로 권장하는 방법은 훈련 전에 1세트씩 밸런스 동작을 워밍업 루틴에 포함시키는 것입니다. 러닝 전 몸의 균형 감각을 미리 깨우면, 본격적인 훈련에서의 안정성과 자세 유지에 큰 도움이 됩니다.

● **2순위-포인트 훈련이 없는 날에 집중적으로 실시하기**

강도 높은 러닝 훈련이 없는 날이나 비교적 부담이 적은 날을 선택해 집중적으로 밸런스 운동을 실시하면 피로 누적 없이 능력을 향상시킬 수 있습니다.

● **3순위-메인 훈련 후 마무리 운동처럼 실시하기**

모든 훈련이 끝난 후 마무리 운동처럼 가볍게 실시하는 것도 좋습니다. 단, 이 경우엔 몸이 이미 피로한 상태이므로 강도는 조절해서 진행하는 것이 필요합니다.

▶ 관련 영상

달리기를 위한 최고의
밸런스 강화 운동법 6

30. 부상 방지와 회복의 열쇠, 유연성 운동과 스트레칭

러닝을 하다 보면 누구나 한 번쯤 통증이나 불편함을 경험하게 됩니다. 가볍게 지나갈 것 같던 통증도 무심코 달리다 보면 어느새 부상으로 이어지고, 한동안 러닝을 하지 못하는 상황에 놓일 수도 있습니다. 그래서 러너라면 반드시 기억해야 할 사실이 있습니다.

바로 부상은 치료보다 '예방'이 훨씬 쉽고 효과적이라는 점입니다. 그리고 그 예방의 가장 기본이자 핵심은 러닝 전후의 '스트레칭'입니다.

스트레칭, 왜 중요할까?

스트레칭은 오랜 시간 다양한 문화와 운동 방식 속에서 중요한 역할을 해왔습니다. 고대 요가와 같은 전통 운동부터 현대 피트니스 프로그램에 이르기까지, 스트레칭은 신체의 유연성을 유지하고 향상시키는 데 필수적인 활동으로 자리 잡아 왔습니다.

스트레칭은 근육과 관절의 긴장을 줄여 부상을 예방하고, 유연성을 향상시키며, 운동 후 피로 회복을 돕는 데 효과적입니다. 또한 혈액 순환을 촉진하고 근육 내 산소 공급을 증가시켜 회복 속도를 높입니다.

심리적인 측면에서도 긍정적인 영향을 줍니다. 스트레칭을 통해 몸의 긴장을 풀고 마음을 안정시키며 스트레스를 완화할 수 있습니다. 특히 명상과 병행하면 정신적인 안정감과 회복력을 높이는 데 도움이 됩니다.

스트레칭의 종류와 운동법

스트레칭은 정적, 동적, 능동적, 수동적 방식으로 구분되며, 각 방법은 적용 시점과 목적에 따라 적절하게 선택하는 것이 중요합니다. 운동 전후 또는 회복과 유연성 강화를 위해 활용하는 방식이 서로 다르므로 각각의 특성과 차이를 이해하고 활용해야 합니다.

스트레칭의 종류

	특징(효과)	방법
동적 스트레칭	동적 스트레칭은 주로 운동 전 실시하는 스트레칭 방법으로 다양한 움직임을 통해 근육과 관절을 준비시키는 데 큰 도움. 이 방법은 근육 온도를 높이고, 관절 가동 범위를 증가시키며, 신경계를 활성화시켜 운동 성과를 향상시키는 데 중점을 둠	움직임을 통해 근육과 관절을 준비시키는 스트레칭
정적 스트레칭	주로 운동 후 실시하며, 근육의 긴장을 풀어 주고 피로 회복에 효과적. 근육과 관절의 유연성을 증가시켜 가동 범위를 향상시킴	특정 근육을 늘린 상태에서 일정 시간 동안 자세를 유지하는 스트레칭
수동적 스트레칭	근육의 긴장을 줄이고 유연성 향상, 근육 피로 회복 및 혈액 순환 촉진, 운동 후 근육의 이완을 돕는 데 효과적	외부의 도움을 받아 근육을 천천히 늘리고 일정 시간동안 자세를 유지하여 근육을 늘려줌
능동적 스트레칭	근육의 유연성 증가, 운동 성과 향상, 부상 예방, 근육의 온도 향상	스스로 근육의 수축을 통해 다른 근육을 늘리는 스트레칭

① 동적 스트레칭

러닝을 시작하기 전,
근육 온도를 높이고 관절 가동 범위를 넓히며 신경계를 활성화시키는 데
가장 효과적인 준비 운동이 바로 '동적 스트레칭'입니다.
동적 스트레칭은 보통 10~15분 정도 소요되지만,
스트레칭 루틴에 익숙해진 러너라면 10분 이내로도 충분히 마칠 수 있습니다.
시간보다는 근육과 관절이 본격적인 움직임에 반응할 수 있도록 준비시키는 것이 중요합니다.
짧더라도 집중해서 실시하면 러닝 퍼포먼스를 높이는 데 큰 도움이 됩니다.

관절 체조

관절 체조는 관절과 근육의 유연성을 향상시키고 부상을 예방하며, 신체 기능을 활성화시켜 러닝을 위한 움직임을 준비하는 데 효과적인 운동입니다. 관절 가동 범위를 넓히고 근육 긴장을 완화하며, 러닝 전 경직된 몸을 부드럽게 풀어주는 데 유용합니다.

① 발목·손목 돌리기: 앉거나 선 자세에서 발목, 손목을 원 그리듯이 돌립니다.
　시계 방향과 반대 방향으로 각 8회 반복합니다.

② 무릎 돌리기: 발을 어깨너비로 벌리고 무릎을 살짝 굽힌 후, 무릎 위에 손을 올려 무릎을 천천히 원을 그리듯 돌립니다. 시계 방향과 반시계 방향으로 각 5회 반복합니다.

③ 허리 돌리기: 무릎을 약간 굽히고 양손을 허리에 올린 채, 엉덩이를 사용해 큰 원을 그리듯 돌립니다. 좌우 5회씩 반복합니다.

④ 어깨 돌리기: 어깨를 원 그리듯이 천천히 돌립니다. 앞으로, 뒤로 각 8회 반복합니다.

힙 써클

고관절과 골반 주위 근육의 긴장을 풀고 유연성을 높이는 운동입니다.
- 어깨너비로 서서 허리를 고정한 채, 엉덩이로 원을 그리듯 천천히 돌립니다. 각 방향 10회 진행합니다.

고관절 서클

고관절 가동 범위를 넓혀 다양한 움직임에 적응할 수 있도록 도와줍니다.

- 힙 서클 자세에서 무릎을 90도로 들어 올린 뒤, 고관절을 천천히 원을 그리듯 돌립니다. 각 방향 10회씩 진행합니다.

레그 스윙스

하체 근육을 자극하고 유연성을 높이며, 혈액 순환을 돕습니다.

- 벽이나 기둥을 짚고 한쪽 다리를 앞뒤로 부드럽게 흔듭니다. 반대쪽도 동일하게 실시합니다. 한쪽 다리씩 10회 진행합니다.

제자리 점프

종아리와 허벅지 근육을 자극하고, 전신 리듬감을 높이는 데 도움이 됩니다.

- 무릎을 약간 굽히고 뒤꿈치를 3센티미터 정도 들어 가볍게 위아래로 점프합니다. 팔은 몸 옆에 두고 자연스럽게 움직이며 균형을 유지합니다. 20회 진행합니다.

트위스트 점프

고관절과 척추의 유연성을 높이며, 허리와 복부 근육을 자극합니다.

- 어깨너비로 서서 무릎을 살짝 굽힌 뒤, 고관절을 좌우로 트위스트하면서 가볍게 점프합니다. 상체는 정면을 유지하고, 팔은 몸 옆에 자연스럽게 둡니다. 왕복 15회 진행합니다.

❷ 정적 스트레칭

러닝을 마친 직후에는 사용한 근육의 긴장을 천천히 풀어 주고,
피로 회복을 돕는 정적 스트레칭을 실시하는 것이 좋습니다.
정적 스트레칭은 근육과 관절의 유연성을 향상시켜 부상 예방은 물론, 운동 후 회복 속도도 높입니다.
보통 10~15분 정도 소요되며, 각 부위마다 20~30초간 자세를 유지하는 것이 효과적입니다.
단시간보다는 정확한 자세와 편안한 호흡이 더 중요하므로, 반동 없이 부드럽게 근육을 늘려야 합니다.
꾸준한 정적 스트레칭은 근육 유연성을 높이고, 다음 날의 뻐근함이나 통증도 줄일 수 있습니다.

햄스트링 스트레칭

허벅지 뒤쪽 근육을 이완시켜 하체 유연성을 높이는 데 도움이 됩니다.
- 앉은 자세에서 다리를 앞으로 뻗고, 상체를 천천히 앞으로 숙입니다.
- 손끝으로 발끝을 향해 뻗으며, 허리를 길게 펴는 느낌으로 20초 동안 진행합니다.

쿼드 스트레칭

허벅지 앞쪽 근육을 이완시키고, 무릎 주변의 긴장을 풀어 줍니다.

- 벽이나 의자를 짚고 균형을 잡은 뒤, 한 손으로 반대쪽 발목을 잡아 엉덩이 쪽으로 2초 동안 당겨 줍니다.

종아리 스트레칭

종아리 근육과 아킬레스건 유연성을 향상시키고, 다리 피로 회복에 도움이 됩니다.

- 벽을 마주 보고 한쪽 다리를 뒤로 뻗은 채, 앞다리를 살짝 굽혀 몸을 벽 쪽으로 20초 동안 지그시 기울입니다.

고관절 스트레칭

엉덩이 근육이 당기도록 유지합니다.
- 바닥에 등을 대고 눕습니다. 한쪽 무릎을 구부려 다른 쪽 다리 위에 올려 숫자 '4' 모양을 만듭니다. 그다음, 바닥에 있는 다리의 무릎 뒤쪽을 양손으로 감싸 쥐고 천천히 몸쪽으로 당겨 줍니다.

어깨 스트레칭

어깨와 상체 근육을 이완시키고, 상체 긴장을 줄이는 데 효과적입니다.
- 한쪽 팔을 가슴 앞으로 뻗은 뒤, 반대쪽 손으로 팔꿈치를 감싸 가슴 쪽으로 천천히 당겨 줍니다. 시선은 뻗은 팔의 반대 방향을 바라봅니다. 15~30초 동안 동작을 진행합니다.

❸ 수동적 스트레칭

러닝메이트나 트레이너가 있다면, 러닝 후에는 수동적 스트레칭으로 근육의 긴장을 깊이 이완시켜 봅시다.
수동적 스트레칭은 근육과 관절에 부담을 최소화하면서 유연성 향상과 회복을 도와주는 방식으로,
정적 스트레칭보다 더 깊은 이완 효과를 기대할 수 있습니다.
일반적으로 각 부위를 20~30초씩 4가지 정도만 실시해도 충분한 이완 효과를 얻을 수 있습니다.
다만, 운동 전에 수동적 스트레칭을 적용하는 것은 주의가 필요합니다.
아직 근육이 준비되지 않은 상태에서 갑작스러운 외부 자극을 가하면
관절의 안정성이 떨어지고, 오히려 부상의 원인이 될 수 있기 때문입니다.
운동 전에는 수동적 스트레칭보다는 동적 스트레칭을 활용하는 것이 더 안전합니다.

햄스트링 스트레칭 (파트너)

햄스트링(허벅지 뒤쪽) 근육의 유연성을 높입니다.

- 스트레칭을 받는 사람은 바닥에 누워 한쪽 다리를 뻗습니다. 파트너는 발목을 잡고 다리를 천천히 들어 90도 각도까지 올려 줍니다. 20초 동안 진행합니다.

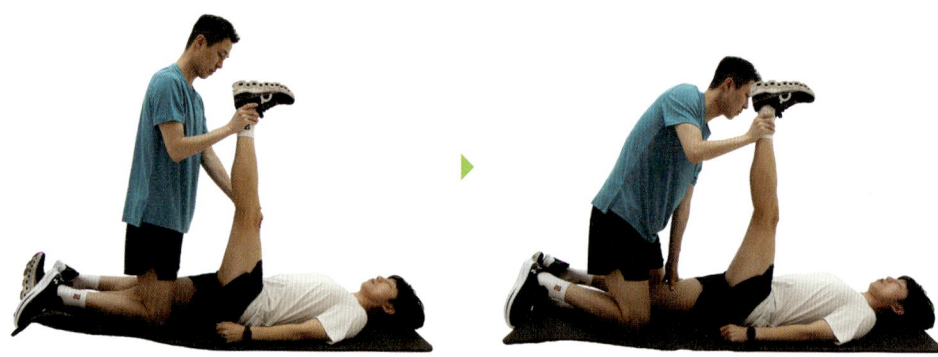

둔근 스트레칭 (파트너)

엉덩이 근육과 고관절의 유연성을 높이고, 하체 피로를 완화하는 데 도움이 됩니다.
- 바닥에 누운 상태에서 한쪽 무릎을 구부려 다른 다리 위에 교차해 4자 자세를 만듭니다. 파트너는 구부린 무릎을 천천히 가슴 쪽으로 20초 동안 눌러 줍니다.

어깨 스트레칭 (파트너)

어깨와 등 근육의 긴장을 줄이고, 등 상부의 유연성을 높입니다.
- 두 사람이 마주 서서 서로의 어깨에 손을 얹습니다. 엉덩이를 뒤로 빼며 상체를 90도로 숙여 어깨를 10초 동안 지긋이 눌러 줍니다. 반동은 주지 않습니다.

견갑골 스트레칭 (파트너)

견갑골 주변 근육의 유연성을 높이며, 등과 상체의 움직임 범위를 넓히는 데 효과적입니다.

- 스트레칭 받는 사람은 양손을 등 뒤로 모아 척추 쪽에 올립니다. 파트너는 두 팔꿈치를 맞대어 천천히 10초 동안 압박을 가합니다.

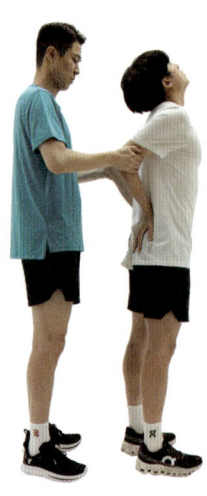

❹ 능동적 스트레칭

능동적 스트레칭은 본인의 근육 수축을 이용해 다른 근육을 늘려 주는 방식으로,
유연성과 근지구력을 함께 향상시킬 수 있는 스트레칭입니다.
동작을 유지하는 동안 근육을 능동적으로 수축시키기 때문에 신경계 자극이 높고,
다양한 운동을 수행할 준비를 하는 데 효과적입니다.
특히 능동적 스트레칭은 움직임의 정확성과 조절 능력을 길러 주고,
부상 예방과 운동 성과 향상에도 긍정적인 영향을 줍니다.
러닝 이후뿐만 아니라, 준비 운동 시 활용해도 좋습니다.
단, 동작을 무리하게 반복하기보다는 정확한 자세로 짧게 유지하며 반복하는 것이 중요합니다.

햄스트링 스트레칭

햄스트링의 유연성을 높이고, 동시에 허리와 엉덩이 근육도 강화합니다.

- 한쪽 다리를 앞으로 내밀고 발끝을 천장 방향으로 향하게 합니다. 허리를 곧게 펴고 상체를 앞으로 숙이며, 뻗은 다리의 햄스트링을 느끼면서 반대쪽 다리의 근육을 수축합니다. 1~2초 동안 유지한 뒤 원래 자세로 돌아옵니다. 총 10회 반복합니다.

쿼드 스트레칭

허벅지 앞 근육의 유연성과 균형 능력을 동시에 향상시킵니다.

- 벽을 짚고 균형을 잡은 상태에서 한쪽 발목을 손으로 잡고 엉덩이 쪽으로 당깁니다. 이때 무릎이 벌어지지 않도록 주의하며 지지하고 있는 다리의 대퇴사두근을 수축시켜 자세를 유지합니다. 1~2초 동안 유지한 뒤 원래 자세로 돌아옵니다. 총 10회 반복합니다.

어깨 스트레칭

어깨와 삼두근의 유연성을 높이며, 어깨 관절의 가동 범위를 증가시켜 운동 효율을 향상시킵니다.

- 한 팔을 머리 위로 들어 올린 뒤, 반대쪽 손으로 팔꿈치를 잡아 당겨 줍니다. 스트레칭하는 쪽 어깨를 이완하고, 반대쪽 팔로는 근육을 수축해 자세를 유지합니다. 2초 동안 유지한 뒤 원래 자세로 돌아옵니다. 총 10회 반복합니다.

옆구리 스트레칭

옆구리 근육(복사근)의 유연성을 높이고, 상체 라인과 코어 근육을 강화하는 데 도움이 됩니다.

- 양발을 어깨너비로 벌리고 서서 손을 깍지 낀 상태로 위로 뻗습니다. 손바닥은 천장을 향하게 유지하며, 상체를 좌우로 천천히 기울이며 옆구리를 늘려 줍니다. 좌우 각 2초 동안 유지한 뒤 원위치. 왕복 5회 반복합니다.

운동 강도별 스트레칭 방법

Zone 1~2 훈련 시 스트레칭

Zone 1~2 수준의 운동은 가벼운 조깅이나 산책처럼 비교적 낮은 강도의 유산소 운동을 의미합니다. 이 단계에서는 동적 스트레칭과 정적 스트레칭을 모두 활용하는 것이 근육과 관절의 유연성을 유지하고, 부상을 예방하며, 러닝 성능을 향상시키는 데 효과적입니다.

특히 초보자라면 동적 스트레칭 동작이 다소 어렵게 느껴질 수 있으므로, 관절 체조처럼 부드러운 움직임을 중심으로 준비 운동을 구성해도 좋습니다. 운동 전에는 몸의 순환을 활성화하고 가동 범위를 넓히기 위해 관절 체조와 가벼운 동적 스트레칭을 실시하고, 운동 후에는 긴장된 근육을 풀어 주는 정적 또는 수동적 스트레칭을 추천합니다.

Zone 1~2 훈련 시 스트레칭
- 운동 전: 동적 스트레칭(관절체조) + 정적 스트레칭(초보자)
- 운동 후: 정적 스트레칭, 수동적 스트레칭

LSD 훈련 후

러너들은 일반적으로 운동 후에는 정적 스트레칭이 적합하다고 알고 있습니다. 하지만 LSD 훈련 후에는 이야기가 조금 다릅니다. 장시간 동안 느린 템포로 제한된 동작을 반복하는 LSD 훈련은 관절과 근육의 가동 범위를 일시적으로 줄이고, 근육의 탄성을 감소시킬 수 있습니다.

이럴 때는 정적 스트레칭만으로는 부족하며, 굳어진 근육과 관절을 풀어 주기 위해 동적 스트레칭을 병행하는 것이 효과적입니다. 운동 후라도 움직임 중심의 동적 스트레칭을 먼저 실시해 관절 가동성과 혈류를 활성화한 뒤, 근육을 천천히 이완시키는 정적 스트레칭으로 회복을 마무리하는 것이 좋습니다.

LSD 훈련 후 스트레칭
동적 스트레칭 → 정적 스트레칭 → 수동적 스트레칭

Zone 3 훈련 시 스트레칭

Zone 3 구간의 러닝은 비교적 빠른 템포로 진행되는 중강도 훈련에 해당합니다. 이 단계에서는 관절 체조와 동적 스트레칭, 능동적 스트레칭을 중심으로 운동 전 준비를 철저히 하는 것이 중요합니다.

특히 심박수와 체온이 빠르게 상승하는 Zone 3 강도에서는 스킵, 피치 같은 리듬 기반 동작을 포함해 신체의 협응력과 탄성을 끌어올리는 것이 효과적입니다. 운동 후에는 사용한 근육을 이완시키고 피로를 줄이기 위해 정적 스트레칭과 수동적 스트레칭을 병행해 회복을 도와야 합니다.

Zone 3 훈련 시 스트레칭
- 운동 전: 동적 스트레칭(관절 체조) + 능동적 스트레칭
- 운동 후: 정적 스트레칭 + 수동적 스트레칭적 스트레칭

Zone 4~5 훈련 시 스트레칭

Zone 4~5는 최대 심박수의 90~100퍼센트에 해당하는 고강도 운동 구간으로, 이 단계에서는 최대한의 노력과 힘이 요구됩니다. 즉, 본인이 가진 능력을 최대로 발휘해야 하는 구간이기에 훈련 전후로 적절한 스트레칭은 매우 중요합니다. 스트레칭의 질에 따라 그날의 훈련 성과가 달라지기도 하므로, Zone 4~5 훈련에서의 스트레칭은 중요도가 높습니다.

Zone 4~5 훈련 시 스트레칭
- 운동 전: 동적 스트레칭(관절 체조) + 능동적 스트레칭
- 운동 후: 정적 스트레칭 + 수동적 스트레칭 + 부위별 근육 집중 케어

최대 근력을 발휘하기 위한 스트레칭 방법

고강도 훈련은 러너가 가지고 있는 능력을 최대한 발휘해야 하는 운동입니다. 이때 근육이 제 기능을 다하기 위해서는 '근수축'이 원활히 이루어져야 합니다. 근수축은 근섬유 안의 필라멘트(굵은 미오신, 얇은 액틴)가 서로 맞물려 결합할 때 발생하는데, 이때 스트레칭이 과도하게 진행되면 필라멘트 간 결합 간격이 벌어져 오히려 힘 발휘에 방해가 될 수 있습니다.

고강도 훈련 시 스트레칭
- 운동 전: 동적 스트레칭(관절 체조) + 능동적 스트레칭
- 운동 후: 수동적 스트레칭, 정적 스트레칭적 스트레칭 + 부위별 근육 집중 케어

따라서 고강도 훈련 전에는 정적 스트레칭은 지양하고, 관절 체조와 동적 스트레칭을 중심으로 체온을 높이고 근육을 활성화시키는 것이 중요합니다. 특히 템포와 리듬이 중요한 구간에서는 스킵 운동과 피치 운동 등 기능적 스트레칭을 포함하면 협응력과 운동 효율을 높이는 데 도움이 됩니다.

한편 고강도 훈련 후에는 근육에 높은 부담이 가해진 만큼 피로 회복이 매우 중요합니다. 훈련 후 정적 스트레칭과 수동적 스트레칭을 통해 근육의 긴장을 풀고, 젖산이 빠르게 배출되도록 유도하도록 합니다. 필요하다면 찜질이나 사우나 등을 병행하여 회복 효과를 높일 수도 있습니다.

잘못된 스트레칭과 주의사항

스트레칭은 정확한 방법으로 수행해야 효과를 높이고, 오히려 부상을 유발하는 일을 예방할 수 있습니다. 다음은 스트레칭을 할 때 주의해야 할 대표적인 사항들입니다.

개인의 유연성과 체력을 무시한 과도한 강도

자신의 유연성과 체력을 고려하지 않고 무리한 강도나 범위로 스트레칭을 진행하는 것은 부상의 원인이 됩니다. 스트레칭은 강도가 세다고 효과가 높은 것이 아니며, 자신의 수준에 맞게 조절해야 합니다. 통증이 느껴지면 즉시 멈추고, 편안한 범위에서 호흡과 함께 부드럽게 진행하도록 합니다.

준비 운동 없이 갑작스럽게 시작

특히 운동 전, 아무 준비 없이 갑자기 정적 스트레칭을 시행하면 근육 손상이나 관절 부담이 커질 수 있습니다. 스트레칭 전에는 반드시 간단한 동적 움직임으로 몸을 데우고, 혈류를 활성화한 후 진행합니다.

호흡을 멈추는 행위

스트레칭 중 호흡을 참으면 근육에 긴장이 생기고, 이완 효과가 떨어집니다. 스트레칭은 몸을 부드럽게 풀어 주는 과정이므로, 호흡은 자연스럽고 규칙적으로 이어가는 것이 좋습니다.

반동을 주며 흔드는 스트레칭

반동을 주면서 근육을 늘리는 행동은 근섬유나 인대를 손상시킬 위험이 있습니다. 스트레칭은 천천히, 부드럽게, 통증 없이 하는 것이 원칙입니다.

잘못된 자세

자세가 틀어진 상태에서 스트레칭을 하면 근육과 관절에 오히려 부담을 줄 수 있습니다. 정확한 동작을 익히기 전에는 전문가의 지도나 거울을 활용해 스스로 자세를 확인하도록 합시다.

▶ 관련 영상

달리기 전후
필요한 스트레칭-
운동 강도별

31 러닝 자세 교정을 위한 소도구 활용 보강 운동

보강 운동은 맨몸으로 수행하는 방식뿐 아니라, 소도구를 활용한 방식으로도 진행할 수 있습니다. 두 방식 모두 러너에게 유익하지만, 특히 초보자에게는 소도구를 활용한 보강 운동이 더 효과적일 수 있습니다.

도구를 활용한 운동은 눈에 보이는 목표 지점이 있기 때문에 동작을 보다 직관적으로 인지할 수 있고, 올바른 자세 유도에도 도움이 됩니다. 이러한 시각적 자극은 동작 정확도를 높여 줄 뿐 아니라, 운동 동기 부여에도 긍정적인 역할을 합니다.

이제부터 맨몸 보강 운동과 도구를 활용한 보강 운동의 차이를 비교해보고, 러너에게 어떤 방식이 더 효과적인지 살펴보겠습니다.

맨몸 보강 운동과 장비(미니허들) 보강 운동, 이렇게 다르다

맨몸 보강 운동-내적주의 초점의 한계

맨몸 보강 운동은 별도의 도구 없이 어디서든 쉽게 수행할 수 있으며, 근력 및 기본적인 움직임을 개선하는 데 효과적입니다. 하지만 특히 초보자의 경우, 올바른 자세를 유지하고 신체 움직임을 스스로 조절하는 데 어려움을 겪는 경우가 많습니다. 예를 들어, 러닝을 위한 무릎 들기 동작을 할 때 "무릎을 더 높이 드세요"라는 지시를 받으면, 초보자는 '어느 정도로 높여야 할지', '다리를 어떤 방식으로 들어야 하는지'를 고민하게 되는 것이죠.

이처럼 내적주의 초점(internal focus)이 강조된 운동은 특정 근육의 사용을 의식적으로 조절하는 데는 도움이 되지만, 오히려 움직임을 경직되게 만들어 러닝 동작의 흐름을 방해할 수 있습니다.

● 알아 두세요
미니허들

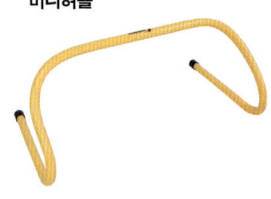

미니허들 보강 운동 - 외적주의 초점을 통한 자연스러운 움직임

반면, 미니허들을 활용한 보강 운동은 초보자가 러닝 동작을 보다 자연스럽게 익힐 수 있도록 돕습니다. 미니허들이 일정한 간격으로 놓여 있으면, 초보자는 허들을 넘기 위해 별다른 설명 없이도 무릎을 자연스럽게 들어 올리게 됩니다. 이 과정에서는 '무릎을 어느 정도 들어야 할지'를 고민할 필요 없이, 단지 눈앞의 목표(허들)를 넘기기 위해 움직이면 됩

	맨몸 보강 운동	미니허들 보강 운동
운동 방식	스쿼트, 런지, 피치 등 신체 움직임을 스스로 조절	미니허들을 넘는 외부 자극을 통해 동작을 자연스럽게 유도
주의 초점	내적주의 초점 (동작을 신체 감각으로 의식적으로 조절)	외적주의 초점 (허들을 넘는 외부 목표에 집중)
초보자 적응도	동작을 스스로 인식해야 하므로 익숙해지기까지 시간이 필요	목표물이 있어 동작이 직관적이고 자연스럽게 익혀짐
러닝 연계성	특정 부위 근육 강화 중심	러닝 동작과 유사한 리듬·무릎 높이·착지 타이밍을 자연스럽게 학습 기능
운동 효과	근력 및 기본 움직임 개선	리듬감, 착지 조절, 무릎 올리기 등 러닝에 필요한 패턴을 익힐 수 있음

니다. 이렇게 외적주의 초점(external focus)이 적용되면 불필요한 긴장을 줄이고, 보다 효율적인 러닝 동작을 형성하는 데 도움이 됩니다.

초보 러너에게 추천하는 미니허들 운동

미니허들 드릴 훈련

5~6개의 미니허들을 일정한 간격으로 배치한 뒤, 빠르게 넘는 동작을 반복하며 진행하는 훈련입니다. 무릎 높이 향상, 리듬감 습득, 지면 반발력 개선을 기대할 수 있습니다.

- 주의 포인트: 미니허들을 가볍게 넘으면서 일정한 리듬을 유지하세요.

미니허들 착지 훈련

미니허들을 넘은 직후 빠르게 착지하며 반응 속도를 높이는 훈련입니다. 부드러운 착지 감각 향상과 러닝 중 균형 유지 능력 강화에 도움이 됩니다.

- 주의 포인트: 착지 후 다음 허들을 자연스럽게 넘을 수 있도록 흐름을 유지하세요.

▶ 관련 영상

러닝 자세 교정을 위한, 미니 허들 운동 10가지

32 크로스 트레이닝

러닝을 잘하는 방법은 단순합니다. 달리는 시간과 빈도를 높이면 됩니다. 하지만 일정 시점이 지나면 단순히 시간만 늘리는 방식은 한계에 부딪힙니다. 효과가 점차 줄어들고, 몸의 피로도는 높아지며, 부상의 위험도 커지게 됩니다.

러닝을 중단하게 되는 가장 큰 원인은 반복적인 동작으로 인해 관절과 근육에 무리가 쌓이고, 통증이 누적되면서 결국 부상으로 이어지기 때문입니다. 따라서 우리는 '오래, 꾸준히 달리는 법', 즉 러닝을 건강하게 지속하는 방법을 배워야 합니다. 그 해답 중 하나가 바로 크로스 트레이닝입니다. 크로스 트레이닝은 러닝에 필요한 기초 체력과 전신 협응력, 회복력을 향상시키는 데 효과적일 뿐 아니라, 러닝이 어려운 환경적 요인이나 일시적인 몸 상태(부상 회복기 등)로 인해 달릴 수 없을 때도 러닝 효과를 유지해 주는 훌륭한 대안입니다.

이를 위한 크로스 트레이닝에는 명확한 조건이 있습니다. 크게 2가지 중 하나는 반드시 충족해야 합니다. 심폐 기능을 자극하는 유산소 운동일 것, 전신을 사용하는 다관절 운동일 것. 이 조건을 만족하는 최고의 크로스 트레이닝 방식 4가지를 다음에서 소개합니다.

> **알아 두세요**
>
> **크로스 트레이닝** (Cross Training)
> 크로스 트레이닝은 러닝 외의 다양한 운동을 병행하여, 러닝에 필요한 체력·근력·회복 능력을 보완하는 훈련 방식입니다. 사이클, 수영, 요가, 웨이트 트레이닝, 코어 운동 등 다양한 운동이 이에 해당합니다. 신체의 다양한 부위를 자극하면서도 부상 부담은 줄이고, 러닝 퍼포먼스를 간접적으로 향상시키는 데 효과적입니다.

> **알아 두세요**
>
> **사이클과의 크로스 트레이닝 이점**
> - 관절에 부담이 적음
> - 심폐 기능 향상 및 유지
> - 하체 근력 강화

> **알아 두세요**
>
> **수영과의 크로스 트레이닝 이점**
> - 관절 부담이 거의 없는 무중력 환경
> - 전신 근육 사용 및 코어 강화
> - 심폐 기능 향상 및 유지
> - 유연성과 밸런스 개선

추천하는 크로스 트레이닝

사이클

사이클은 크로스 트레이닝의 대표적인 예로, 러닝에 비해 관절에 가해지는 충격이 훨씬 적습니다. 고관절, 무릎, 발목 등에 부담 없이 운동을 이어갈 수 있어 러너들에게 매우 유용합니다. 사이클은 러닝과 마찬가지로 심폐 기능을 기반으로 한 유산소 운동이며, 하체 주요 근육군(엉덩이, 허벅지, 종아리)을 중심으로 사용하기 때문에 러닝과의 연계성이 높습니다. 하체 근력을 강화하면서도 러닝 자세의 안정성을 높이는 데 효과적입니다.

수영

수영은 무중력에 가까운 환경에서 이루어지는 운동으로, 물속에서는 체중 부담이 거의 없어 관절에 가해지는 충격이 현저히 줄어듭니다. 이러한 특성 덕분에 관절이나 근육에 통증이나 부상이 있을 때도 완전히 훈련을 중단하지 않고 지속할 수 있다는 장점이 있습니다. 수영은 상체, 하체, 코어 등 전신 근육을 고르게 사용하는 운동이기 때문에, 러닝을 잠시 쉬는 동안에도 전신 근력을 유지하거나 강화하는 데 효과적입니다. 심폐 기능 향상에도 탁월하여, 유산소 기반 훈련의 대체 수단으로 매우 유용합니다. 또한 물속 저항을 활용한 동작은 유연성을 자연스럽게 높여 주고, 상체, 코어, 하체로 이어지는 전신 밸런스와 움직임의 연결성을 개선하는 데도 도움을 줍니다.

요가 또는 필라테스

요가와 필라테스는 러닝으로 인해 반복적으로 긴장된 근육을 이완시키고, 관절의 가동 범위를 넓혀 주어 부상 예방에 효과적입니다. 특히 코어 근육을 강화해 러닝 시 올바른 자세를 유지할 수 있도록 도와주며, 피로

> **알아 두세요**
> **요가 또는 필라테스와의 크로스 트레이닝 이점**
> ● 부상 예방
> ● 코어 강화로 러닝 효율 향상
> ● 균형 감각 및 자세 교정
> ● 호흡 조절 능력 향상

누적을 줄이고 에너지 소모 효율을 높이는 데 기여합니다. 또한 전신의 균형 감각이 향상되면서 러닝 중 발생하기 쉬운 비대칭 동작을 스스로 인지하고 교정하는 데 도움이 됩니다. 이는 장기적으로 자세 정렬과 러닝의 안정성 향상으로 이어집니다. 심호흡을 중심으로 한 호흡 조절 훈련이 포함되어 있어, 심폐 기능 향상뿐 아니라 다양한 강도 변화 속에서도 호흡을 안정적으로 유지할 수 있는 능력을 길러 줍니다.

웨이트 트레이닝

웨이트 트레이닝은 러닝에 필요한 근력과 지구력을 강화하는 데 매우 효과적인 보강 훈련입니다. 발달된 하체 근육은 지면을 더 강하게 밀어내는 추진력을 만들어 주어 보다 효율적인 러닝 동작을 가능하게 하고, 관절 주변의 지지력을 확보할 수 있어 부상 예방에도 유리합니다. 하체 근지구력이 향상되면 쉽게 지치지 않고, 오랜 시간 안정적인 페이스를 유지할 수 있습니다. 특히 상체와 코어 근육까지 함께 단련하면 피로가 누적되더라도 자세가 무너지지 않고, 러닝 시 체간(몸 가운데 중축을 이루는 부분)을 안정적으로 지지할 수 있습니다. 이는 러닝 거리나 시간이 늘어나더라도 끝까지 올바른 자세를 유지할 수 있는 기초 체력의 기반이 됩니다.

> **알아 두세요**
> **웨이트 트레이닝 이점**
> ● 근력 강화로 인한 추진력 향상
> ● 부상 예방
> ● 하체 근지구력 향상
> ● 러닝 자세 유지에 효과적

이처럼 추천하는 4가지 크로스 트레이닝은 러닝을 대체하거나 보완하는 데 매우 유용합니다. 러닝이 불가능한 상황에서는 대체 훈련으로, 러닝 실력을 높이고 싶은 러너에게는 서포트 트레이닝으로 기능할 수 있습니다. 러닝에서 사용되는 주동근을 보다 효율적으로 활용하기 위해서는 이를 보조하는 협동근의 강화가 반드시 필요합니다. 협동근은 단순한 보조가 아니라, 주동근의 안성적 작용을 이끌어내는 중요한 역할을 합니다.

> **알아 두세요**
> ● **주동근**
> 관절을 움직이는 주요 근육으로, 움직임의 주도권을 쥐는 역할을 합니다.
> ● **협동근**
> 주동근의 움직임을 보조하며, 같은 방향으로 작용해 힘을 증대시키는 근육입니다. 주동근의 안정성과 지속력을 확보하는 데 중요한 역할을 합니다.

**이어서 진행해 보세요!
추가 보강 운동 6가지**

복합저항성 운동

복합저항성 운동은 루프 밴드를 활용해 전신의 근육과 관절을 고르게 자극하는 훈련 방식입니다. 밴드의 탄성을 이용해 근육의 수축과 이완을 유도함으로써, 부상의 위험을 줄이고 신체의 움직임을 보다 안정적이고 효율적으로 만들어 줍니다. 초보자는 밴드를 무릎 위에 착용해 안정적인 시작을 하고, 숙련자는 발목에 착용해 더 높은 저항으로 운동 강도를 높일 수 있습니다.

▶ 권장 횟수: 각 동작당 8~12회, 1~3세트

① 풀다운

양쪽 손목에 밴드를 착용한 뒤, 밴드를 바깥쪽으로 벌림과 동시에 가슴 쪽으로 자연스럽게 당겨 줍니다. 그다음 천천히 처음 위치로 돌아갑니다. 위아래로 움직이지만 밴드의 텐션은 끝까지 유지해야 하며, 느슨해지지 않도록 주의합니다.

② 비하인드 풀다운
①번 동작과 같은 방식으로 진행하되, 밴드를 머리 뒤쪽으로 넘긴다는 느낌으로 당깁니다. 어깨와 견갑골 주변의 움직임에 집중합니다.

③ 업 앤 다운
밴드를 양쪽 손목에 착용하고 텐션을 유지한 채, 머리 위에서 시작해 팔을 바깥쪽으로 밀며 아래 방향으로 천천히 내립니다. 시계바늘을 상상하며 1시, 2시, 3시, 4시, 5시 방향으로 움직이고, 이후 역순으로 다시 올라옵니다. 천천히, 정교하게 반복합니다.

④ 무릎 올리기 (왼쪽, 오른쪽 진행)
밴드를 양발의 발등에 착용합니다. 한 발은 지면에 붙이고, 반대쪽 발은 무릎을 들어 코어에 힘이 들어가도록 앞으로 당겨 줍니다. 천천히, 바닥에서 발을 떼지 않도록 주의하며 반복합니다.

⑤ 시티드 피치

④번 동작과 마찬가지로 밴드를 발등에 고정하고, 바닥에 앉아 진행합니다. 한쪽 다리는 뻗고, 다른 쪽 다리는 몸 쪽으로 당기며 밴드의 텐션을 유지합니다. 좌우 번갈아 가며 반복합니다.

⑥ 옆으로 밀기(왼쪽, 오른쪽 진행)

밴드를 양발에 착용하고, 지면에 닿은 다리는 무릎을 살짝 굽혀 중심을 잡습니다. 밴드의 텐션을 유지한 채 반대쪽 다리를 옆으로 밀어냅니다.

⑦ 뒤로 밀기(왼쪽, 오른쪽 진행)

동일한 자세에서 다리를 뒤쪽으로 밀어냅니다. 엉덩이와 햄스트링에 힘이 들어가는 것을 느끼며 진행합니다.

⑧ 앞으로 밀기(왼쪽, 오른쪽 진행)

이번에는 다리를 앞쪽으로 밀어냅니다. 허벅지 앞쪽과 고관절의 안정성을 향상시킵니다.

⑨ 반원 그리기(왼쪽, 오른쪽 진행)

밴드를 양발에 착용하고, 한쪽 다리를 들어 반원을 그리듯 바깥쪽으로 천천히 돌립니다. 고관절의 가동 범위를 넓히는 데 도움이 됩니다.

⑩ 크랩 워킹(왼쪽, 오른쪽 진행)

밴드를 양 발목에 착용하고, 무릎을 굽혀 스쿼트 자세를 만듭니다. 좌우로 한 걸음씩 이동하며 진행합니다. 엉덩이 근육과 옆구리 근육을 동시에 자극합니다.

* 정확한 자세로 근육이 제대로 수축하고 있는지 인식합니다.
* 밴드의 텐션을 끝까지 유지하며, 몸의 중심이 흔들리지 않도록 합니다.
* 무리한 반복보다 자극의 질에 집중합니다.

계단 운동

계단 운동은 러닝에 필요한 추진력, 민첩성, 균형 감각을 골고루 향상시킬 수 있으며, 계단의 높이와 간격을 활용해 난이도 조절도 가능합니다. 특히 러너에게 중요한 대퇴사두근, 햄스트링, 둔근, 종아리 근육을 강화하는 데 매우 효과적이며, 한발 추진, 착지 조절, 리듬 유지 등 러닝 동작과 유사한 신체 협응 능력도 함께 기를 수 있습니다.

▶ 권장 횟수: 각 동작당 횟수 10칸 ~ 20칸, 1~3세트

① 런지 자세(세 칸 오르기)

무릎이 앞쪽으로 과도하게 나가지 않도록 중심을 바르게 유지하며 한 발씩 세 칸을 올라갑니다.

② 모둠발 점프(한 칸씩)

두 발을 동시에 한 칸씩 뛰어 오릅니다. 착지할 때는 무릎과 발목에 과도한 충격이 가지 않도록 합니다.

③ 외발 업(한 칸씩)

외발로 계단 한 칸씩 올라갑니다. 왼발과 오른발을 번갈아 가면서 진행합니다. 상체를 바르게 세우고 중심이 좌우로 흔들리지 않도록 주의합니다.

④ 모둠발 점프 (두 칸씩)

두 발을 동시에 계단 두 칸씩 뛰어 오릅니다. 착지할 때는 허리와 상체가 흔들리지 않도록 코어에 힘을 주어 안정성을 유지하는 것이 중요합니다.

⑤ 피치 업 (빠르게 오르기)

계단 한 칸씩 빠르게 오릅니다. 상체는 바르게 세우고, 팔의 리듬과 발의 리듬을 일치시키며 진행하는 것이 중요합니다.

한 칸씩 오르기가 끝나면 두 칸씩 빠르게 오르는 운동도 진행합니다

* 정확한 착지를 최우선으로 합니다.
* 무릎, 발목, 허리의 정렬을 신경 써서 부상 없이 반복 가능한 동작을 만듭니다.

서킷 트레이닝

서킷 트레이닝은 짧은 시간 안에 다양한 동작을 연속으로 수행하여 전신 근력과 심폐지구력을 동시에 향상시키는 고강도 훈련입니다. 러닝에 필요한 하체 근력, 코어 안정성, 리듬감, 민첩성을 모두 포함하고 있으며, 8가지 동작을 휴식 없이 연결하며 전신을 효율적으로 단련합니다. 동작 간 휴식 시간을 최소화하고, 강도는 체력 수준에 따라 조절하며 점진적으로 끌어올리는 것이 핵심입니다.

▶ 권장 횟수: 각 동작 30초 + 휴식 10초, 1~3세트
　(체력에 따라 조절하며, 초보자는 동작 시간을 줄이고, 휴식 시간을 늘려도 무방)

① 리듬 스쿼트

앉았다 일어나는 기본 스쿼트 동작을 리듬감 있게 반복합니다. 이때 무릎이 발끝보다 앞으로 나가지 않도록 주의하며, 허리를 곧게 유지하도록 합니다.

② 엎드려 발 바꾸기

플랭크 자세에서 양다리를 교차하며 빠르게 바꾸며 동작합니다. 이때 엉덩이가 위로 들리지 않도록 몸통을 단단히 고정한 상태에서 동작을 수행하도록 합니다.

③ 트위스트

서서 상체를 좌우로 회전시킵니다. 이때 동작은 부드럽게 이어 나가도록 합니다.

④ 버피 또는 버피 점프

스쿼트 → 플랭크 → 점프의 흐름으로 진행합니다. 동작 전환 시 허리를 과도하게 꺾지 않도록 주의합니다(체력에 따라 점프 동작은 생략 가능).

⑤ 에이 스킵(A-Skip)

허벅지를 들어 올리며 달리듯 리듬감 있게 뜁니다. 팔과 다리의 리듬을 정확히 맞추고, 몸의 균형을 유지하는 데 주의합니다.

⑥ 리듬 런지

양다리를 번갈아 앞으로 내딛는 런지 동작을 리듬감 있게 연결하며 진행합니다. 무릎과 고관절이 90도 각도를 유지하도록 하고 상체를 곧게 세우는 것이 중요합니다.

⑦ 다리 들며 박수 치기

양손으로 박수를 치면서 무릎을 들어 올립니다. 동작 중 상체가 흔들리지 않도록 코어에 힘을 주는 것이 중요합니다.

⑧ 하이 피치

빠른 속도로 무릎을 높게 들어 올리며 제자리에서 뜁니다. 팔을 적극적으로 사용해 리듬을 만들고 착지 시 충격을 부드럽게 흡수하는 것이 중요합니다.

▶ **관련 영상**

마라톤 러닝 체력 운동-
서킷 트레이닝

* 숨이 과도하게 가빠지거나 어지러움이 느껴질 경우, 즉시 운동을 중단하고 충분한 휴식을 취한 후 다시 시작합니다.

* 초보자는 각 동작을 20~30초 수행하고, 중간에 10~20초의 짧은 휴식으로 구성하면 좋습니다.

피치 운동

달리기 동작은 하나의 흐름으로 이어지는 '연결 동작'이기 때문에, 각 동작을 쪼개어 반복 훈련하고 숙달하는 것이 중요합니다. 피치 운동은 템포, 반응 속도, 중심 이동 능력 등 러닝 동작의 효율을 높이는 데 매우 효과적입니다. 다음 5가지 피치 운동은 러닝 시 실제로 구현되는 움직임을 구분하여 구성한 것으로 공간이 넓은 곳에서는 15미터 직선 구간에서, 좁은 실내에서는 제자리에서 진행할 수 있습니다.

▶ 권장 횟수: 각 동작당 왕복 20~30회, 1~3세트
　(체력 수준에 맞춰 시작하고, 익숙해지면 점진적으로 강도를 높임)

① 스트레이트 피치

무릎을 곧게 편 상태로 다리를 교차하면서 리드미컬하게 움직입니다. 착지할 때는 발 앞쪽(포어풋)으로 합니다. 코어에 힘을 주어 상체가 뒤로 젖혀지지 않도록 합니다. 무릎은 과도하게 들지 말고 자연스러운 범위에서 움직이도록 합니다.

② 숏 피치

다리를 교차하며 무릎의 높이를 45도까지만 들어 올리는 동작을 반복합니다. 주저앉지 말고 무릎이 펴진다는 느낌으로 진행합니다.

③ 미들 피치

햄스트링의 힘으로 뒤꿈치를 엉덩이 바로 밑으로 당겨 올린다는 느낌으로 동작을 수행합니다.

④ 하이 피치

리듬감 있게 무릎을 90도로 들어 올리는 동작을 수행합니다. 팔은 무릎 각도와 움직임에 맞춰 크게 움직입니다. 착지 시에는 뒤꿈치가 과도하게 들리지 않도록 조절하는 것이 중요합니다.

⑤ 백 피치

무릎이 앞쪽으로 들리지 않도록 조절하면서, 다리를 뒤로 끌어올리는 동작입니다. 무릎이 앞쪽으로 튀어나오지 않도록, 상체는 흔들림 없이 고정한 상태를 유지할 수 있도록 합니다.

▶ 관련 영상

달리기 피치 운동의 정석

* 속도보다 연결성과 정확한 패턴 유지가 중요합니다.
* 무릎, 발목, 코어의 정렬과 안정성에 집중합니다.
* 팔과 다리의 리듬을 일치시켜 러닝의 흐름과 유사하게 훈련합니다.

스킵 운동

스킵 운동은 러닝에서 가장 중요한 요소 중 하나인 리듬감 향상에 핵심적인 역할을 합니다. 스킵 운동은 중심 이동, 팔과 다리의 협응, 고관절의 유연성과 기능 향상까지 동시에 이끌어 낼 수 있는 매우 효과적인 훈련입니다.

▶ 권장 횟수: 각 동작당 왕복 10~15회, 1~3세트

① A 스킵

무릎을 들어 올리는 기본적인 스킵 동작입니다. 올릴 때만 힘을 주고 내릴 때는 힘을 빼며 중력에 맡겨 자연스럽게 떨어지는 리듬을 만드는 것이 핵심입니다.

② B 스킵

A 스킵 동작에서 다리를 들어 올린 후, 발을 감아 던지듯이 부드럽게 내려놓는 동작입니다. 올라간 다리는 자연스럽게 접은 뒤, 착지 지점을 몸의 중심선 아래로 정확하게 유지하며 반복합니다. 동작 중에는 코어의 힘을 유지하고, 뒤꿈치가 과도하게 들리지 않도록 주의합니다.

③ AB 스킵

A 스킵과 B 스킵을 A-A-B-B 형태로 번갈아 연속 수행하는 동작입니다. 동작 시에는 다리에만 집중하지 말고 팔과 다리의 리듬이 함께 맞도록 신경 써야 합니다.

④ C 스킵

왼쪽 다리로 앞-옆-앞의 3가지 방향으로 무릎을 올리는 3단계 동작을 하나로 연결하여 반복하는 스킵입니다. 앞으로 차올린 후 옆으로 들고, 다시 앞으로 차올리는 순서를 자연스럽게 이어가도록 합니다.

⑤ D 스킵

다리를 옆으로 접어 올린 후, 다시 앞쪽으로 차올리는 동작을 반복하는 스킵입니다. 앞쪽으로 올릴 때 무릎은 완전히 펴지지 않아도 되며, 고관절을 중심으로 자연스럽게 차올리는 감각에 집중하는 것이 핵심입니다.

* 스킵 동작은 모두 리듬과 중심 이동이 핵심입니다. 처음에는 제자리에서 숙달한 뒤, 이동형(15m 직선 구간)으로 확장하면 좋습니다.

▶ 관련 영상

육상 드라이브 기술 동작-
스킵 운동 5가지

리듬 운동

리듬 운동은 전신 협응과 하체 반응성을 동시에 높이는 보강 운동입니다. 점프 동작을 통해 탄성, 탄력, 중심 이동, 고관절 반응, 리듬 전환 능력을 기를 수 있으며, 러닝의 흐름을 자연스럽게 만들어 주는 데 효과적입니다.

▶ 권장 횟수: 각 동작당 10~15회, 1~3세트

① 모둠발 점프 (앞, 뒤)

무릎을 살짝 굽힌 상태에서 양발을 모은 채 앞으로 점프합니다. 시선은 정면을 유지하고, 상체와 하체가 따로 움직이지 않도록 중심을 고정합니다. 발끝으로 부드럽게 착지하며, 뒤꿈치는 지면에서 살짝 들린 상태를 유지하도록 합니다.

② 좌우 점프 (앞, 뒤)

양발을 어깨 너비만큼 유지하고 좌우로 리듬감 있게 점프합니다. 줄넘기를 하듯 일정한 속도로 반복하며, 한쪽으로 무게가 과도하게 쏠리지 않도록 중심을 정확히 유지합니다.

③ 하프 스쿼트 점프

'하나, 둘' 좌우로 점프한 후 '셋'에 하프 스쿼트를 실시하는 순환 동작입니다. 일정한 리듬을 유지하면서 점프와 스쿼트를 연결하고, 스쿼트 시에는 무릎이 안쪽으로 모이지 않도록 집중합니다. 무게 중심은 뒤쪽에 두고, 무릎과 발끝의 방향이 일치하도록 하며, 엉덩이를 뒤로 보내는 느낌으로 앉습니다.

④ 러닝 점프

러닝 자세를 만들고 발을 교차하며 점프하는 동작입니다. 발과 발 사이는 어깨 너비로 유지하고, 하체의 반동을 활용해 자연스럽게 리듬을 이어갑니다. 허리가 구부러지지 않도록 신경 쓰고 상체와 하체의 움직임이 따로 놀지 않도록 유의해야 합니다.

⑤ 투터치 점프 (앞, 뒤)

2번은 일반 점프, 그다음 2번은 점프하면서 양발로 박수치듯 부딪히는 동작을 반복합니다.

⑥ 투 스텝 점프

왼발 2번, 오른발 2번씩 번갈아 점프를 반복하는 동작입니다. 점프 중 무게 중심이 앞쪽으로 쏠리지 않도록 주의하며, 코어에 힘을 주어 중심선을 벗어나지 않도록 유지합니다.

⑦ 스킵핑 점프

왼발과 오른발을 번갈아 들어 올리고 교차 점프하며 동작합니다. 무릎은 과도하게 들지 않고, 발목의 탄성을 활용해 가볍고 탄력 있게 진행하는 것이 핵심입니다.

⑧ 턴 점프

점프하면서 회전하는 동작입니다. 오른쪽으로 1번, 왼쪽으로 1번, 번갈아 턴을 반복합니다. 점프 중 몸의 중심이 흔들리지 않도록 유지하며, 착지 후 곧바로 반대 방향을 인지해 자연스럽게 동작을 이어가는 것이 중요합니다.

관련 영상
달리기의 리듬을 찾는 방법

* 발끝 착지, 무릎의 정렬, 코어의 고정에 집중하세요.
* 뒤로 가는 동작이 포함된 운동은 뒤로 이동할 때 상체가 앞으로 숙여지지 않게 집중하면서 진행합니다.
* 리듬을 반복하고 패턴화하는 것이 핵심입니다.

여덟째
마당

부상 예방과 컨디셔닝

33 러너들이 흔히 겪는 부상들

34 부상 극복과 회복을 위한 6단계

35 러너를 위한 최적의 회복 전략

36 근육 회복의 핵심, 마사지와 폼롤링

37 부위별 마사지 포인트와 관리 요령

33 러너들이 흔히 겪는 부상들

러너에게 부상은 피할 수 없는 숙명 중 하나입니다. 발목 염좌부터 시작해 정강이 통증(Shin Splints), 아킬레스건염(Achilles Tendinitis), 러너스 니(Runner's Knee) 등 다양한 부상은 초보자부터 숙련된 러너까지 누구에게나 발생할 수 있습니다. 이러한 부상은 달리기를 일시적으로 중단하게 하거나 장기적인 관리에 돌입해야 하는 원인이 되기도 합니다.

다시 달리기 위한 준비

부상 상태에서 무리하게 훈련을 지속하면 회복 기간이 길어질 뿐 아니라, 부상이 악화되거나 다른 부상으로 이어질 가능성이 매우 높습니다. 특히 우리 몸은 통증을 피하기 위해 '보상작용(compensatory mechanism)'을 일으킵니다. 이는 통증이 있는 부위의 사용을 줄이고 다른 부위에 하중을 분산시키는 메커니즘으로, 단기적으로는 도움이 될 수 있지만 장기적으로는 신체 불균형과 만성 통증의 원인이 됩니다. 예를 들어, 오른쪽 다리에 통증이 있는 상태에서 무의식적으로 왼쪽 다리에 체중을 싣고 달리면, 허리, 고관절, 무릎 등 비부상 부위까지 함께 부담을 받게 되어 또 다른 부상으로 이어질 수 있습니다. 따라서 재활 과정에서는 이 보상작용을 최소화하고 신체 균형을 회복하는 것이 무엇보다 중요합니다.

많은 러너들이 부상 초기의 통증이나 경미한 증상을 대수롭지 않게 여기고 '조금만 쉬면 괜찮아지겠지'라는 마음으로 훈련을 이어 갑니다. 하지만 이는 회복을 지연시킬 뿐 아니라 부상을 만성화시킬 수 있습니다. 초기의 경미한 부상이라도 적절한 대응 없이 훈련을 지속하면, 결국 몇 주에서 몇 달에 이르는 긴 회복 기간이 필요하게 됩니다.

또한 통증이 사라졌다고 해서 부상이 완전히 회복된 것은 아닙니다. 근력 저하, 관절 가동 범위 감소, 근육 불균형 등은 통증이 없어도 여전히 남아 있을 수 있으며, 이러한 상태에서 훈련을 재개하면 다시 부상이 발생할 위험이 큽니다. 이 때문에 부상 회복 후에는 반드시 충분한 재활 운동을 거쳐야 하며, 점진적으로 체력과 기능을 다시 회복하는 과정이 필요합니다.

부상은 육체적인 회복뿐 아니라 정신적인 측면에서도 러너에게 큰 영향을 미칩니다. '다시 예전처럼 뛸 수 있을까'라는 불안감, '또 부상이 재발하면 어쩌지' 하는 두려움은 달리기에 대한 자신감을 떨어뜨릴 수 있습니다. 부상 이후 회복 과정에서는 신체적인 훈련만큼이나 긍정적인 마음가짐과 작은 성취를 통한 심리적 회복이 중요합니다. 특히, 스스로의 현재 상태를 받아들이고 조급함을 내려놓는 자세가 회복에 도움이 됩니다. 부상 후 다시 달리기로 복귀하려면 신체적 회복, 재활 운동, 정신적 안정이 균형을 이루는 단계적인 접근이 필요합니다. 부상 직후의 초기 대응, 회복을 위한 충분한 휴식, 적절한 재활과 점진적인 복귀 계획까지, 모든 과정이 부상 재발을 방지하고 건강하게 러닝을 지속하기 위한 중요한 기반이 됩니다.

> **알아 두세요**
>
> **보상작용**
> 부상이 있으면 우리 몸은 통증을 피하려는 무의식적인 움직임 패턴을 만들게 됩니다. 예를 들어, 한쪽 무릎이 아프면 반대쪽 다리나 허리, 고관절에 체중을 더 실어버리는 방식으로 보상이 일어납니다. 이 과정에서 정상적인 움직임의 균형이 무너지며, 결국 다른 부위까지 과사용되어 2차 부상 위험이 커집니다.

러너들이 흔히 겪는 부상들

러닝 부상은 대부분 무릎 아래 하체 부위에서 발생합니다. 선행 연구에 따르면 러닝 관련 부상의 약 70퍼센트가 성별에 관계없이 무릎 이하 하체 부위에서 발생한다고 보고되고 있습니다.

무릎 – 러너스 니

무릎 앞쪽, 특히 슬개골 주변이 아프고, 체중 부하가 높아지는 계단을 오르내리거나 내리막길에서 통증이 심해지는 것이 특징입니다. 달리기 훈련 중 무릎이 묵직하게 아프거나 욱신거리는 증상을 동반하기도 합니다. 이 증상의 핵심은 무릎 자체에만 문제가 있는 것이 아니라, 고관절과 엉덩이 근육의 약화, 그리고 Q-angle(고관절~무릎 축의 각도) 증가로 인해 무릎에 비정상적인 압력이 지속적으로 쏠리면서 발생하는 것입니다. 즉, 무릎 통증은 결과이며, 진짜 원인은 무릎 위쪽에 있을 수 있다는 점이 러너스 니의 핵심입니다.

정강이 – 정강이 통증

훈련량을 갑자기 늘리거나 착지 충격이 클 때 흔하게 발생합니다. 정강이뼈 안쪽이 뻐근하고 묵직한 느낌이 드는데 이는 종아리 근육과 정강

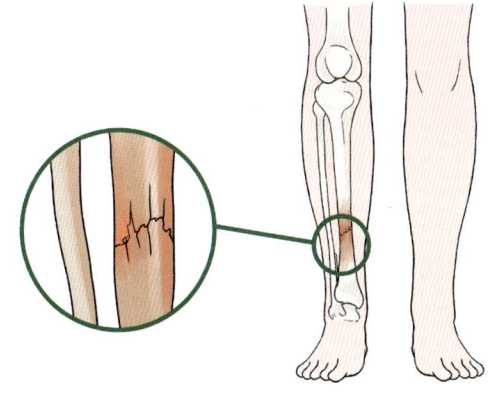

이뼈 사이에 반복된 미세 자극 때문에 생깁니다. 과도한 운동량 증가, 잘못된 착지, 부적절한 신발 착용 등과 관련이 깊습니다. 처음엔 단순한 통

증으로 시작되지만, 방치하면 피로 골절로 악화될 수 있으므로 주의해야 합니다.

발목 - 발목 염좌

피로가 누적된 상태에서 착지가 불안정할 때 자주 발생합니다. 불균형한 착지 패턴, 종아리 근육(특히 비골근)의 피로, 발바닥 아치 및 근육 약화로 인해 지면 충격을 효과적으로 흡수하지

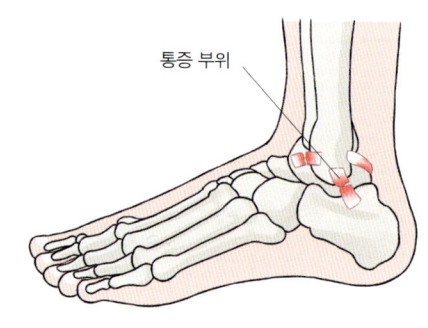

못하면 발목에 과부하가 누적되고, 이로 인해 인대가 손상되며 염좌가 유발됩니다. 치료를 소홀히 하면 만성화되기 쉬우므로 빠른 대응이 필요합니다.

아킬레스건 - 아킬레스건염

발뒤꿈치 위쪽에 통증이나 뻣뻣한 느낌이 있다면 아킬레스건염을 의심해야 합니다. 강도 높은 훈련, 회복 부족, 특히 오르막 훈련이나 인터벌처럼 갑작스럽게 부하가 증가한 경우 잘 발생합니다. 아침에 첫걸음을

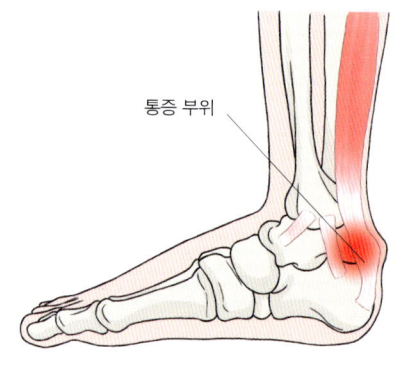

디딜 때 통증이나 뻣뻣함이 있다면 더욱 주의해야 하며, 발뒤꿈치에서 약 2~6센티미터 위쪽 부위를 눌렀을 때 아프다면 의심 징후일 수 있습니

다. 단순 염증이 아닌 경우 조직 손상일 수 있으므로 정확한 평가가 중요합니다.

발바닥 – 족저근막염

발뒤꿈치에서 앞꿈치 방향으로 이어지는 발바닥 근막에 염증이 생기는 증상입니다. 특히 아침에 일어나 첫 발을 디딜 때 찌릿한 통증이 있다면 족저근막염을 의심해 봐야 합니다.

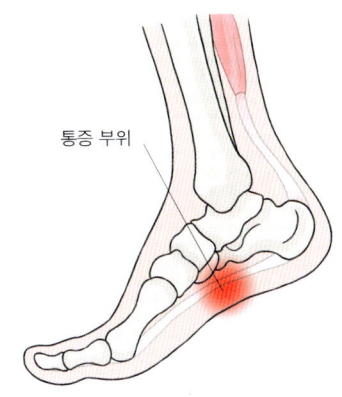

상체 – 허리, 어깨 통증

장시간 러닝 중 자세가 무너지거나, 하체 통증을 피하려는 보상작용으로 인해 허리나 어깨에 통증이 발생하는 경우가 있습니다. 흔한 증상은 아니지만 방치할 경우 2차적인 하체 부상으로 이어질 수 있으므로 조기 발견과 교정이 필요합니다.

▶ 관련 영상

발목 부상-
통증 원인과 강화 운동

34 부상 극복과 회복을 위한 6단계

부상 회복 과정은 단순히 신체적인 회복만을 목표로 하는 것이 아니라, 러너가 달리기와 관련한 자신감을 되찾고 재발을 방지하는 데까지 이어져야 합니다. 따라서 체계적이고 점진적인 회복 단계를 거쳐 신체적 회복과 함께 정신적인 안정과 균형을 회복하는 것이 필요합니다. 이제 부상 직후부터 차근차근 복귀할 수 있는 구체적인 6단계 회복 과정에 대해 살펴보겠습니다.

1단계 초기 응급 관리: 염증 완화와 통증 억제

> **알아 두세요**
>
> **러너들이 흔히 하는 실수 1**
> 많은 러너는 초기 통증이 줄어들면 다 나았다고 판단하고 바로 훈련을 재개하려 합니다. 그러나 이 시점은 아직 회복 초기입니다. 특히 72시간 이후에도 냉찜질을 지속하거나 통증이 가라앉자마자 다시 달리기를 시작하면, 부상이 재발할 수 있습니다.

부상이 발생한 직후에는 염증과 통증이 가장 심한 상태입니다. 이때는 RICE 요법(Rest: 휴식, Ice: 얼음찜질, Compression: 압박, Elevation: 거상)을 활용해 신속하게 염증을 줄이고 통증을 완화하는 것이 중요합니다. 특히 부상 후 72시간 이내에는 얼음찜질로 부위의 혈류를 줄여 염증이 퍼지지 않도록 관리해야 합니다. 아이스 요법은 혈관을 수축시켜 염증 확산을 방지하는 데 도움을 주지만, 장기적으로는 혈류와 산소 공급이 줄어들어 회복이 지연될 수 있습니다.

잠깐만요

아이스 요법, 제대로 하기

염증과 부종을 완화하고 손상된 근육의 통증을 줄입니다. 훈련 직후 하는 것이 가장 효과적입니다.

① **즉시 냉찜질 시작:** 부상 부위가 붓거나 통증이 시작되면 가능한 한 빠르게 얼음찜질을 시작합니다. 이상적인 시점은 부상 발생 후 30분 이내입니다.

② **얼음 또는 냉찜질 팩 사용:** 아이스팩, 얼음주머니, 얼음물 수건 등 모두 사용할 수 있습니다. 피부에 직접 닿지 않도록 얇은 수건을 덧대는 것이 중요합니다(동상 예방).

③ **시간은 1회당 15~20분:** 너무 오래 찜질하면 동상 위험이 있으므로, 1회 기준은 15~20분 이내로 제한합니다.

④ **횟수는 하루 3~5회:** 부상 직후 첫 72시간 동안은 하루 3~5회 반복하는 것이 좋습니다.

⑤ **부위는 심장보다 높게:** 냉찜질할 때는 부상 부위를 심장보다 높게 두면 부종 억제에 더 효과적입니다.

⑥ **72시간 이후에는 상태에 따라 전환:** 부종이 가라앉고 통증이 줄어들면, 이후에는 온찜질로 혈류를 유도할 수 있습니다. 증상이 지속되면 아이스 요법을 연장하거나 전문 진료를 받는 것이 필요합니다.

2단계 통증 관리: 온열 요법

> **알아 두세요**
>
> **냉온 요법 활용 Tip**
> 냉찜질과 온찜질을 교대로 적용하면 회복 효과를 더 높일 수 있습니다.
> 예) 목욕탕에서 냉탕 5분 → 온탕 5분을 3세트 반복하면 혈류 개선과 염증 완화에 효과적입니다.

부상 후 72시간이 지나면 아이스 요법 대신 온열 요법으로 전환하는 것이 좋습니다. 온열 요법은 혈액 순환을 촉진하고, 산소와 영양분을 부상 부위로 공급하여 회복을 돕습니다. 초기 염증이 가라앉은 후에도 냉찜질을 지속하면 오히려 혈류가 차단되어 회복이 늦어지거나 부위가 더 경직될 수 있습니다. 이 시점부터는 따뜻한 찜질이나 온탕에 부위를 담그는 방식이 효과적입니다.

잠깐만요

온열 요법, 제대로 하기

혈류를 촉진하고 근육의 긴장을 완화하며 피로를 해소하는 데 도움이 됩니다. 훈련 후 일정 시간이 지난 후 실시합니다.

① **준비물:** 뜨거운 찜질팩(핫팩), 온수 찜질팩, 뜨거운 수건 등을 사용합니다. 탕목욕이나 따뜻한 샤워도 도움이 되며, 국소 부위에 적용할 경우에는 찜질팩이 가장 효과적입니다.
② **적절한 온도 유지:** 온도는 섭씨 40~42도 정도가 적당합니다. 피부가 붉어질 정도로 뜨겁게 느껴지는 찜질은 피해야 합니다(화상 위험).
③ **찜질 시간:** 1회 기준 15~20분 정도가 적절하며, 하루 2~3회 반복할 수 있습니다. 특히 운동 전 시행하면 근육을 이완하는 데 효과적입니다.
④ **운동 전 사용 가능:** 근육이 뻣뻣하거나 유연성이 떨어지는 날에는 운동 전에 온찜질을 실시하면 부상 예방에 도움이 됩니다.
⑤ **주의사항:** 아직 부기가 남아 있거나 열감이 느껴지는 급성 염증기에는 온찜질을 삼가야 합니다.

> ❶ 알아 두세요
>
> **러너들이 흔히 하는 실수 2**
> 부상 부위에 통증이 남아 있으면 계속 냉찜질을 해야 한다고 생각하는 경우가 많습니다. 그러나 이 시점에는 혈액 순환이 원활해지도록 온열 요법으로 전환하는 것이 회복에 도움이 됩니다.
>
> ❶ 알아 두세요
>
> **러너들이 흔히 하는 실수 3**
> 통증이 없다는 이유로 바로 기존 훈련에 복귀하는 경우가 많습니다. 하지만 재활 운동 없이 복귀하면 근육과 관절의 균형이 깨지고, 부상이 재발할 위험이 높아집니다. 재활은 단순한 회복이 아니라, 부상의 원인을 보완하는 중요한 과정입니다.

3단계 재활 운동 시작: 근력과 유연성 회복

통증이 가라앉고 어느 정도 안정되면 재활 운동을 시작해야 합니다. 이 단계에서는 부상으로 약해진 부위의 근력과 유연성을 회복하는 데 집중합니다. 가벼운 스트레칭과 근력 운동을 통해 손상된 근육이나 인대의 가동성을 점진적으로 회복하는 것이 핵심입니다. 예를 들어 발목 부상의 경우, 밴드를 이용해 발목의 저항 운동을 하거나 천천히 체중을 실으며 발목 근육을 강화할 수 있습니다.

4단계 자세와 움직임 교정: 부상 원인 점검과 개선

재활 운동이 어느 정도 진행되면, 러닝 자세와 움직임을 교정하는 단계로 넘어갑니다. 부상의 원인이 잘못된 착지나 특정 관절의 움직임 문제 등일 수 있기 때문에, 이를 정확히 분석해 개선하는 것이 중요합니다. 전문가의 도움을 받아 착지 형태, 보폭, 러닝 자세 등을 교정하고 약해진 부위는 근력 강화 운동으로 보완하는 것이 좋습니다.

> **알아 두세요**
> **러너들이 흔히 하는 실수 4**
> 러닝 자세가 부상의 원인이 될 수 있다는 점을 간과하고 회복만으로 충분하다고 생각하는 경우가 많습니다. 이 경우 문제 원인이 해결되지 않아 부상이 반복될 수 있습니다.

5단계 단계적 복귀: 점진적 훈련 재개

러닝 복귀는 '점진적으로 훈련을 늘리는 방식'으로 진행하는 것이 핵심입니다. 걷기와 짧은 조깅을 교차로 수행하는 워킹&런(Walking & Run) 프로그램으로 시작해 러닝 강도를 서서히 높여야 합니다. 예를 들어, 3분 걷기와 5분 조깅을 번갈아 진행하며, 통증이 없을 경우 점차 조깅 시간을 늘려가는 방식이 효과적입니다.

> **알아 두세요**
> **러너들이 흔히 하는 실수 5**
> 복귀하자마자 예전과 같은 페이스로 달리기를 재개하려는 경우가 많습니다. 그러나 신체는 아직 완전한 회복 상태가 아니므로, 러닝 복귀는 반드시 단계적으로 진행해야 합니다. 강도와 시간을 서서히 늘려야 부상의 재발을 막을 수 있습니다.

걷기+조깅 혼합 회복 5단계 프로그램

- **1단계 회복 워킹 위주(1주차)**: 부상 부위에 가벼운 자극을 주며 적응을 유도합니다.
  - 30분간 걷기 (중간에 1~2분 조깅 시도 가능)
  - 통증 유무, 붓기 확인

- **2단계 걷기+조깅 교차(2주차)**: 러닝 패턴에 천천히 복귀하며 피로 누적을 방지합니다.
  - (3분 걷기+5분 조깅)×5세트=총 40분

- **3단계 조깅 시간 비율 증가(3주차)**: 관절과 인대가 지속적인 부하에 적응할 수 있도록 합니다.
  - (2분 걷기 + 10분 조깅) × 4세트 = 총 48분
  - 운동 전 가벼운 스트레칭과 온찜질 병행

- **4단계 조깅 시간 비율 증가(4주차)**: 러닝 지속성을 회복하고 부상 재발을 예방합니다.
  - (2분 걷기 + 20분 조깅) × 2세트 = 총 44분
  - 다음 날 피로감과 통증 여부 확인

- **5단계 연속 조깅 시작(5주차)**: 러닝 지속성을 회복하고 부상 재발을 예방합니다.
  - 25~30분 연속 조깅 (페이스 유지 중요)
  - 다음 날 피로감과 통증 여부 확인

6단계 정신적 회복과 자신감 회복

신체 회복뿐 아니라, 부상에서의 복귀는 정신적 회복이 반드시 병행되어야 합니다. 재발에 대한 두려움이나 '예전만큼 달릴 수 있을까' 하는 불안은 러너의 자신감과 훈련 동기 저하로 이어질 수 있습니다. 이를 극복하기 위해서는 걷기부터 시작해 조깅으로 연결하고, 점차 거리와 강도를 늘려 나가는 식으로 작은 목표를 설정하고 성취해 나가는 과정이 필요합니다. 이러한 점진적인 성공 경험이 자신감을 회복하고, 심리적인 안정감과 함께 건강한 러닝 복귀로 이어지는 핵심 열쇠가 됩니다.

> ❗ **알아 두세요**
>
> **러너들이 흔히 하는 실수 6**
> 정신적 회복을 등한시하거나, 조급하게 복귀하려는 경우가 많습니다. 조급함은 다시 부상으로 이어질 수 있으므로, 마음가짐을 단단히 하고 차분하게 재개하는 태도가 필요합니다.

심화 학습 — 부상 극복을 위한 6가지 마음가짐 전략

저는 대학 졸업을 앞두고 육상 중거리 국가대표로 발탁될 만큼 뛰어난 기량을 자랑했습니다. 끊임없이 더 나은 기록을 향해 자신을 극한까지 몰아붙이며 훈련했습니다. '더 잘 뛰고 싶다'는 욕심은 적절한 휴식을 간과하게 만들었습니다. 그 대가로 발목 부상을 입었습니다. 당시 훈련을 중단하는 것이 두려워 신호를 무시했고, 무리하게 강행한 훈련은 장경인대 통증으로 이어져 세 차례의 수술과 긴 재활을 겪게 되었습니다.

몸이 회복되는 데 시간이 필요하다는 사실을 알면서도 조급한 마음은 쉽게 사그라지지 않았고, 이 과정을 통해 신체적 회복뿐 아니라 정신적 안정과 긍정적인 마인드셋의 중요성을 깊이 깨달았습니다. 부상은 단순히 통증에서 벗어나는 것이 아니라, 자신을 성찰하고 성장하는 과정임을 경험한 것입니다.

러닝은 많은 사람들에게 운동 이상의 의미를 지니기에, 부상으로 인한 제한은 심리적 충격으로 다가올 수 있습니다. 이 시기에 현실적이고 긍정적인 마음가짐을 갖는 것은 회복의 핵심입니다. 이제, 부상 극복과 러너로서의 성장을 위한 6가지 전략을 살펴보겠습니다.

❶ 현재 상태를 받아들이고 인정하기

부상으로 인한 실망과 제약을 받아들이는 것은 정신적 회복의 첫 단계입니다. 훈련을 중단해야 하는 현실을 부정하기보다는, 자신의 현재 상태를 객관적으로 바라보고 인정하는 태도가 필요합니다.

❷ 긍정적인 마인드셋을 유지하기

부상은 휴식, 회복, 새로운 훈련 방법을 탐색할 수 있는 기회이기도 합니다. 예를 들어 부상으로 인한 휴식기를 독서나 다른 운동(수영, 요가 등)에 활용하며 시간을 보내는 것도 좋은 방법입니다. 또한 매일 실현 가능한 작은 목표를 설정하고, 그것을 이루는 성취감을 쌓아가는 것도 중요합니다. 재활 운동 10분, 가벼운 스트레칭도 괜찮습니다. 작더라도 꾸준한 실천이 마음을 단단하게 만들어 줍니다.

❸ 복귀 과정에서의 인내와 점진적 접근

회복 초기에는 걷기와 조깅을 병행하며 점진적으로 강도를 높이는 방식이 가장 안전합니다. 조급함은 회복을 늦추고 부상의 재발 위험을 높입니다. 예를 들어 하루 10분의 걷기에서 시작해 점차 시간을 늘리는 등 '단계적 복귀 프로그램'을 따르는 것이 좋습니다.

❹ 목표를 재설정하고 회복을 위한 동기를 찾기

부상 이전의 기록에 얽매이기보다는, 현재 회복 단계에 맞는 현실적인 목표를 설정하는 것이 필요합니다. 예를 들어 러닝이 어렵다면 사이클, 수영 등의 대체 유산소 운동으로 기초 체력을 유지할 수 있습니다. 웨이트나 코어 운동을 통해 러닝에 필요한 근육을 강화할 수도 있습니다.

저 역시 2년간의 재활 중 수영으로 심폐지구력을 유지하며, 수영 70미터도 버겁던 시절을 거쳐 2,000미터 완주까지 성취해냈습니다. 회복을 위한 대체 운동이 결국 큰 성장으로 이어졌던 경험입니다.

❺ 부상을 성장의 기회로 받아들이기

부상을 '불운한 사고'로 보기보다는, 자신을 돌아보고 성장할 수 있는 기회로 여기는 태도가 중요합니다. 러닝 스타일, 유연성, 근력 등을 점검하고 보완할 수 있는 시간으로 활용한다면, 더 강한 러너로 돌아올 수 있습니다.

❻ 주변의 지지와 함께하기

회복 과정에서 가장 큰 힘은 '내가 혼자가 아니라는 믿음'입니다. 가족, 친구, 트레이너, 러너 커뮤니티 등 다양한 사람들의 지지와 격려는 큰 위로와 동력이 됩니다. 비슷한 경험을 한 러너들과의 공감, 커뮤니티 속 나눔은 부상에 대한 두려움을 줄이고 더 강해질 수 있는 계기를 만들어 줍니다.

달리기는 멈춰도, 러너의 여정은 끝나지 않습니다. 이 시간은 다시 더 건강하게 달리기 위한 회복 기간입니다. 긍정적인 마음가짐과 주변의 지지, 그리고 자신에 대한 믿음이 있다면 반드시 더 단단한 러너로 돌아올 수 있습니다.

진정한 회복이란?

러닝을 마친 후 느껴지는 뿌듯함과 성취감은 러너에게 큰 보상이 됩니다. 그러나 곧 온몸에 스며드는 피로감 역시 익숙한 감각일 것입니다. 심장은 여전히 빠르게 뛰고, 근육은 묵직하며, 숨은 가쁘게 차오릅니다. 이러한 피로는 단순히 운동의 결과가 아니라, 운동 중 신체 내부에서 일어나는 복합적인 생리적 변화 때문입니다.

운동 중 우리 몸은 저장된 글리코겐을 에너지로 사용하고, 근육은 반복된 수축으로 인해 미세한 손상을 입습니다. 또 땀을 통해 수분과 전해질이 빠져나가며, 운동 강도가 높아질수록 근육 내 젖산 농도가 빠르게 축적되어 올라갑니다. 이 모든 반응은 몸이 운동에 적응하는 과정에서 일어나는 자연스러운 생리적 변화입니다.

회복은 이러한 변화들을 다시 원래 상태로 되돌리는 과정입니다. 즉, 피로 물질을 배출하고 손상된 근육을 회복시키며, 고갈된 에너지를 다시 채우는 것이 회복의 핵심인 것입니다. 단순히 누워 쉰다고 회복이 이루어지는 것이 아니라, 운동 중 발생한 '생리적 산물'을 어떻게 효과적으로 처리해 주는지가 회복의 속도와 질을 좌우합니다. 다음에서 러너가 몸과 마음을 모두 회복할 수 있는 실질적이고 효과적인 방법들을 알아봅시다.

잠깐만요

러닝 후 몸에 일어나는 생리적 변화 산물

● **생리적 변화 산물이란?**

러닝 중 우리 몸은 평소와는 전혀 다른 방식으로 작동합니다. 빠른 호흡, 심박 상승, 근육 수축과 손상, 에너지 고갈, 체온 상승, 피로 물질 축적 등은 모두 러닝이 유발하는 생리적 변화입니다. 이러한 변화가 끝난 뒤 남는 부산물이 바로 '생리적 변화의 산물'입니다.

● **생리적 산물의 주요 내용**

- 젖산: 강한 운동 중 근육에서 생성되어 혈액을 통해 이동하여 다시 에너지원으로 활용되는 물질
- 고갈된 글리코겐: 다시 채워야 할 근육 및 간 에너지
- 근섬유 미세 손상: 복구가 필요한 세포 조직
- 수분 및 전해질 손실: 탈수 상태 유발

● **처리 방법**

이러한 생리적 산물을 제대로 처리하지 않으면 피로가 계속 누적되고, 회복이 지연되어 다음 운동에서 성능이 저하되거나 부상의 위험이 커질 수 있습니다.

회복은 단순히 '쉬는 시간'이 아니라, 몸이 운동 중 겪은 모든 생리적 변화를 정리하고 균형을 회복하는 하나의 시스템입니다. 이를 위해서는 가볍게 몸을 움직여 혈액 순환을 돕고, 탄수화물과 단백질 등 영양소를 적절히 보충해야 합니다. 또한 스트레칭과 호흡, 충분한 수면을 통해 신경계를 안정시키면 몸은 더 빠르게 원래 상태로 회복할 수 있습니다.

저강도 훈련 후 최적의 회복법

러너에게 저강도 훈련(Zone 1~2 수준)은 흔히 '쉬는 날' 혹은 '회복일'의

일부로 여겨지기 쉽습니다. 실제로 심박수와 호흡이 안정적이고 몸에 큰 부담을 주지 않기 때문에, 별다른 회복 과정을 생략하는 경우도 많습니다.

하지만 저강도 훈련은 단순히 부담이 적은 훈련이 아니라, 몸을 회복 모드로 전환시키는 중요한 연결고리 역할을 합니다. 이 시점에서 적절한 회복 전략을 병행하면 신체의 회복 능력이 점차 향상되고, 다음 고강도 훈련을 대비하는 데 큰 도움이 됩니다.

운동 강도는 낮더라도 운동 시간이 길거나 빈도가 잦으면 근육에 미세한 피로가 누적될 수 있습니다. 이런 피로가 쌓이면 결국 회복력 저하나 부상으로 이어질 수 있습니다.

특히 저강도 장거리 걷기나 회복 조깅처럼 30~40분 이상 지속되는 훈련, 혹은 60분 이상의 장거리 러닝은 근육 내 글리코겐을 지속적으로 소모하기 때문에 회복을 위한 에너지 연료가 줄어들 수 있습니다.

눈에 띄는 피로가 없다고 방치하지 말고, 운동 후 짧은 쿨다운과 가벼운 스트레칭을 통해 근육과 관절의 긴장을 풀어 주는 것이 좋습니다.

또한 운동 중 손실된 수분과 에너지를 빠르게 보충해 주는 것도 회복의 핵심입니다. 운동 직후 물과 전해질, 간단한 탄수화물 위주의 보충이 몸의 회복 효율을 높여 줍니다.

저강도 훈련일수록 회복이 불필요하다고 여겨질 수 있지만, 작은 피로가 누적되지 않도록 하는 사소한 회복 습관이야말로 장기적으로 러닝의 지속성과 부상 예방에 큰 도움이 됩니다.

ⓘ 알아 두세요

러닝 강도별 구분
저강도 : Zone 1~2 영역
중강도 : Zone 3~4 영역
고강도 : Zone 5 영역

ⓘ 알아 두세요

회복에 있어 '저강도 훈련'이 중요한 이유
● 저강도 운동은 혈액순환을 부드럽게 촉진합니다. 가벼운 움직임을 통해 근육이 천천히 수축하고 이완되면서, 젖산 농도가 낮아지고 피로 물질이 혈류를 따라 간이나 신장 등으로 운반되어 정리되기 쉬운 상태가 됩니다.
● 심박수와 호흡은 안정된 수준을 유지하면서도 충분한 산소가 공급됩니다. 이 산소는 손상된 근육 회복과 에너지 재합성에 꼭 필요한 요소로, 조직 회복을 촉진하는 데 쓰입니다.
● 강도 높은 운동 직후에는 교감신경이 활성화되어 몸이 긴장한 상태가 되는데, 이때 저강도 운동을 하면 부교감신경이 자연스럽게 활성화되어 신체의 흥분을 진정시키고 회복을 돕는 역할을 합니다.

잠깐만요

저강도 훈련 후 회복법 5단계

● **1단계 정리운동(쿨다운) - 약 3~5분**

운동을 마친 직후에는 갑자기 멈추는 것보다 가볍게 걷거나 천천히 움직이며 심박수를 점차 안정시키는 과정이 필요합니다. 이 정리 운동을 통해 혈액 순환이 원활해지고, 젖산이 천천히 배출되도록 도와줍니다.

● **2단계 정적 스트레칭 - 약 5~10분**

근육이 따뜻한 상태에서 정적인 스트레칭으로 근육을 부드럽게 이완시킵니다. 햄스트링, 종아리, 고관절, 허리 등 사용한 부위를 중심으로 각 동작을 20초씩 유지하는 것이 좋습니다.

● **3단계 수분 섭취 - 운동 직후 15분 이내**

땀이 많지 않아도 저강도 훈련 중에는 수분과 전해질이 천천히 손실됩니다. 운동 직후에는 물이나 미지근한 이온 음료를 한 컵 마시는 것이 이상적입니다.

● **4단계 가벼운 영양 보충 - 운동 후 30분 이내**

짧은 저강도 운동이라도 에너지는 소모됩니다. 운동 후 30분 안에는 바나나, 단백질 쉐이크, 견과류 등 소화가 쉬운 간식을 섭취하는 것이 회복에 효과적입니다.

● **5단계 휴식 또는 가벼운 움직임 유지**

운동 직후 오랫동안 앉거나 눕는 것보다는, 산책이나 스트레칭 같은 가벼운 움직임을 이어 주는 것이 회복 흐름을 유지하는 데 도움이 됩니다. 폼롤러나 마사지 등 저자극 회복법도 효과적입니다.

중·고강도 훈련 후 최적의 회복법

중·고강도 훈련(Zone 3~4)은 러너의 신체에 큰 부하를 주는 훈련 강도로, 높은 수준의 심혈관 활동과 근육 손상이 수반됩니다. 이러한 훈련은 러닝 실력을 끌어올리는 데 필수적이지만, 동시에 피로도와 회복 요구량

> **알아 두세요**
>
> **중·고강도 훈련 후
> 회복의 핵심 4가지**
> 1. 심혈관계 기능 회복
> 2. 근육 손상 회복 및 복구
> 3. 소모된 에너지(글리코젠) 재충전
> 4. 피로 물질 제거→피로 누적 방지

도 급격히 증가합니다. 훈련 직후에는 손상된 근섬유를 회복하고, 고갈된 에너지를 재충전하며, 쌓인 피로 물질을 정리하는 복잡한 회복 과정이 즉각적으로 시작됩니다.

하지만 자연 회복만으로는 이 모든 부담을 충분히 해소하기 어렵습니다. 특히 저강도 훈련 후 회복을 소홀히 하면, 중·고강도 훈련에서의 피로 누적과 손상 위험은 더욱 커질 수 있으므로, 체계적이고 적극적인 회복 과정을 통해 신체를 정비하고 다음 훈련에 대비하는 것이 반드시 필요합니다.

가벼운 움직임으로 피로 해소하기(능동적 회복)

훈련을 마친 후 아무것도 하지 않고 쉬는 것만이 회복의 최선은 아닙니다. 특히 중·고강도 훈련을 마친 직후에는 저강도 움직임을 통한 능동적 회복이 필요합니다. 능동적 회복은 가볍게 몸을 움직이며 혈액 순환을 촉진하고, 근육에 축적된 젖산(재활용 가능한 에너지원)과 피로 물질의 제거를 도와 회복 속도를 높이는 데 효과적입니다.

어떻게 하면 좋을까요?

- 산책 또는 가벼운 조깅: 운동 직후 30분 이내, 20~30분 정도의 가벼운 조깅이나 걷기는 근육의 혈류를 증가시키고, 정체된 피로 물질의 배출을 도와줍니다.
- 수영: 30분 정도의 수영은 전신 근육을 부드럽게 이완시키고 근육의 긴장을 해소하는 데 도움이 됩니다.

체계적인 스트레칭과 휴식 (적극적 회복)

적극적 회복은 훈련 후 근육의 긴장을 풀고, 유연성을 유지하며 신체를 편안한 상태로 되돌리는 것을 목표로 합니다. 이 단계에서는 정적 스트

관련 영상

마라톤 완주 후
회복 및 컨디션 관리법

레칭과 충분한 휴식을 통해 회복 속도를 높이는 것이 핵심입니다.

잠깐만요

고강도 훈련 후 회복법 5단계

● 1단계 정적 스트레칭
운동으로 인해 긴장된 근육을 천천히 늘려 주는 이 과정은 단순히 근육을 이완시키는 것을 넘어, 유연성을 유지하고 피로를 완화하는 데 큰 도움을 줍니다. 각 동작은 20~30초 동안 유지하며 반동 없이 천천히 진행해야 효과가 있습니다. 특히 이완 중 통증이 느껴지지 않을 정도의 강도에서 유지하는 것이 중요합니다

● 2단계 마사지 도구 활용
러닝 후 폼롤러나 마사지 볼과 같은 간단한 도구를 활용하면 훈련으로 생긴 미세한 근육 피로를 빠르게 해소할 수 있습니다. 혈액 순환을 촉진하고, 근육의 뭉침을 풀며 다음 훈련에 원활히 대비할 수 있게 돕습니다. 특히 손으로 닿기 어려운 부위까지 깊숙하게 자극할 수 있어, 근육이 미세하게 긴장된 상태에서 더욱 효과적입니다.

● 3단계 수분과 영양 보충
훈련 후 신체는 땀을 통해 많은 체액과 전해질을 잃고, 글리코겐도 상당량 소모됩니다. 이러한 상태를 방치하면 탈수와 영양 부족이 발생해 다음 날 컨디션 저하뿐 아니라 훈련 효과에도 부정적인 영향을 줄 수 있습니다.

● 4단계 찜질
냉찜질과 온찜질은 훈련 후 신체 회복을 돕는 효과적인 방법으로, 회복 단계에 따라 적절히 선택해 사용하는 것이 중요합니다

● 5단계 양질의 수면
고강도 훈련 후 회복을 위해서는 하루 7~9시간의 양질의 수면이 반드시 필요합니다. 수면 중 분비되는 성장호르몬은 근육 재생과 에너지 보충을 돕습니다.

36. 근육 회복의 핵심, 마사지와 폼롤링

운동 성과 유지와 부상 예방을 위해 회복 전략은 러너에게 선택이 아닌 필수입니다. 그중에서도 '마사지'는 피로 회복의 핵심 요소입니다. 적절한 마사지는 근육과 근막의 긴장을 완화하고, 혈류를 촉진하며, 피로 물질을 빠르게 제거해 줍니다.

이번 장에서는 러닝 후 자가 회복을 위한 마사지와 폼롤링 전략을 소개합니다. 단순한 피로 해소를 넘어 회복력 강화, 부상 예방, 다음 훈련을 위한 준비까지, 마사지와 폼롤링의 과학적 원리와 실전 적용법을 함께 정리합니다.

러닝 후 신체에서 일어나는 변화

러닝이 끝난 뒤 몸에서는 다양한 생리적 변화가 발생합니다. 근육과 근막은 반복된 수축과 충격, 지면 반응에 의해 미세 손상을 입고, 에너지를 빠르게 소모하며 젖산이 축적됩니다. 이러한 변화는 근육을 단단하게 만들고, 다음 운동을 어렵게 하며, 회복이 지연되면 부상 위험까지 증가시킵니다. 대표적인 생리 변화 2가지는 다음과 같습니다.

- 미세 근섬유 손상: 러닝 중 반복적인 근육 수축과 충격으로 인해 근섬유에는 미세한 손상이 생깁니다. 적절히 회복되면 근육이 더 단단해지지만, 회복 없이 반복되면 회복력이 떨어지고 만성 통증이나 근육 기능 저하로 이어질 수 있습니다. 이는 페이스 유지와 다음 훈련 집중도에도 영향을 줍니다.
- 젖산 축적: 고강도 구간에서는 무산소 대사가 활성화되어 젖산이 축적됩니다. 젖산 자체가 해로운 것은 아니지만, 수소 이온과 함께 작용하면 근육 내 산성도가 올라가 피로감과 뻣뻣함을 유발합니다. 적절한 회복 없이 방치하면 근육 반응 속도가 느려지고 몸이 무겁게 느껴질 수 있습니다.

혈액 순환을 돕는 가장 강력한 회복 전략

마사지는 다양한 회복 효과가 있지만, 가장 즉각적이고 뚜렷하게 나타나는 효과는 혈액 순환 개선입니다. 근육을 누르거나 문질러 주는 자극은 막혀 있던 모세혈관을 열어 주고, 산소와 영양분을 더 빠르게 공급할 수 있도록 도와줍니다. 이 과정에서 젖산의 축적을 막고 노폐물 같은 피로 물질도 효과적으로 배출되기 때문에 몸이 한결 가볍고 편안해지는 느낌을 받게 됩니다.

러너에게 마사지는 근육 긴장 완화, 근막 이완, 신경계 안정화 등 다양한 회복 작용을 동시에 일으키는 매우 효율적인 방법입니다. 특히 러닝으로 인해 특정 부위에 과도한 긴장이 쌓였을 때, 마사지는 해당 부위를 직접적으로 이완시켜 주고 근육의 움직임 범위를 회복시켜 다음 훈련의 효율을 높이는 데도 큰 역할을 합니다.

마사지를 해야하는 이유는 바로 여기에 있습니다. 근육이 긴장된 상태로 굳어 있으면 회복이 더뎌지고 훈련 효과도 반감됩니다. 이런 상태에서 다음 훈련을 반복하게 되면 만성 피로나 통증이 반복되는 악순환에 빠질 수 있습니다. 하지만 마사지나 폼롤링을 꾸준히 시행하면 혈류가 원활해지고 근육으로 더 많은 산소와 영양분이 공급되어 회복 속도가 눈에 띄게 빨라집니다.

마사지 유무에 따른 회복 차이

구분	마사지를 하지 않았을 때	마사지를 했을 때
근육 상태	근육의 긴장과 뭉침이 방치됨	근육의 긴장이 완화되고 뭉침이 해소됨
혈액 순환	혈류 저하로 피로 물질 배출이 지연됨	혈류가 촉진되어 젖산과 노폐물 배출이 원활함
회복 속도	회복이 지연되고 피로가 다음날까지 지속됨	회복 속도가 빨라져 다음 훈련 준비가 수월해짐
운동 효율	근육이 뻣뻣해지고 운동 범위가 제한됨	근육 유연성이 높아지고 움직임이 부드러움
부상 위험	특정 부위에 반복된 부하로 부상 위험 증가	근육과 관절이 부드럽게 이완되어 부상 예방에 도움

마사지 도구 활용법

러닝 후 폼롤러나 마사지 볼과 같은 간단한 도구를 활용하면, 훈련으로 생긴 미세한 근육 피로를 빠르게 해소할 수 있습니다. 이러한 방법은 혈액 순환을 촉진하고, 근육의 뭉침을 풀며 다음 훈련에 원활히 대비할 수 있게 돕습니다. 특히 손으로 닿기 어려운 부위까지 깊숙하게 자극할 수 있어, 근육이 미세하게 긴장된 상태에서 더욱 효과적입니다.

폼롤러 활용법

| 종아리 |

- 앉은 상태에서 한쪽 종아리를 폼롤러 위에 올립니다.
- 반대쪽 다리는 바닥에 두거나 종아리 위에 겹쳐 체중을 실어 줍니다.
- 손으로 바닥을 짚어 몸을 지탱하며, 천천히 앞뒤로 굴려 종아리 근육을 마사지합니다.
- 특정 부위에서 뭉침이 느껴지면 멈춰 압박한 뒤 다시 천천히 롤링합니다.

| 허벅지 |

- 엎드린 자세에서 허벅지 앞쪽을 폼롤러 위에 올립니다.
- 팔꿈치로 상체를 지탱하면서 천천히 몸을 위아래로 이동시킵니다.
- 허벅지 앞쪽 근육을 전체적으로 풀되, 민감한 부위는 천천히 롤링하며 통증이 과하지 않도록 주의합니다.

장경인대

- 옆으로 누운 자세에서 바깥쪽 허벅지를 폼롤러 위에 올립니다.
- 반대쪽 다리는 앞쪽으로 세워 균형을 잡고, 팔꿈치와 손으로 상체를 지탱합니다.
- 골반에서 무릎 방향으로 천천히 롤링하며 자극을 줍니다.
- 장경인대는 민감한 부위이므로 처음에는 압박 강도를 낮추고 점차 강하게 적용합니다.

장경인대 (Iliotibial Band)

장경인대는 엉덩이 바깥쪽에서 시작해 허벅지 옆을 따라 무릎 바깥쪽까지 이어지는 두껍고 긴 인대입니다. 엉덩이 근육과 연결되어 있으며, 걷거나 뛸 때 다리의 안정성과 균형을 유지하는 데 중요한 역할을 합니다. 허벅지 옆을 손으로 눌러 보면 단단하고 납작한 띠처럼 만져지는 부위가 바로 장경인대입니다.

이 인대는 대퇴근막장근과 대둔근에서 시작해, 무릎 바깥쪽 아래에 있는 정강이뼈(경골) 부착부까지 연결됩니다. 이때 외측 광근과 구분해 인지하는 것이 중요합니다.

① 외측 광근
② 장경인대

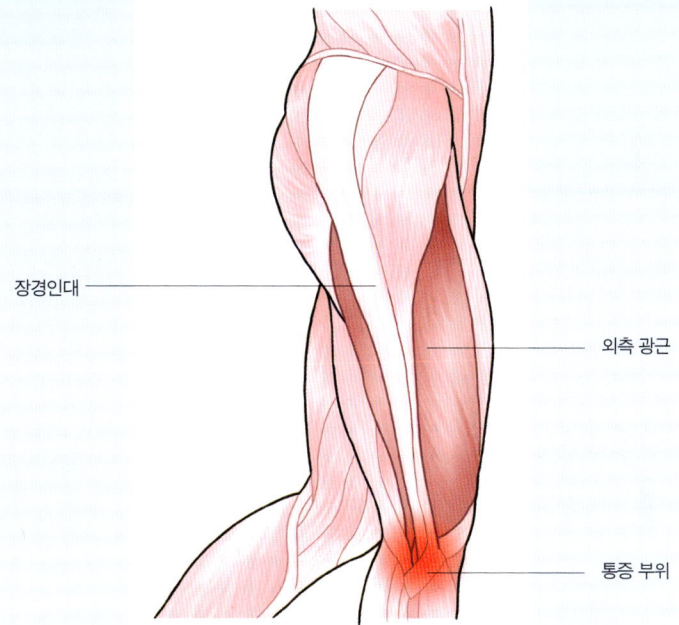

장경인대는 러닝 시 반복적으로 엉덩이부터 무릎까지 몸을 지지하는 역할을 하며, 특히 훈련량이 많거나 엉덩이 근육이 약한 경우 긴장과 마찰이 과도하게 발생할 수 있습니다. 이로 인해 무릎 바깥쪽 통증이 반복적으로 나타나는 증상을 '장경인대증후군'이라고 합니다. 달리기 자세의 불균형이나 과사용 등이 주요 원인입니다.

| 등 |

- 폼롤러를 등 중앙에 두고 바닥에 편안히 눕습니다.
- 무릎은 세우고 발바닥을 바닥에 댄 상태에서 엉덩이를 살짝 들어 올립니다.
- 양손은 머리 뒤로 깍지를 끼거나 가슴 앞에 교차해 올려 줍니다.
- 어깨부터 등 중간까지 천천히 롤링하며 등 전체를 부드럽게 풀어 줍니다.
- 등을 지나치게 구부리지 않도록 주의하며, 뭉친 부위에서는 잠시 멈춰 압박을 유지한 뒤 다시 천천히 롤링합니다.

마사지 볼

| 발바닥 |

- 바닥에 앉거나 선 자세에서 한쪽 발바닥 중앙에 마사지 볼을 둡니다.
- 체중을 실어 앞뒤로 굴리며 발바닥 전체를 부드럽게 자극합니다.
- 아치, 발뒤꿈치, 발가락 부근까지 천천히 움직이며 압박이 필요한 지점에서는 잠시 멈춰 줍니다.
- 양쪽 발을 번갈아 1~2분씩 마사지합니다.

둔근 (엉덩이 근육)

- 바닥에 앉아 한쪽 엉덩이 아래에 마사지 볼을 둡니다.
- 반대쪽 다리를 무릎 위로 올려 스트레칭 자세를 취한 뒤 체중을 실어 자극합니다.
- 좌우로 엉덩이를 움직이며 근육의 뭉친 부위를 찾아가며 압박하고, 통증이 심한 부위에서는 잠시 멈춰 줍니다.
- 각 엉덩이는 1~2분씩 마사지합니다.

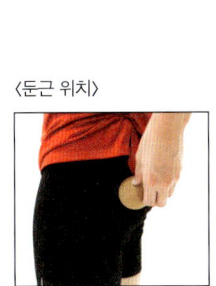

〈둔근 위치〉

햄스트링 (허벅지 뒤쪽)

- 의자에 앉은 자세에서 한쪽 허벅지 아래에 마사지 볼을 둡니다.
- 체중을 실어 앞뒤로 굴리며 허벅지 중간에서 무릎 뒤, 엉덩이 아래까지 천천히 자극합니다.
- 압박이 필요한 부위는 잠시 멈춰 자극을 유지하고, 이후 다시 굴립니다.
- 양쪽 허벅지를 각각 1~2분씩 마사지합니다.

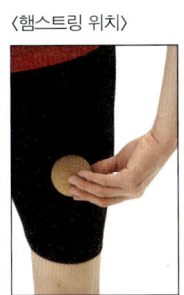

〈햄스트링 위치〉

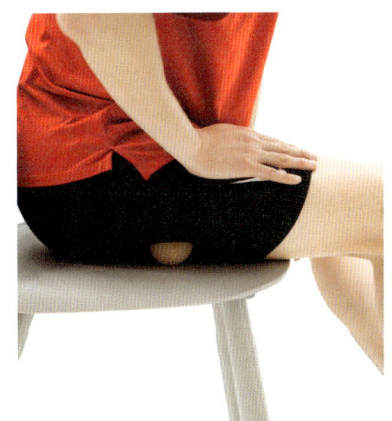

37 부위별 마사지 포인트와 관리 요령

발바닥

발바닥은 러너에게 있어 매우 중요한 부위입니다. 러닝 중 지면과 직접 접촉하며 반복되는 충격을 흡수하고 분산시키는 역할을 하기 때문입니다. 특히 발바닥의 '족저근막'은 발의 아치를 지지하며 안정성과 탄성을 유지하는 핵심 구조로, 러닝 퍼포먼스에 직결되는 기능을 담당하고 있습니다.

하지만 이처럼 중요한 기능을 하는 발바닥은 러닝 후 근육과 근막의 피로가 쉽게 누적되는 부위이기도 합니다. 이를 방치하면 근막이 점차 경직되고 염증으로 이어지기 쉬우며, 대표적인 증상으로 '족저근막염'이 발생할 수 있습니다. 족저근막염은 러너에게 매우 흔한 부상 중 하나로, 발바닥의 날카로운 통증과 함께 러닝 능력 저하를 유발할 수 있습니다.

이러한 문제는 단순한 피로 외에도 신발 선택과 착화 습관에서 비롯되는 경우가 많습니다. 자신의 발에 맞지 않는 신발은 발바닥 근막에 불필요한 긴장을 유발해 통증을 가중시키고, 반복 사용 시 부상으로 이어질 수 있습니다. 특히 쿠션이 부족하거나 아치 지지 기능이 떨어지는 신발은 발바닥 피로를 가중시키는 원인이 되기도 합니다.

러닝 후 발바닥 마사지와 같은 자가 관리는 족저근막의 이완과 회복에 매우 효과적입니다. 마사지 볼이나 폼롤러, 전용 마사지 스틱 등을 활용해 발바닥을 가볍게 눌러 주는 것만으로도 근막의 유연성과 혈류 순환을 개선할 수 있습니다. 특히 장거리 훈련 이후에는 짧은 시간이라도 발바닥을 풀어 주는 습관을 들이는 것이 부상 예방에 큰 도움이 됩니다.

무엇보다 중요한 것은 평소 발에 맞는 신발을 선택하고, 발의 피로를 정기적으로 관리하는 습관을 갖는 것입니다. 단순한 불편함을 가볍게 넘기기보다는, 조기에 관리하는 것이 러닝을 지속하는 가장 현명한 방법입니다.

발바닥 마사지의 효과

발바닥 마사지는 달리기로 인해 피로해진 근육과 근막의 긴장을 풀어 주고, 족저근막염과 같은 부상을 예방하는 데 효과적입니다. 특히 반복된 충격으로 뻣뻣해진 족저근막의 유연성을 회복시키는 데 유용하며, 마사지 후에는 컨디션이 빠르게 회복됩니다.

마사지 이후 발바닥 스트레칭을 함께 실시하면 회복 효과를 더욱 높일 수 있습니다.

- 근막 이완: 족저근막의 긴장을 줄이고 유연성을 높여 발의 피로 회복에 도움
- 혈액 순환 촉진: 산소와 영양분 공급을 도와 회복 속도를 높임
- 부상 예방: 족저근막염을 포함한 만성 부상 예방에 효과적

마사지 방법

- 도구: 마사지 볼 또는 작은 지압용 도구

> **알아 두세요**
>
> **발바닥 마사지와 같이 발가락 스트레칭을 하면 더 좋아요**
>
> ● 발가락 스트레칭
> : 발가락을 손으로 잡아 천천히 뒤로 젖혀 아치를 부드럽게 늘려 줍니다.
>
> ● 족저근막 스트레칭
> : 계단이나 벽 모서리에 발 앞부분을 올리고, 발뒤꿈치를 아래로 천천히 눌러 족저근막과 아킬레스건, 종아리까지 함께 이완시켜 줍니다.

- 작은 크기의 도구일수록 특정 부위를 깊게 자극할 수 있어 효과가 좋습니다.
- 방법:
  ① 서서 발바닥 중앙 아래에 마사지 볼을 위치시킵니다.
  ② 체중을 서서히 볼 위에 실어 압력을 가합니다.
  ③ 발의 아치 라인을 따라 앞뒤로 천천히 굴립니다.
  ④ 내측(엄지발가락 방향), 중앙, 외측(새끼발가락 방향)으로 나눠 고르게 마사지합니다.
  ⑤ 통증이 느껴지는 부위는 20~30초간 멈춘 채 압박을 유지하여 근막의 긴장을 풀어 줍니다.

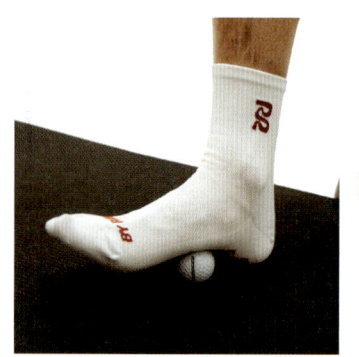 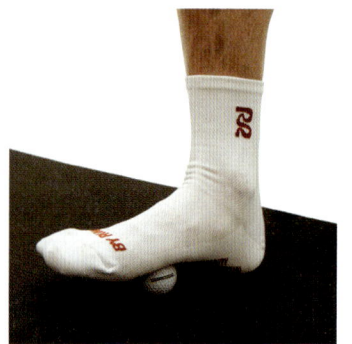 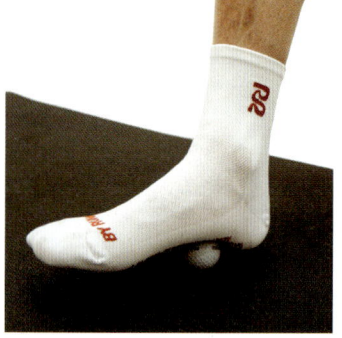

발목

발목은 러닝 중 균형과 안정성을 지탱하는 핵심 관절입니다. 러너는 달리는 내내 반복되는 충격과 회전 동작을 견뎌야 하므로, 발목 주변의 근육과 인대는 쉽게 피로가 누적되고 긴장 상태에 빠지기 쉽습니다. 이러한 상태가 지속되면 발목 염좌, 아킬레스건염, 족저근막염 등 다양한 부상의 위험이 높아지게 됩니다.

특히 발목의 유연성과 안정성이 저하되면 착지 시 충격 흡수가 제대로 이루어지지 않고, 피로가 누적되어 회복 속도 또한 느려질 수 있습니다. 발목 주변 근육과 인대에 대한 꾸준한 마사지와 스트레칭은 이러한 문제를 예방하고 회복을 돕는 데 매우 효과적입니다.

발목 마사지의 효과

발목 마사지는 러닝 중 반복되는 충격으로 인해 긴장된 발목 주변 근육과 인대를 이완시키고, 회복과 부상 예방에 효과적입니다.

- 근육 이완: 발목 주변 근육의 유연성을 높여 움직임의 효율성과 착지 안정성 강화
- 혈액 순환 촉진: 피로 물질 배출과 회복 속도 향상
- 부상 예방: 염좌 및 아킬레스건염과 같은 부상 발생 위험 감소
- 통증 완화: 반복된 사용으로 인한 발목 통증을 줄이고 일상생활과 러닝 퍼포먼스 개선

마사지 방법 1-스틱 활용

- 도구: 마사지 스틱
- 적용 부위: 발목 주변 근육(전경골근, 종아리 근육 포함)
- 방법:
  ① 의자에 앉거나 선 자세에서 발목을 편안한 상태로 유지합니다.
  ② 마사지 스틱을 사용해 전경골근(정강이 옆 근육)과 종아리 근육을 부드럽게 롤링합니다.
  ③ 아킬레스건 주변은 살짝 압력을 가하며 위아래로 천천히 움직여 긴장을 풀어 줍니다.
  ④ 좌우 발목을 각각 2~3분씩 동일하게 실시합니다.

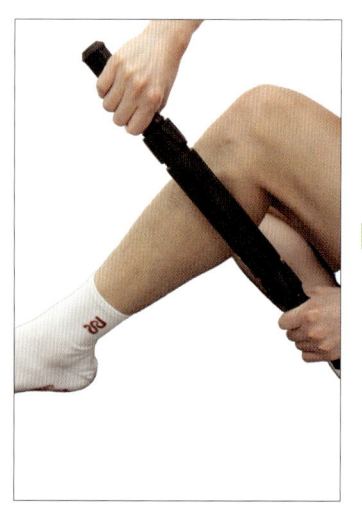 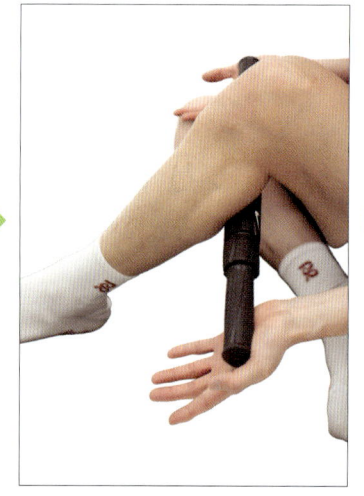 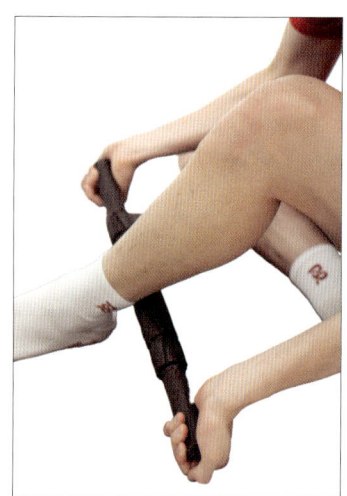

마사지 방법 2-마사지 건 활용

- 도구: 마사지 건(소프트 헤드 권장)
- 적용 부위: 발목 주변 소근육, 아킬레스건
- 방법:
  ① 마사지 건을 저속으로 설정한 뒤 종아리와 발목 사이 근육에 원을 그리듯 천천히 대고 움직입니다.
  ② 전경골근과 아킬레스건 주위는 강한 압력 없이 가볍게 진동을 전달합니다.
  ③ 각 부위는 1~2분 이내로 진행하며, 통증이 느껴질 경우 즉시 중단합니다.
  * 마사지 건 사용은 주 2~3회가 적절하며, 고강도 훈련 후에는 가벼운 강도로 시작하는 것이 안전합니다.

 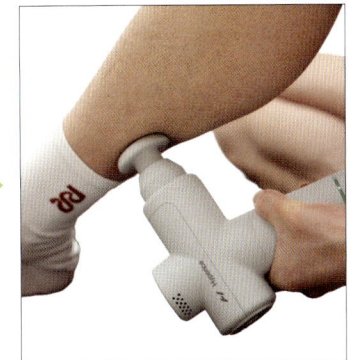

 발목 마사지 시 꼭 기억해야 할 주의사항

- 과도한 압력은 금물: 발목은 민감한 부위이므로 강한 자극은 오히려 염증과 손상을 유발할 수 있습니다.
- 적절한 빈도 유지: 주 2~3회 정도가 적절하며, 통증이 있는 경우 충분한 회복 시간을 확보하세요.
- 급성 염증 시 피하기: 부상 초기에는 마사지보다 냉찜질이나 휴식을 우선해야 합니다.
- 만성 통증은 전문가 상담 필요: 발목 통증이 지속된다면 자가 치료보다 전문가의 진단과 처방이 우선입니다.

정기적인 발목 마사지는 러너의 유연성과 착지 안정성을 높이는 데 중요한 역할을 합니다. 부상을 예방하고, 더 오래 달릴 수 있는 기반을 만드는 데 도움이 됩니다.

무릎

무릎은 러닝 중 체중을 반복적으로 지탱하며 충격을 흡수하는 핵심 관절입니다. 하지만 러너에게 무릎 통증은 흔한 고민입니다. 단순히 관절 자체의 문제라기보다, 무릎 주변 근육과 인대의 과도한 긴장에서 비롯됩니다. 특히 허벅지 앞쪽의 대퇴사두근과 뒤쪽의 대퇴이두근이 과도하게 뭉치면, 무릎 관절에 불균형한 하중이 가해져 '러너스 니'나 '슬개건염'과 같은 부상으로 이어질 수 있습니다. 무릎 주변 근육과 인대를 정기적으로 마사지하고, 스트레칭을 병행하면 관절에 가해지는 부담을 줄이고 부상을 예방할 수 있습니다.

무릎 마사지 효과

무릎 관리는 장기적인 러닝 퍼포먼스를 유지하는 데 필수적입니다. 적절한 도구와 방법을 활용해 꾸준히 관리하면 무릎의 부담을 줄이고 부상의 위험을 효과적으로 예방할 수 있습니다.

- 근육 긴장 완화: 허벅지 앞뒤 근육의 이완을 통해 무릎 관절 압력 경감
- 유연성 향상: 움직임 범위 확대, 부드러운 착지와 회복에 도움
- 부상 예방: 무릎 부위에 가해지는 스트레스 감소 → 러너스 니, 슬개건염 예방
- 혈류 개선: 회복 촉진 및 피로 물질 배출

마사지 방법 1 – 마사지 스틱 활용

- 도구: 마사지 스틱
- 적용 부위: 허벅지 앞뒤 근육(대퇴사두근, 대퇴이두근)
- 방법:
  ① 의자에 앉아 다리를 편하게 둡니다.
  ② 무릎 위부터 허벅지 상단까지 스틱을 천천히 롤링합니다.
  ③ 허벅지 뒤쪽은 오금 위부터 엉덩이 부위까지 부드럽게 롤링합니다.
  ④ 뭉친 부위가 느껴지면, 가벼운 압력으로 10~15초간 집중 자극합니다.

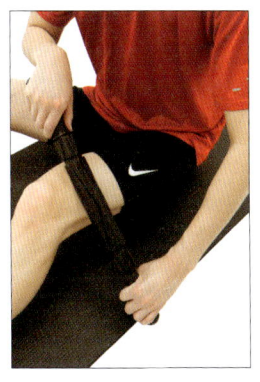 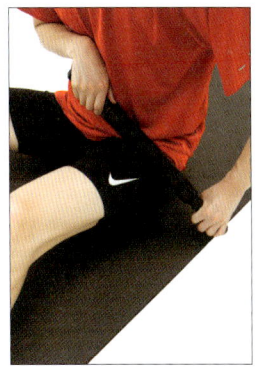  

마사지 방법 2-폼롤러 활용

- 도구: 폼롤러
- 적용 부위: 대퇴사두근
- 방법:
    ① 바닥에 엎드려 폼롤러를 허벅지 앞에 대고 체중을 실은 채 천천히 몸을 굴립니다.
    ② 민감하거나 뭉친 부위는 속도를 늦추고 부드럽게 반복합니다.
    ③ 마사지를 마친 뒤에는 가벼운 스트레칭으로 마무리합니다.

잠깐만요

무릎 마사지 시 꼭 주의해야 할 사항

- 무릎 관절에는 직접 압력 금지: 무릎 자체에 마사지 압력을 가하면 오히려 손상을 유발할 수 있습니다.
- 통증이 느껴질 경우 중단: 마사지를 하다가 통증이 심해진다면 즉시 중단하고 전문가의 상담을 받는 것이 안전합니다.
- 운동 전후 스트레칭 병행: 마사지는 근육의 이완에 효과적이지만, 근력 밸런스를 위한 스트레칭까지 함께 시행해야 유연성과 퍼포먼스 향상에 도움이 됩니다.

장경인대

장경인대는 러닝 중 반복적인 움직임과 착지로 인해 마찰과 긴장이 자주 발생하는 부위입니다. 이러한 지속적인 자극은 무릎 외측의 통증과 염증을 유발하며, 심할 경우 '장경인대증후군'으로 발전하기도 합니다. 특히 대퇴근막장근과 대둔근의 근육 불균형이나 긴장은 장경인대에 영향을 미치는 주요 원인이 되며, 이를 방치하면 통증이 만성화되고 러닝 지속이 어려워질 수 있습니다. 장경인대 관리를 위해서는 유연성과 근력 밸런스를 유지하는 것이 중요하며, 마사지와 스트레칭은 이를 위한 핵심 방법입니다.

마사지 효과

- 유연성 향상: 대퇴근막장근과 장경인대의 긴장을 완화하고 유연성을 높임
- 통증 예방 및 완화: 고관절과 무릎에 가해지는 과도한 스트레스를 줄여 부상 위험을 낮춤

❶ 알아 두세요

장경인대증후군이란?
장경인대증후군은 무릎 외측에 반복적인 마찰과 자극이 누적되며 발생하는 통증 증상입니다. 특히 달리기 자세가 불균형하거나 힙 근육이 약한 경우, 장경인대가 과도하게 긴장되며 무릎 옆 부분과 마찰을 일으켜 염증이 발생합니다. 러닝 중 무릎 바깥쪽에 날카로운 통증이 반복적으로 느껴진다면 의심해 봐야 합니다.

- 자세 안정성 강화: 고관절과 무릎의 가동 범위를 넓혀 러닝 자세의 안정성을 유지
- 혈류 촉진 및 회복 지원: 피로 물질 배출을 촉진해 염증 완화와 회복 속도를 높임

마사지 방법 1- 폼롤러 활용

- 도구: 폼롤러
- 적용 부위: 장경인대, 대퇴근막장근
- 방법:
  ① 바닥에 옆으로 누워, 허벅지 외측(장경인대)을 폼롤러 위에 올립니다.
  ② 한쪽 손과 발로 체중을 조절하며, 골반에서 무릎 바로 위까지 천천히 롤링합니다.
  ③ 뭉친 부위가 있다면 속도를 줄이고 가볍게 압박을 유지합니다.
  ④ 한쪽 다리당 약 3~4분간 진행합니다.

마사지 방법 2 - 마사지 볼

- 도구: 마사지 볼
- 적용 부위: 대둔근
- 방법:

  ① 바닥에 누워 마사지 볼을 엉덩이(대둔근) 아래에 위치시킵니다.

  ② 엉덩이 근육 전체를 천천히 압박하며 이동시킵니다.

  ③ 민감하거나 뭉친 부위는 압력을 유지한 채 원을 그리듯 움직입니다.

  ④ 한쪽 엉덩이당 약 2분간 진행합니다.

아홉째 마당

영양과 식단

38 러너를 위한 기초 영양학

39 대회 전 탄수화물 로딩 방법

40 러너에게 좋은 보충제

영양과 식단으로 우리 몸의 에너지 시스템을 개선하라

러닝을 하면서 누구나 한 번쯤은 훈련 도중 갑자기 에너지가 바닥나는 느낌, 평소보다 훨씬 힘들게 느껴지고 목표 페이스를 유지하기 어려운 순간들을 경험합니다. 이는 단순한 체력 저하라기보다는 '적절한 에너지원이 제때 공급되지 않았기 때문'일 가능성이 높습니다.

우리 몸은 러닝 중에 정교한 에너지 시스템을 작동시키며, 섭취한 영양소를 연료로 변환해 사용합니다. 탄수화물, 지방, 단백질은 각각 고유한 방식으로 에너지를 공급하며, 몸의 회복과 지속적인 퍼포먼스를 결정짓는 핵심 요소가 됩니다. 하지만 이 에너지 변환 과정이 원활하지 않으면, 훈련의 효율은 떨어지고 회복에도 시간이 오래 걸리게 되지요.

이번 마당에서는 러닝과 영양의 관계를 짚고, 에너지를 효율적으로 관리하는 방법을 알아보겠습니다. 나아가 러닝에 도움이 되는 식단, 그리고 주요 보충제의 종류와 그 효과적인 활용법도 살펴봅니다.

여기서 한 가지 기억해 둘 점은 이것입니다. 러닝 성과와 회복 속도는 '무엇을 먹느냐'보다 '언제 어떻게 먹느냐'에 더 크게 좌우된다는 것입니다.

38. 러너를 위한 기초 영양학

에너지는 어디에서 올까?

러닝 중 우리 몸이 움직이기 위해 사용하는 주요 연료는 탄수화물, 지방, 단백질입니다. 이 3가지 에너지원은 각각의 역할을 하며, 훈련 강도와 지속 시간에 따라 몸이 주로 사용하는 연료가 달라집니다.

탄수화물

탄수화물은 러너에게 가장 빠르고 즉각적인 에너지원입니다. 밥, 빵, 감자, 과일 등에서 섭취한 탄수화물은 몸속에서 글리코겐 형태로 저장되며, 특히 고강도 훈련이나 페이스가 빠른 러닝 초반에 주된 연료로 사용됩니다.

탄수화물, 언제 필요할까?

운동 강도가 VO_2max의 80퍼센트 이상으로 높아지면, 우리 몸은 지방

보다 탄수화물을 주요 에너지원으로 사용합니다. 예를 들어 다음과 같은 상황에서 탄수화물 보충이 매우 중요합니다.

- 페이스를 올려 빠르게 달릴 때
- 인터벌, 레이스 페이스, 스피드 훈련 등 고강도 러닝을 할 때

탄수화물

탄수화물 공급원		특징	추천 섭취 시점
곡류	현미, 귀리, 통밀빵, 퀴노아	지속적 에너지원, 근글리코겐 저장	평소 식단, 운동 전·후
감자류	감자, 고구마	전분 풍부, 에너지 지속 공급	운동 전·후
과일	바나나, 포도, 건과일	빠르게 흡수, 즉각적인 에너지원	운동 전·중·후
액당	스포츠 음료, 꿀물	흡수 빠름, 즉각적인 혈당 상승	운동 전·중·후

탄수화물과 글리코겐

탄수화물은 섭취 후 포도당으로 분해되어 혈액으로 흡수되고, 간과 근육에 글리코겐 형태로 저장됩니다.

글리코겐은 쉽게 말해 우리 몸속의 에너지 저장 탱크입니다. 운동 중 특히 중·고강도 러닝에서는 글리코겐이 주요 연료로 사용되며, 충분히 저장되지 않으면 쉽게 지치고, 페이스 유지가 어려워집니다.

종류에 따라 다른 글리코겐 전환 속도

탄수화물은 단순 탄수화물과 복합 탄수화물로 나뉘며, 소화 속도와 글리코겐 전환 비율에 차이가 있습니다.

> **알아 두세요**
> **글리코겐이란?**
> 글리코겐은 탄수화물이 포도당으로 바뀐 뒤, 간과 근육에 저장된 연료 탱크입니다. 주로 러닝 중 빠른 에너지 공급이 필요할 때 사용됩니다.

단순 탄수화물 vs. 복합 탄수화물

구분	특징	글리코겐 저장 비율
단순 탄수화물	설탕, 꿀, 과일, 스포츠 음료	흡수 빠름, 혈당 빠르게 상승	약 30~40%
복합 탄수화물	쌀, 고구마, 통곡물, 귀리 등	흡수 느림, 서서히 혈당 상승	약 60~70%

> **알아 두세요**
>
> **탄수화물 권장 섭취량**
> - 이론적 기준
>   : 체중 1kg당 7~10g 탄수화물
> - 현실적 섭취
>   : 체중 1kg당 5~6g 탄수화물
> - 일부 연구에서는 12g/kg 섭취 그룹이 회복력이 더욱 높게 나타나기도 함

운동 전 탄수화물 섭취 타이밍

탄수화물 섭취 시점에 따라 글리코겐 저장 효율도 달라지기 때문에 시점에 따라 탄수화물 종류를 선택해 섭취하는 것이 좋습니다.

- 운동 3~4시간 전: 현미, 고구마, 귀리 등 복합 탄수화물을 섭취합니다. 혈당이 안정적으로 유지되며 글리코겐이 천천히 저장됩니다.
- 운동 1~2시간 전: 바나나, 흰빵, 오트밀 등 소화가 빠른 탄수화물이 적당합니다. 글리코겐 충전과 혈당 유지에 효과적입니다.
- 운동 30분~1시간 전: 빠르게 흡수되어 즉각적으로 에너지를 제공하는 젤, 꿀, 스포츠 음료 등 단순 탄수화물을 섭취하도록 합니다.

운동 후 글리코겐 회복 전략

러닝이 끝난 직후는 글리코겐을 가장 빠르게 보충할 수 있는 골든 타임입니다. 운동 후 2시간 이내 탄수화물 섭취가 회복의 핵심 전략이 됩니다. 이 시기에는 인슐린 민감성과 근세포의 흡수 능력이 높아져, 글리코겐 합성 속도가 2배 이상 증가합니다.

단, 과도한 섭취는 혈당 문제나 소화 부담을 유발할 수 있으므로, 개인 체중과 훈련 강도에 따라 조절하는 것이 중요합니다.

지방

러닝 중 에너지원으로 가장 먼저 사용되는 것은 탄수화물이지만, 일정 시간이 지나면 지방이 주요 에너지원으로 전환됩니다. 탄수화물은 빠른 에너지 공급에 유리하나 저장량이 제한적인 반면, 지방은 상대적으로 연소 속도는 느리지만 오래 지속되는 안정적인 연료로, 장거리 러닝에서는 지방의 활용 능력이 퍼포먼스 유지에 중요한 역할을 합니다.

지방은 언제 사용될까?

러닝이 일정 시간 이상 지속되면 글리코겐 저장량이 감소하고, 신체는 점차 지방 대사 시스템을 활성화합니다.

특히 마라톤이나 울트라마라톤과 같이 2시간 이상 일정 페이스로 달리는 장거리 훈련에서는 지방이 주된 연료로 활용됩니다. 지방은 체내 저장량이 많고 연소가 느리지만, 한 번 사용되기 시작하면 장시간 안정적인 에너지를 공급할 수 있습니다.

지방 연소와 훈련 강도의 관계

지방 사용 비율은 운동 강도에 따라 달라집니다.

훈련 강도에 따른 지방 연소

러닝 강도	지방 사용 비율	탄수화물 사용 비율
저강도 (Zone 2~3)	지방이 주요 연료	글리코겐 소비 적음
중·고강도 (Zone 4~5)	탄수화물 사용 증가	지방 사용 감소
장거리 러닝 (2시간 이상)	초반에는 혼합, 후반으로 갈수록 지방 활용 증가	글리코겐 고갈 후 감소

> **알아 두세요**
>
> **지방적응훈련**
>
> 신체가 에너지원으로 탄수화물보다 지방을 더 효율적으로 활용하도록 적응하는 과정입니다. 지방을 주요 연료로 활용하는 능력이 향상되면, 한정된 탄수화물 소비를 줄이고 안정적인 러닝을 지속할 수 있습니다.

러너에게 지방 섭취가 중요한 이유

지방은 단순한 '비축 연료'가 아닙니다. 지방을 에너지로 잘 쓰는 능력은 러닝 후반부 퍼포먼스를 결정짓는 핵심 요소입니다. 특히 탄수화물 저장량이 한정된 장거리 러너에게는 지방 대사 효율이 회복 속도와 페이스 유지 능력을 좌우합니다. 지방 대사 능력은 훈련을 통해 향상시킬 수 있으며, 대표적인 방법이 지방적응훈련(Fat Adaptation)입니다. 예를 들어 공복 러닝, Zone2 장거리 훈련 등을 통해 신체가 지방을 더 효율적으로 사용하는 방향으로 바뀌게 됩니다.

단백질

러닝에서 주된 에너지원은 탄수화물과 지방이지만, 단백질 역시 매우 중요한 영양소입니다. 단백질은 일반적으로 운동 중 연료로 사용되지는 않지만, 장거리 러닝이나 고강도 훈련 후에는 근육 회복과 유지, 그리고 에너지 보조 연료로 활용되며 러닝 성과에 큰 영향을 미칩니다.

> **알아 두세요**
>
> **당신생(糖新生)**
>
> 탄수화물이 부족할 때, 우리 몸은 젖산·지방·단백질 등을 사용해 포도당을 새로 만듭니다. 이를 당신생이라 하며, 포도당이 꼭 식사로만 공급되지 않는 이유입니다.
> – 주원료
> ● 젖산
> : 무산소 운동 후 생성, 간에서 포도당 전환
> ● 글리세롤
> : 지방 분해 시 생성, 포도당 합성에 사용
> ● 글루코제닉 아미노산
> : 근육 단백질 분해로 유래, 포도당으로 전환됨

단백질은 언제 사용될까?

일반적인 러닝에서는 탄수화물과 지방이 에너지의 대부분을 담당합니다. 그러나 장시간 러닝으로 글리코겐이 고갈된 상태에서는 단백질이 보조 연료로 사용될 수 있습니다.

또한 탄수화물 섭취가 부족할 경우, 몸은 에너지를 얻기 위해 근육 단백질을 분해(당신생)하여 포도당을 생성하려 합니다. 특히 마라톤 후반부나 장거리 러닝 시 에너지 결핍 상태에서는 근육 손실을 방지하기 위해 단백질 보충이 필요합니다.

> 알아 두세요

탄수화물＋단백질 섭취 조합 예시
- 바나나＋프로틴 쉐이크
- 통곡물빵＋닭가슴살

러너에게 단백질이 중요한 이유

- 근육 회복 및 성장: 손상된 근섬유를 재생시켜 근력을 회복하고 강화합니다.
- 부상 예방: 단백질이 부족하면 근육이 약해져 부상의 위험이 높아질 수 있습니다.
- 러닝 퍼포먼스 향상: 회복력이 높아질수록 다음 훈련의 질이 올라갑니다.

단백질 섭취 타이밍과 활용법

가장 효과적인 단백질 섭취 시점은 운동 직후 30분 이내입니다. 이때는 근육이 단백질을 가장 잘 흡수하는 시기로, 근육 회복과 재생 효과가 극대화됩니다. 또한, 탄수화물과 단백질을 함께 섭취하면 글리코겐 회복 속도와 근육 단백질 합성이 모두 촉진됩니다

러닝 중 우리 몸은 어떻게 에너지를 만들까?

러닝을 할 때 우리 몸은 운동 강도와 지속 시간에 따라 서로 다른 방식으로 에너지를 생성합니다. 단순히 '많이 먹고 달린다'는 접근을 넘어서, 어떤 에너지 시스템이 작동하고 어떤 연료가 사용되는지를 이해하는 것은 러닝 퍼포먼스를 높이는 핵심 전략이 됩니다.

> 알아 두세요

ATP-PC 시스템
ATP(아데노신 삼인산)는 몸 안의 즉시 사용 가능한 에너지원입니다. 하지만 저장량이 적어 2~5초 만에 소진되며, 이때 크레아틴 인산(PC)이 작동해 빠르게 ATP를 다시 만듭니다. 두 에너지원을 합쳐도 10초 이내밖에 지속되지 않으며, 매우 짧은 시간 동안의 고강도 운동에 특화된 에너지 시스템입니다.

빠르게 시작할 때 - ATP-PC 시스템 (폭발적 속도)

러닝을 시작하거나 100미터 전력 질주처럼 짧고 순간적인 폭발력이 필요한 상황에서는 우리 몸은 미리 저장해 둔 ATP와 크레아틴 인산을 사

용해 즉각적인 에너지를 공급합니다.

- 특징: 즉시 작동하지만 5~10초 내 고갈
- 연료: 근육 내 ATP + 크레아틴 인산
- 예시: 100m 질주, 순간 가속, 점프, 스타트 대시

강한 페이스를 유지할 때 - 젖산 시스템 (무산소 해당 작용)

페이스를 높여 2~4분간 빠르게 달리는 구간에서는 산소 없이 에너지를 생산하는 젖산 시스템이 작동합니다. 이 시스템은 탄수화물(글리코겐)을 빠르게 분해해 에너지를 만들지만, 대신 젖산이 축적되며 근육 피로를 유발할 수 있습니다.

- 특징: 2~4분간 강한 에너지 제공
- 연료: 글리코겐(산소 없음)
- 예시: 400~800m 달리기, 인터벌 러닝, 힐 트레이닝

장거리 러닝 - 산소 시스템 (유산소 대사)

50분 이상 지속되는 러닝이나 마라톤과 같은 장거리에서는 산소를 활용한 유산소 시스템이 작동합니다. 이 방식은 탄수화물과 지방을 연료로 사용해 느리지만 오래가는 에너지를 공급합니다.

그러나 연소 속도가 느려 순간적인 스피드에는 부적합하며, 장거리 러닝 시 글리코겐 고갈이 발생하면 '벽에 부딪히는(hitting the wall)' 현상이 나타날 수 있습니다. 따라서 장거리 러너는 탄수화물과 지방 대사 능력을 높이는 훈련과 영양 전략이 필수적입니다.

- 특징: 느리지만 가장 지속적인 에너지 생산

> **알아 두세요**
>
> **젖산 시스템**
> 이 시스템은 짧고 강한 페이스 구간에 사용됩니다. 빠른 에너지를 생산하지만 젖산 축적이 빨라 피로감이 상승하므로, 페이스 조절이 매우 중요합니다.

> **알아 두세요**
>
> **산소 시스템** (유산소 대사)
> 유산소 대사는 산소가 충분할 때 작동하는 시스템으로, 지방·탄수화물·단백질까지 다양하게 사용할 수 있습니다. 강도는 낮지만 가장 오래 지속되는 에너지 시스템입니다.

- 연료: 글리코겐+지방+산소
- 예시: 장거리 조깅, 하프/풀 마라톤, 트레일 러닝

에너지 시스템 비교

시스템 이름	지속 시간	주요 연료	특징/활용
ATP-PC	0~10초	ATP+크레아틴 인산	폭발적, 단거리 질주
젖산 시스템	2~4분	글리코겐(무산소)	강한 페이스 유지, 빠른 피로
산소 시스템	5분~수시간 이상	글리코겐+지방+산소	장거리 지속 에너지

영양 전략

러닝에서 좋은 성과를 내기 위해서는 훈련 강도에 맞춘 영양 전략이 필수입니다. 러닝 전·중·후 각각의 타이밍에 따라 어떤 영양소를, 어떤 방식으로 섭취할지를 알면 에너지 고갈을 예방하고 회복을 빠르게 촉진할 수 있습니다.

러닝 전

- 목적: 글리코겐 저장량 충전
- 권장 섭취: 탄수화물 중심 식사
- 주의사항: 소화가 느려 컨디션 저하를 일으킬 수 있는 고지방 식사는 피할 것

러닝 중(50~60분 이상 지속 시)

- 목적: 글리코겐 고갈 방지, 안정적인 에너지 공급
- 권장 섭취: 20~30분 간격으로 빠르게 흡수되는 탄수화물(예: 러닝 젤, 스포츠 음료, 바나나 등)

러닝 후

- 목적: 글리코겐 재충전 + 근육 회복
- 권장 섭취: 탄수화물 + 단백질 동시 섭취(비율 약 3:1)

러닝 목적에 따라 러너 수준에 따라 영양 전략이 다릅니다

목적별 영양 전략 정리

목표	권장 전략
체지방 감량	저강도 유산소 + 훈련 후 저탄수·고단백 식사
지구력 향상	복합 탄수화물 중심 식사 + 장거리 훈련 후 탄수화물 보충
퍼포먼스 향상	인터벌, 템포런 훈련 전후 빠르게 흡수되는 탄수화물 + 단백질 섭취

러너 수준별 영양 전략 포인트

수준	전략 포인트 요약
초급 러너	식사 거르지 않기 + 훈련 후 탄수화물 섭취 습관 들이기
중급 러너	훈련 강도에 따라 탄수화물·단백질 섭취량 조절하기
상급 러너	보충제, 전해질, 탄수화물 로딩 등 전략적인 섭취 타이밍과 조합 고려하기

러닝 퍼포먼스를 위한 에너지 시스템 활용법

러닝 중에는 하나의 운동 강도와 지속 시간에 따라 ATP-PC 시스템, 젖산 시스템, 산소 시스템이 서로 다른 비율로 동시 작용하며 에너지를 생성합니다. 따라서 자신의 훈련 유형과 목표에 맞춰 주요 에너지원이 무엇인지 이해하고, 거기에 맞는 영양 섭취 전략을 세우는 것이 중요합니다.

- 단거리·스피드 훈련: 빠르게 흡수되는 탄수화물 보충
- 장거리·지구력 훈련: 복합 탄수화물, 지방 대사 향상 훈련 병행
- 강도 높은 훈련 후: 단백질 섭취를 통한 회복과 근손실 방지

39. 대회 전 탄수화물 로딩 방법

마라톤에서 최상의 컨디션을 유지하고 최고의 결과를 내기 위해서는 철저한 영양 관리가 반드시 필요합니다. 마라톤은 장시간 지속되는 고강도 유산소 운동이기 때문에, 경기 전후 에너지 공급과 수분 조절은 경기력에 직접적인 영향을 미칩니다.

이 중에서도 탄수화물 로딩(Carb-loading, 카보로딩)은 대회 전 핵심 전략입니다. 체내 글리코겐 저장량을 충분히 확보하면 장거리 레이스 동안 안정적이고 지속적인 에너지 공급이 가능해지고, 근육 피로도와 퍼포먼스 저하를 효과적으로 줄일 수 있습니다. 또한 수분과 전해질을 함께 보충하면 탈수, 근육 경련 등 컨디션 저하 요인을 예방하는 데 도움이 됩니다.

경기 당일에는 빠른 흡수와 효율적인 에너지 활용에 집중해야 하며, 이는 레이스 전체를 안정적으로 마무리하는 핵심 기반이 됩니다.

이 장에서는 마라톤 전날과 당일에 필요한 탄수화물 로딩 전략과 수분·전해질 조절 요령, 섭취 타이밍과 식단 예시 등을 체계적으로 안내합니다. 불필요한 변수를 줄이고 자신감 있는 레이스 컨디션을 만드는 데 가장 확실한 준비가 되어줄 것입니다.

> 알아 두세요
>
> **탄수화물 로딩**
>
> 마라톤이나 장거리 러닝 전, 몸속 에너지 저장 탱크를 가득 채워두는 전략입니다.

탄수화물 로딩이란?

탄수화물 로딩은 경기 전 2~3일간 탄수화물 섭취량을 늘려 체내 글리코겐 저장량을 극대화하는 전략입니다. 이는 장거리 러닝 중 지속적인 에너지 공급을 가능하게 하며, 후반부 피로 누적을 늦추고 페이스 유지력 향상에 도움을 줍니다.

탄수화물 로딩의 원리

탄수화물은 체내에서 포도당으로 분해된 뒤, 간과 근육에 글리코겐 형태로 저장됩니다. 러닝 중 글리코겐은 가장 먼저 사용되는 주요 에너지원이며, 저장량이 부족하면 후반부 페이스 유지가 어려워집니다.

탄수화물 로딩을 통해 평소보다 1.2~1.5배 많은 글리코겐 저장이 가능하며, 이로 인해 후반 퍼포먼스 유지와 회복 속도 향상에도 긍정적인 효과가 있습니다.

탄수화물 로딩 전후 글리코겐 저장량 비교

저장 부위	평소 저장량(g)	탄수화물 로딩 후(g)
간	약 80	약 100
근육	300~400	400~500
총합	약 380~480	약 500~600

엘리트 마라톤 선수들의 탄수화물 로딩 전략

마라톤을 앞둔 엘리트 선수들은 경기 당일 최고의 컨디션을 유지하기 위해 체계적인 탄수화물 로딩 전략을 실행합니다. 이는 단순히 탄수화물을 많이 먹는 것이 아니라, 체내 글리코겐을 고갈시킨 후 다시 채우는 2단계 과정을 통해 저장 능력을 극대화합니다.

① 탄수화물 고갈 단계 (대회 6일 전~대회 4일 전)

경기 6일 전부터 3일간은 체내 탄수화물을 의도적으로 줄이고 고갈시키는 시기입니다. 이 시기에는 단백질 중심 식단을 유지하며, 강도 높은 훈련을 통해 글리코겐을 적극적으로 소모합니다.

- 첫날 고강도 훈련 예시: 12,000m 페이스주 → 1차 글리코겐 고갈
- 셋째 날 훈련 예시: 3,000m 러닝 → 잔여 글리코겐 소진
- 식단 구성: 탄수화물 최소화, 단백질 위주로 구성
- 체감 변화: 평소보다 기록 저하(예: 3,000m 기록 8분 30초 → 9분 30초 이상), 피로감 증가
- 체중 변화: 고갈기 초반에 수분 손실로 체중 2~3kg 감소

이 과정을 통해 탄수화물이 퍼포먼스에 얼마나 중요한지를 직접 체감하고, 이후 로딩 단계에서 글리코겐 저장의 중요성을 각인하게 됩니다.

② 탄수화물 로딩 단계 (대회 3일 전~경기 당일)

수요일 저녁부터는 본격적인 탄수화물 로딩을 시작합니다. 목표는 체내 글리코겐 저장량을 최대한 끌어올리는 것입니다.

- 식단 초기: 위 부담 줄이기 위해 죽, 주스 등 부드러운 식품 섭취
- 주요 식단 구성: 쌀밥, 국수, 감자, 견과류 등 고탄수화물 식품 위주
- 체중 변화: 로딩기 후반에 글리코겐과 함께 저장된 수분으로 인해 체중 2~3kg 증가 → 정상 현상

체중 증가는 글리코겐 저장 과정에서 수분이 함께 저장되기 때문입니다. 이는 경기 중 에너지 안정성 확보를 위한 긍정적인 신호입니다.

엘리트 선수의 탄수화물 로딩 단계

요일(일정 기준)	전략 단계	주요 내용 요약
D-6 ~ D-4	고갈기	고강도 훈련 + 단백질 중심 식단
D-3 ~ D-1	로딩기	고탄수화물 식단, 글리코겐 충전
D-0 (경기 당일)	레이스 컨디션 유지	빠르게 흡수되는 탄수화물 + 수분/전해질

엘리트 선수들의 탄수화물 로딩 방법

요일(일정 기준)	주요 내용	식단
D-6(월)	단백질 100% 섭취(글리코겐 고갈 훈련[12000M])	아침, 점심, 저녁 모두 소고기
D-5(화)	단백질 100%	아침, 점심, 저녁 모두 소고기
D-4(수)	아침, 점심: 단백질 100%(글리코겐 고갈 훈련[3000M]) 저녁: 탄수화물 100%	아침 점심 소고기, 저녁은 가벼운 죽으로 시작
D-3(목)	탄수화물 90%, 지방 5%, 단백질 5%	쌀밥, 국수, 고구마, 감자, 견과류
D-2(금)	탄수화물 90%, 지방 5%, 단백질 5%	쌀밥, 국수, 고구마, 감자, 견과류
D-1(토)	탄수화물 90%, 지방 5%, 단백질 5%	쌀밥, 국수, 고구마, 감자, 견과류

탄수화물 로딩이 주는 의미

엘리트 선수들의 탄수화물 로딩 전략을 보면, 마라톤에서 탄수화물이 가장 중요한 에너지원이라는 사실을 다시 확인할 수 있습니다. 또한 단순히 많이 먹는 것이 아니라 사전 고갈 → 단계적 회복 → 체내 저장 극대화라는 체계적 준비가 성패를 좌우합니다. 체중 증가 또한 정상적인 과정이며, 최적의 에너지를 담아내기 위한 자연스러운 현상으로 이해해야 합니다. 마스터즈 러너들도 이 전략을 참고해 자신에게 맞는 수준에서 탄수화물 로딩을 실천한다면, 레이스 후반부 페이스 유지와 전체적인 퍼포먼스 향상에 큰 도움이 될 수 있습니다.

마스터즈 러너의 식이요법

엘리트 선수들은 대회 6일 전부터 체내 글리코겐을 고갈시킨 후, 급격히 탄수화물 섭취를 늘리는 방식으로 글리코겐 저장량을 평소보다 1.2~1.5배까지 증가시킵니다. 하지만 이 방식은 체력적 · 위장적 부담이 크기 때문에 마스터즈 러너에게는 적합하지 않습니다.

대신 마스터 러너에게는 점진적인 탄수화물 증가 방식이 더 효과적입니다. 최근 연구는 3일간 탄수화물을 점진적으로 늘려도 유사한 글리코겐 증가 효과를 확인하였으며, 위장 부담이 적어 실전 컨디션 유지에 유리한 전략으로 평가되었습니다.

대회 3일 전 (목요일), 균형 잡힌 식단 + 탄수화물 비율 증가

- 탄수화물 비율: 기존 식단 대비 약 70%로 점진적 증가
- 식단 구성: 균형 잡힌 식단 유지(탄수화물 중심), 단백질 · 지방은 평소 수준
- 위장 부담 완화: 섬유질 많은 음식은 조금씩 줄이기 시작
- 수분 섭취: 점진적으로 증가시켜 수분 저장 능력 확보

이 시기에는 체내 수분 저장량도 함께 증가하기 때문에 체중이 약간 증가할 수 있지만, 이는 정상적이고 긍정적인 현상입니다.

대회 2일 전(금요일), 본격적인 탄수화물 중심 식단 전환

- 탄수화물 비율: 약 80%
- 식단 구성: 탄수화물 중심 식사(밥, 국수 등), 단백질·지방은 최소화
- 위장 관리: 소화가 쉬운 음식 위주 선택, 고섬유질 음식 피하기
- 수분 섭취: 하루 2L 이상 유지

식사량은 충분히 섭취하되, 위장 부담을 줄이는 것이 핵심입니다.

대회 하루 전(토요일), 글리코겐 저장 최종 마무리

- 탄수화물 비율: 80% 이상 유지
- 피해야 할 음식: 기름진 음식, 섬유질 많은 식품
- 수분·전해질 보충: 나트륨 포함 음료 섭취, 탈수 방지

이 시기는 에너지 저장 극대화 + 위장 부담 최소화가 핵심입니다.

대회 당일(일요일), 에너지 유지 & 위장 부담 최소화

- 경기 3시간 전: 고탄수화물 + 저지방 + 저단백 아침식사
- 경기 30분 전: 스포츠 젤, 바나나 등 빠른 흡수 탄수화물 소량 섭취

대회 당일 아침은 소화가 잘되는 탄수화물 중심으로 구성해 혈당 유지에 집중해야 합니다.

마스터 러너의 3일 전~당일 식단 전략 요약

시점	탄수화물 비율	식단 핵심 전략
3일 전	약 70%	균형 잡힌 식단 유지, 수분 섭취 증가, 섬유질 식품 조절 시작
2일 전	약 80%	본격적 탄수화물 중심 식단, 소화 쉬운 음식 위주, 단백질·지방 줄이기
1일 전	약 80%	글리코겐 저장 최종 마무리, 기름진 음식·섬유질 최소화, 수분·전해질 보충
대회 당일	80~90%	소화가 쉬운 탄수화물 섭취, 경기 직전 에너지원

러너 탄수화물 로딩 전략 차이: 엘리트 선수 vs. 마스터즈 러너

	엘리트 선수	마스터즈 러너
로딩 방식	글리코겐 고갈 후 급속 충전	점진적인 탄수화물 증가 방식
시작 시점	대회 6일 전부터	대회 3일 전부터
탄수화물 비율 변화	단백질 위주 → 80~90% 급격 증가	기존 식단 대비 20~30% 증가
체중 변화	초반 2~3kg 감량 후 경기 전 체중 증가	약간 증가
위장 부담	적응 필요함	소화 부담 최소화 전략 사용

▶ **관련 영상**

마라톤대회 전 식단
– 탄수화물 로딩

40 러너에게 좋은 보충제

보충제! 언제, 무엇을, 어떻게 섭취해야 할까?

러닝을 꾸준히 하다 보면 더 오래 달리고 싶고, 더 좋은 기록을 내고 싶어집니다. 하지만 훈련을 지속하다 보면 체력이 떨어지거나 회복이 더디게 느껴질 때가 있습니다. 이럴 때 보충제를 적절히 활용하면 에너지 공급과 회복 속도 향상에 도움이 됩니다.

보충제는 부족한 영양을 보완해 주는 유용한 도구이지만, 기본은 언제나 균형 잡힌 식단입니다. 과도한 의존은 오히려 건강에 부담이 될 수 있으며, 소화 불량, 간 부담, 영양 불균형 등 부작용으로 이어질 수 있습니다.

탄수화물 보충제 - 에너지 공급

탄수화물 보충제는 운동 전후 에너지 충전에 도움이 됩니다. 특히 러닝 중에는 몸속 글리코겐(탄수화물 저장 에너지)이 점점 고갈되는데 탄수화물 보충제는 이런 현상을 지연시키고 지속적인 페이스 유지, 훈련 후 빠른 회복을 돕습니다.

> 💡 **알아 두세요**
> **추천하는 탄수화물 팩 제품**
> 아미노바이탈 퍼펙트 에너지 젤 5000
> (총 내용량 130g당 탄수화물 41g, 나트륨 15mg, 단백질 5g 함량)

- 형태: 에너지 젤, 스포츠 음료, 탄수화물 팩
- 풍부한 음식: 바나나, 오트밀, 흰빵, 꿀, 감자
- 섭취 타이밍:
  - 러닝 1~2시간 전 → 바나나, 에너지젤 등으로 에너지 저장
  - 러닝 중 30~45분 간격 → 에너지 젤, 스포츠 음료 등 빠른 흡수 탄수화물
  - 러닝 직후 30분 이내 → 글리코겐 회복용 탄수화물 섭취

> 💡 **알아 두세요**
> **에너지 젤**
> 러닝 중 빠르게 사용할 수 있는 탄수화물 보충제입니다.
> **추천하는 에너지 젤**
> ● 아미노바이탈 아미노샷 퍼펙트 에너지 젤 2500
> (1회 제공량 45g 내 탄수화물 24.4g, 단백질 2.8g)
> ● 베가베리 엔듀로 에너지 젤
> (1회 제공량 45g 내 탄수화물 21g, 단백질 1g)

단백질 보충제 - 근육 회복

단백질 보충제는 러닝 후 손상된 근육 회복과 근섬유 재생을 돕습니다.

- 형태: 단백질 파우더, 단백질 음료, 식물성 단백질
- 풍부한 음식: 닭가슴살, 달걀, 두부, 생선
- 섭취 타이밍: 훈련 후 30분 이내 섭취 시 회복 효과 극대화

> 💡 **알아 두세요**
> **추천하는 단백질 파우더**
> ● 베가베리 식물성 스포츠 단백질 쉐이크
> (1회 섭취량 50g당 단백질 25g)
> ● 파시코 리커버리 팩
> (1회 섭취량 40g당 단백질 16g)

전해질 보충제 - 수분 및 전해질 균형

땀으로 빠져나가는 나트륨, 칼륨, 마그네슘 같은 미네랄을 보충해 줍니다. 더운 날씨나 장시간 훈련에서의 탈수와 근육 경련을 예방합니다.

> 💡 **알아 두세요**
> **추천하는 전해질 보충제**
> ● 포카리스웨트
> (500ml 기준 나트륨 250mg, 칼륨 118mg, 마그네슘 2mg)
> ● 아미노바이탈 구연산 워터 가루
> (1포당 나트륨 270mg 구연산 3300mg, BCAA 1000mg)
> : 500ml 물에 희석해 복용

- 형태: 스포츠 음료, 전해질 알약
- 풍부한 음식: 바나나(칼륨), 견과류(마그네슘), 시금치(칼슘), 소금(나트륨)
- 섭취 타이밍: 장거리 러닝 중 또는 훈련 직후

비타민&미네랄 보충제 - 면역력 유지

피로 회복과 염증 완화, 면역력 강화를 돕는 비타민과 미네랄을 보충해 줍니다.

> **ⓘ 알아 두세요**
>
> **추천하는 BCAA/EAA**(필수아미노산) **보충제**
> - 아미노바이탈 프로 3800
>   (총 아미노산 함량 3,800mg, BCAA 함량 1,580mg)
> - 아미노바이탈 골드 4000
>   (총 아미노산 함량 4,000mg, BCAA 함량 2,400mg)

- 형태: 비타민 D · C, 오메가-3, 아연, 마그네슘
- 풍부한 음식: 고등어, 감귤류, 해바라기씨, 유제품
- 섭취 타이밍: 식사 후 섭취 권장

러너에게 철분 보충이 중요한 이유

러닝을 할 때 우리 몸은 근육으로 산소를 많이 운반해야 합니다. 이 산소를 운반하는 역할을 하는 것이 바로 혈액 속의 헤모글로빈이며, 헤모글로빈은 철분이 있어야 만들어 집니다.

그런데 러너는 반복적인 발바닥 충격, 땀을 통한 미네랄 손실, 위장의 철분 흡수 저하 등으로 인해 철분 부족 상태에 빠지기 쉽습니다. 특히 여성 러너는 생리로 인한 손실까지 더해져 더욱 조심해야 하죠.

철분이 부족하면 헤모글로빈도 줄어들고 그럼 산소가 충분히 근육까지 가지 않게 됩니다. 결과적으로 달리기가 쉽게 지치고, 러닝 퍼포먼스가 떨어지며, 회복도 더뎌지는 현상이 생기게 됩니다.

이럴 때 빈혈약을 통해 산소 운반 능력을 회복하면 몸이 가벼워지고, 달리는 호흡도 훨씬 수월해지는 경험을 할 수 있습니다. 실제로 중 · 장거리 엘리트 러너들 대부분은 철분 보충제를 정기적으로 섭취하고 있으며, 특히 여름철처럼 땀 배출이 많은 시기에는 철분 관리를 더욱 철저히 합니다.

보충제 과다 섭취 시 발생할 수 있는 주요 부작용

보충제에 과도하게 의존하거나 필요 이상으로 섭취하면 오히려 영양 불균형, 신체 부담, 기능 저하 등의 부작용이 발생할 수 있습니다. 특정 영양소를 보충제로만 채우려 하면 흡수율이 낮아지고 체내 이용 효율도 떨어지며, 지속적으로 과다 섭취할 경우 오히려 건강에 해가 될 수 있습니다. 보충제는 필요할 때만, 목적에 맞게, 적정량을 섭취하는 것이 가장 건강하고 지속 가능한 방법입니다.

탄수화물 보충제

탄수화물을 지나치게 섭취하면 혈당이 급격히 상승하고, 사용되지 않은 에너지는 지방으로 전환되어 체지방 증가로 이어질 수 있습니다. 장기간 과다 섭취할 경우 인슐린 저항성 증가 위험도 높아집니다.

- 권장량: 30~45분마다 30~40g

단백질 보충제

단백질은 근육 회복에 필수적이지만, 필요 이상으로 섭취하면 소화 장애(복부 팽만감, 변비)나 신장 기능 저하가 발생할 수 있습니다. 특히 신장 질환 병력이 있는 사람은 반드시 주의해야 합니다.

- 권장량: 체중 1kg당 0.3g (예: 70kg × 0.3g = 21g)

전해질 보충제

전해질 보충은 근육 경련 방지와 탈수 예방에 도움이 되지만, 특히 나트륨을 과다 섭취할 경우 혈압 상승이나 부종이 생길 수 있습니다.

- 권장량: 러닝 중 300~600mg 수준

비타민·미네랄 보충제

비타민이나 미네랄도 필요 이상 섭취하면 독이 될 수 있습니다.
특히 비타민 D·A는 고용량 섭취 시 중독 증상(구토, 피로, 두통)을 유발할 수 있고, 칼슘은 과다 섭취 시 신장 결석 위험이 높아집니다.

- 권장량(상한선): 비타민 D 3,000~4,000IU, 비타민 C 1,500~2,000mg

> **알아 두세요**
>
> 보충제가 필요한 상황은?
> - 고강도 훈련 후 빠른 회복이 필요할 때 → 단백질 보충제
> - 장거리 러닝 중 에너지 고갈이 예상될 때 → 탄수화물 젤
> - 땀 배출이 많아 전해질 손실이 클 때 → 스포츠 음료 또는 전해질 보충제

보충제 섭취 시 기억할 점

기본은 식단입니다

보충제보다 더 중요한 것은 우리가 매일 먹는 균형 잡힌 식단입니다. 신선한 자연식품에서 얻는 비타민, 미네랄, 항산화제는 단순한 영양 보충을 넘어 신체 회복과 면역력 강화에도 핵심적인 역할을 합니다.

자연식품을 통한 영양 공급 예시

- 탄수화물: 밥, 고구마, 바나나, 오트밀
- 단백질: 닭가슴살, 달걀, 두부, 생선
- 건강한 지방: 견과류, 올리브오일, 아보카도
- 전해질: 바나나(칼륨), 시금치(마그네슘), 우유(칼슘)

필요할 때만 사용하세요

보충제는 어디까지나 식단에서 부족한 영양을 보완하는 용도로 사용해야 하며, 모든 러너가 반드시 섭취해야 하는 것은 아닙니다.

열 번째
마당

멘탈 관리

41 목표 설정과 동기부여

42 스트레스 관리와 집중력 향상

43 경기 전 긴장 완화법

44 멘탈 강화를 위한 훈련법

러닝은 나를 단단하게 만들어가는 과정

러닝을 오래 지속하고 성장시키기 위해서는 몸만큼이나 '마음'의 훈련도 중요합니다. 러닝을 시작할 때는 누구나 의욕이 넘칩니다. 하지만 그 마음을 꾸준히 이어가기 위해서는 러닝 목표를 제대로 세우는 법, 동기부여를 잃지 않고 유지하는 전략, 훈련 중 스트레스를 효과적으로 관리하는 방법, 집중력을 높이고 유지하는 훈련법을 함께 갖추는 것이 필요합니다.

특히 마라톤이나 장거리 러닝처럼 긴 시간 페이스를 유지해야 하는 경우에는 강한 멘탈과 흔들리지 않는 집중력이 성패를 가릅니다. 하지만 훈련을 하다 보면 스트레스가 쌓이고 집중력이 흐트러지는 일도 자주 일어납니다.

멘탈을 제대로 관리할 수 있다면, 훈련의 질은 물론 경기력까지도 눈에 띄게 향상될 수 있습니다. 이번 마당에서는 러닝의 지속성과 효율을 높이는 멘탈 관리 전략을 하나씩 살펴보고, 실전에 적용할 수 있는 방법을 제시합니다.

41 목표 설정과 동기부여

SMART 목표 설정

많은 러너들이 '마라톤을 완주하고 싶다', '러닝 실력을 키우고 싶다'처럼 포괄적인 목표를 세우며 훈련을 시작합니다. 하지만 이런 막연한 목표는 실행 기준이 불분명해 훈련 방향을 잡기 어렵고, 성과가 잘 보이지 않기 때문에 동기부여를 잃기 쉽습니다. 러닝을 꾸준히 이어가려면 명확하고 실현 가능한 목표 설정이 필요합니다.

SMART 목표 설정 원칙이란?

'SMART'는 목표를 효과적으로 세우기 위한 대표적인 원칙입니다. 1981년 조지 도란(George T. Doran)이 경영 관리 분야에서 처음 제안한 이후, 스포츠 심리학에서도 훈련 지속성과 성과 향상을 위한 도구로 널리 활용되고 있습니다. 이 원칙을 러닝에 적용하면, 보다 구체적이고 달성 가능한 목표를 설정할 수 있고 훈련을 계획적으로 수행하는 데도 도움이 됩니다.

SMART 목표의 핵심 요소

SMART는 다음의 5가지 요소로 구성됩니다.

- Specific(구체적일 것): 추상적인 표현 대신, '무엇을 할 것인지' 명확하게 설정해야 합니다(예: '러닝 실력 키우기' → '10km 완주하기').
- Measurable(측정 가능할 것): 변화나 성과를 수치로 확인할 수 있도록 설정합니다(예: '더 잘 달리고 싶다' → '10km를 55분 이내로 완주한다').
- Achievable(달성 가능할 것): 현재의 실력과 환경에서 충분히 도전 가능한 수준으로 조정해야 합니다. 너무 이상적이거나 막연한 목표는 오히려 의욕을 떨어뜨릴 수 있습니다.
- Relevant(의미 있을 것): 나에게 실제로 의미 있고, 필요한 목표여야 동기부여를 유지할 수 있습니다.
- Time-bound(기한이 있을 것): 목표를 '언젠가'가 아닌, 명확한 시한 안에 이루겠다는 계획이 필요합니다(예: '조만간 10km 뛰기' → '3개월 안에 10km 완주하기').

목표가 명확하면 훈련 방향이 분명해지고, 작더라도 성취를 경험하면서 동기부여를 유지하는 힘이 생깁니다.

동기부여를 지속하는 방법

마라톤 완주를 목표로 준비하는 과정은 길고, 때로는 지루하게 느껴질 수 있습니다. 처음에는 의욕이 넘치지만 시간이 지나면서 흥미를 잃거나 동기가 약해지는 순간이 찾아오기도 하지요. 이러한 상황을 대비해 러닝 동기를 꾸준히 유지할 수 있는 전략을 갖추는 것이 중요합니다.

내적 동기와 외적 동기를 함께 활용하기

러닝을 지속하는 데에는 크게 2가지 동기가 작용합니다. 바로 내적 동기(러닝 그 자체에서 느끼는 만족감)와 외적 동기(외부 보상이나 인정)입니다.

- 내적 동기 예시: '운동을 하면 몸이 가벼워져서 좋다.' '러닝을 하면 스트레스가 풀린다.'
- 외적 동기 예시: '마라톤 완주 메달을 받고 싶다.' 'SNS에 오늘 러닝 기록을 올리고 싶다.'

외적 동기도 충분히 자극이 되지만, 오랫동안 러닝을 지속하는 사람들 대부분은 내적 동기가 강합니다. 러닝이 주는 기분 좋은 감각과 성취감을 기억하고, 스스로 의미를 부여하는 것이 무엇보다 중요합니다.

작은 성취를 경험하며 꾸준히 동기 유지하기

'완주'라는 최종 목표만 바라보면 오히려 부담이 될 수 있습니다. 이럴 때는 단계별 목표를 설정하고, 하나씩 달성하면서 성취감을 경험하는 전략이 효과적입니다.

마라톤 완주가 목표인 경우, 이렇게 구체화해 보세요
- 1주차: 주 4회, 회당 12km 달리기
- 2주차: 20km 도전하기
- 3주차: LSD 150분 연속 러닝 도전
- 4주차: 30km 거리주 실행

러닝의 이유를 '눈에 보이게' 만들기

러닝을 하는 이유를 시각적으로 표현하면 동기부여가 훨씬 더 강력해질 수 있습니다.

- 비전 보드 만들기: 완주하고 싶은 마라톤 대회 포스터, 목표 기록 등을 눈에 잘 띄는 곳에 붙여 두세요.
- 러닝 일지 작성하기: 매일의 훈련 기록과 컨디션, 느낀 점을 간단히 적어 보세요. 훈련 패턴을 파악할 수 있고, 얼마나 성장했는지도 스스로 확인할 수 있습니다.
- 완주 후 보상 계획 세우기: '마라톤 완주 후 나를 위한 여행 가기'처럼 구체적인 보상을 설정하면 동기를 잃지 않고 끝까지 이어갈 수 있습니다.

러닝을 습관으로 만드는 실천 전략

목표를 이루기 위해 가장 중요한 것은 꾸준함입니다. 하지만 꾸준함을 유지하는 일은 생각보다 쉽지 않습니다. 그렇기 때문에 러닝을 습관으로 정착시키기 위한 구체적인 실천 전략이 필요합니다.

특정한 시간에 훈련하는 루틴 만들기

훈련은 일정한 시간에 반복할수록 습관이 쉽게 형성됩니다. 예를 들어 '출근 전 오전 6시에 15킬로미터 달리기'처럼 일정과 장소를 고정하면, '할까 말까' 고민할 틈 없이 자동으로 러닝을 시작할 수 있습니다.

미리 훈련 계획 세우기

"내일은 달릴까, 쉴까?"라는 고민은 러닝을 미루게 하는 가장 큰 요인입니다. 매주 러닝 계획을 미리 세우고, 그날그날 생각 없이 따라가기만 하면 되도록 루틴화하는 것이 중요합니다.

운동 후 보상 주기

러닝 후에는 자신에게 작은 보상을 주는 습관도 도움이 됩니다. 예를 들어 '러닝 후에 좋아하는 커피 한 잔 마시기', '주말에는 러닝 후 맛있는 식사하기'처럼 훈련과 즐거운 경험을 연결해 보세요. 꾸준함을 유지하는 데 큰 동력이 됩니다.

러닝 커뮤니티나 아카데미에 참여하기

혼자만의 훈련이 힘들다면, 러닝 모임이나 마라톤 아카데미에 참여해 보는 것도 좋은 방법입니다. 최근에는 초보자부터 경험자까지 함께 훈련할 수 있는 프로그램이 다양하게 마련되어 있습니다. 훈련에 대한 책임감과 지속적인 동기부여가 생기고, 선배 러너들에게서 실전 경험과 유용한 팁을 배울 수 있습니다.

목표 달성을 위한 멘탈 관리법

러닝을 하다 보면 슬럼프가 오거나 포기하고 싶을 때가 있습니다. 이럴 때는 멘탈 관리 전략을 활용해 동기부여를 다시 끌어올리는 것이 중요합니다.

'비교'가 아니라 '성장'에 집중하기

러닝을 하다 보면 다른 러너들과 자신을 비교하게 되어 의도치 않게 스트레스를 받는 경우가 있습니다. 그보다는 과거의 나와 비교하며, 지금의 나의 성장에 집중하는 것이 더 건강한 방법입니다. 남과 비교하면 끝이 없습니다. 나만의 기준으로 꾸준히 변화해 가는 과정에 의미를 두어야 합니다.

힘든 날은 쉬어도 괜찮다

꾸준함은 중요하지만, 피로가 누적되었을 때 무리하게 달리면 오히려 부상을 유발할 수 있습니다. 몸이 보내는 '휴식 신호'를 무시하지 않는 것이, 장기적으로 더 좋은 퍼포먼스를 만드는 방법입니다. 컨디션이 좋지 않은 날에는 가볍게 걷거나 스트레칭만 해도 충분합니다.

러닝은 장기전이라는 것을 기억하기

마라톤을 준비하는 과정에서도 모든 훈련이 완벽할 수는 없습니다. 한두 번의 부진이 전체 흐름에 결정적인 영향을 미치는 것도 아닙니다. 러닝은 작은 실패에도 다시 돌아올 수 있다는 믿음, 그리고 전체 흐름 속에서 자신을 끌어올리는 과정입니다. 조급해하지 말고, 목표를 향해 천천히, 꾸준히 가 봅시다.

42 스트레스 관리와 집중력 향상

러닝 중 스트레스 관리가 중요한 이유

러닝을 하면서도 스트레스는 얼마든지 쌓일 수 있습니다. 기대만큼 기록이 나오지 않거나, 훈련을 지속하기 어려운 날이 생기면 조급함과 답답함이 커지기도 합니다. 하지만 멘탈이 흔들릴수록 퍼포먼스는 떨어지고, 회복력도 낮아질 수 있습니다. 꾸준한 훈련을 위해서는 스트레스 관리를 러닝의 일부로 받아들이는 것이 중요합니다.

스트레스가 러닝 퍼포먼스에 미치는 영향
- 과도한 스트레스 → 코르티솔(스트레스 호르몬) 증가 → 체력 회복 속도 저하
- 부정적인 감정 상태 → 동기 저하 → 훈련 지속 어려움
- 불안한 마음 → 페이스 조절 실패 → 경기 후반부 급격한 체력 저하

러닝 중 불필요한 스트레스를 줄이는 법
매번 좋은 기록을 내야 한다는 압박보다, 그날의 컨디션에 맞게 최선을

> **알아 두세요**
>
> **스트레스 줄이기 실천 팁**
> - 매일 같은 퍼포먼스를 기대하는 집착 내려놓기
> - 훈련 루틴에 유연함 갖기
> - 휴식도 훈련의 일부로 받아들이기

다하는 것에 집중하세요. 피로가 누적된 날에는 가볍게 조깅만 해도 충분한 훈련이 될 수 있습니다. 무리해서 훈련을 강행하면 스트레스는 물론 부상의 위험까지 높아질 수 있습니다.

집중력을 높이는 러닝 훈련

마라톤을 준비하는 과정에서 집중력이 흐트러지면 훈련 계획을 끝까지 수행하기 어렵고, 경기 중 페이스를 유지하는 것도 힘들어집니다. 마라톤을 준비하는 러너라면 단순한 '집중'이 아니라, 실제 상황에서 활용할 수 있는 훈련법을 통해 자연스럽게 집중력을 높이는 것이 중요합니다. 다음에서 훈련 시뮬레이션을 통해 집중력을 강화하는 방법을 소개합니다.

인터벌 트레이닝 - 피로 속에서도 집중력 유지

고강도 구간에서도 일정한 페이스와 호흡을 유지하는 능력을 기릅니다.

- 방법:
  - 400m × 10회 또는 1km × 5회 반복 훈련에서 마지막 구간까지 동일한 페이스를 유지합니다.
  - 구간별 '출발 - 중반 - 막판 스퍼트' 전략을 세우고 실행합니다.
  - 피로가 몰려올 때 집중력을 유지하는 연습을 합니다.
  - 훈련 중간에 '호흡 유지', '페이스 조절' 등과 같은 '리셋 단어'를 사용합니다.

지속주(롱런) - 지루함을 이겨내고 몰입하는 훈련

장시간 페이스를 유지하며 집중력을 훈련합니다.

- 방법:
    - 20~30km 지속주에서 5km 단위로 세부 목표를 설정합니다.
        예: 5km마다 현재 페이스 점검 및 피로도 체크
    - 특정 구간을 집중 구간으로 설정해 집중력을 유지합니다.
        예: 15~20km는 구간에서는 레이스 페이스 유지+잡념 없이 달리기
    - 음악 없이 러닝을 하며 호흡, 발걸음 등 신체 감각에 집중합니다.

템포런 - 페이스 감각과 자기 피드백 훈련

대회 당일 일정한 페이스를 유지할 수 있도록 합니다.

- 방법:
    - 5~8km 구간에서 '레이스 페이스'를 유지하며 달립니다.
    - 러닝 중 자기 피드백을 활용합니다.
        예: "지금 호흡이 괜찮은가?", "리듬이 무너지지 않았는가?"
    - 템포런 후반부(마지막 1~2km)에서는 일부러 속도를 올려 집중력을 유지하는 연습을 합니다.

힐 트레이닝 - 힘든 구간에서 집중력 유지

마라톤 후반부의 오르막 등 어려운 구간에서 집중력을 유지합니다.

- 방법:
    - 언덕 구간에서 일정한 리듬과 페이스를 유지합니다.
    - 언덕이 끝난 후에도 즉시 레이스 페이스로 전환하는 연습을 합니다.

이러한 훈련 기반 시뮬레이션을 통해 실전에서도 강한 집중력을 유지할 수 있습니다. 단순한 거리 채우기가 아니라, 훈련 중 집중력을 조절하고 다스리는 습관을 만드는 것이 마라톤에서 최고의 퍼포먼스를 끌어내는 열쇠가 됩니다.

43. 경기 전 긴장 완화법

대회 전날 밤, 심장이 쿵쾅쿵쾅 뛰고 쉽게 잠들지 못한 경험, 러너라면 누구나 한 번쯤은 있을 것입니다. 침대에 누워도 머릿속은 이미 출발선에 가 있고, '내일 잘 달릴 수 있을까?'라는 생각이 꼬리에 꼬리를 물며 잠을 설치게 합니다. 평소 훈련 때보다 더 긴장되고, 이유 없이 가슴이 답답해지는 느낌 말입니다. 이것은 단순한 불안이 아니라 긴장과 기대가 뒤섞여 생기는 자연스러운 반응입니다.

이 긴장을 어떻게 다루느냐에 따라 경기 결과가 달라질 수 있습니다. 적당한 긴장은 오히려 경기력 향상에 도움이 되지만, 긴장이 지나치면 컨디션을 무너뜨리고, 페이스 조절에도 악영향을 줄 수 있습니다.

대회 전날과 당일, 나를 짓누르는 긴장을 긍정적인 에너지로 전환하는 법, 출발선에서 최대한 편안한 마음으로 경기를 시작하는 법 등 이번 장에서는 경기 전날과 당일의 긴장을 효과적으로 조절하고, 마음의 흐름을 컨트롤하는 실전 전략을 소개합니다.

대회 전날: 긴장을 줄이는 컨디션 조절법

대회 코스 미리 답사하기

마라톤 대회에서 변수를 줄이는 가장 현실적인 방법 중 하나는 대회 코스를 사전에 익혀 두는 것입니다. 코스를 미리 파악하면 불안감이 줄어들고, 예상하지 못한 지형 변화에도 침착하게 대응할 수 있습니다.

직접 답사하는 방법
- 대회 전날 코스 주변을 걷거나 일부 구간이라도 가볍게 달려 보기
- 특히 오르막 구간, 급수대 위치, 반환점 등 주요 포인트 확인
- 출발 지점과 피니시 지점의 위치와 동선 미리 익히기

유튜브 활용하기

요즘은 주요 마라톤 대회의 코스 답사 영상이 유튜브 등에 빠르게 업로드됩니다. 현장에서 직접 답사하기 어렵다면, 해당 코스를 시각적으로 익히는 영상 시청도 좋은 대안이 됩니다.

이미지 트레이닝 - 머릿속으로 미리 뛰어 보기

이미지를 활용한 상상 훈련은 실제 달려 본 것처럼 경기 운영을 시뮬레이션하는 훈련입니다. 경기 당일 긴장을 줄이고 주요 구간에서 자신 있게 페이스를 조절하는 데 도움이 됩니다.

이미지 트레이닝 방법
- 조용한 곳에서 눈을 감고 출발선에 선 자신을 떠올리기
- 스타트 후 일정한 페이스 유지(5km, 10km 구간별 컨디션 점검)
- 힘든 구간(오르막, 바람 등)에서 에너지 분배하는 장면 상상하기

> **알아 두세요**
>
> **이미지 트레이닝의 효과**
> ● 경기 당일, 마치 한 번 달려 본 것 같은 익숙함과 심리적 안정감 확보
> ● 갑작스러운 변수(날씨 변화, 지형 변화)에도 당황하지 않고 대응 가능
> ● 경기 전반을 스스로 조율하며 자연스럽게 페이스를 운영할 수 있음

- 마지막 스퍼트를 끌어올리며 결승선을 통과하는 장면을 생생하게 그리기

'완벽한 경기'보다 '내 경기'에 집중하기

경기 전날에는 '완벽한 경기'를 해야 한다는 부담감을 내려놓는 것이 중요합니다. 마라톤은 변수와 예측 불가능한 상황이 많은 종목이기 때문에 항상 최상의 컨디션일 수는 없다는 점을 먼저 인정해야 합니다.

긍정적인 마인드셋 만들기
- "지금까지 준비한 만큼만 달리면 된다."
- "기록보다는 완주 자체가 목표다."
- "경기는 내 컨디션에 맞춰 운영하는 것이다."

철저한 사전 준비로 불안 요소 없애기

긴장의 가장 큰 원인 중 하나는 '아직 준비가 덜 됐다'는 막연한 불안감입니다. 대회 전날 모든 준비를 미리 마쳐두면 불필요한 긴장을 줄이고, 보다 안정된 마음으로 출발선에 설 수 있습니다.

전날 준비 체크리스트
- 경기 당일 입을 러닝복과 러닝화 준비
- 보급품 챙기기(에너지 젤, 스포츠 음료 등)
- 번호표와 필수 용품 확인(안전핀, 손목시계, 모자, 선크림 등)
- 대회장까지 이동 경로와 화장실 위치 미리 파악

잠깐만요

경기 전날에는 휴식을 취하세요

"내일을 위한 준비는 오늘 끝낸다." 모든 준비를 마친 후에는 러닝 관련 정보나 영상 검색은 멈추고, 몸과 마음의 긴장을 풀어 주는 적절한 휴식을 취하는 것이 더 중요합니다.

경기 당일: 출발선에서 긴장을 컨트롤하는 방법

마라톤 대회 전날과 당일의 긴장은 지극히 자연스러운 반응입니다. 하지만 긴장을 어떻게 관리하고 컨트롤하느냐에 따라 경기 운영의 질이 달라질 수 있습니다.

출발 전 루틴 만들기 (몸과 마음을 깨우는 습관)

경기 당일 아침, 규칙적인 루틴을 유지하면 긴장을 효과적으로 완화할 수 있습니다. 불필요한 긴장을 줄이고, 신체와 멘탈 모두를 '경기 모드'로 전환해 주는 데도 도움이 됩니다.

출발 전 루틴 예시
- 기상 후 가벼운 스트레칭과 워밍업
- 위장에 부담을 주지 않는 탄수화물 위주 아침 식사
- 심호흡과 긍정적인 자기 암시 반복
- 화장실 위치 체크 및 미리 다녀오기 (긴장 시 소변이 자주 마려울 수 있음)

* 경기 당일은 분명 특별한 날이지만, 바로 그날이야말로 평소 루틴을 그대로 반복해야 할 때입니다.

심호흡 & 루틴 동작으로 긴장 완화

출발선에 섰을 때는 심박수가 상승하며 가슴이 두근거리고 긴장감이 최고조에 달합니다. 이럴 때일수록 몸과 마음을 안정시키는 루틴을 통해 스스로를 컨트롤하는 것이 중요합니다.

심호흡 방법
- 코로 천천히 들이마시고 4초간 유지합니다.
- 입으로 천천히 내쉬며 속으로 "괜찮아, 준비됐어"라고 반복합니다.
- 3~5회 반복하면 심박수가 안정되며 긴장이 완화됩니다.

루틴 동작 예시
- 어깨를 가볍게 풀어 주는 동작
- 손을 쥐었다 펴는 동작으로 긴장 완화
- 다리를 가볍게 흔들며 무게 중심 이동

긴장을 긍정적인 에너지로 바꾸는 '멘탈 트릭'

긴장을 완전히 없애는 것은 어렵습니다. 하지만 그 긴장을 '집중력'과 '경기 에너지'로 전환하는 연습을 해두면 경기 운영에 큰 도움이 됩니다.

긴장을 긍정적인 힘으로 전환하는 방법
- 긴장은 나쁜 것이 아닙니다 → "이 긴장은 내 몸이 최상의 상태에 도달하려는 자연스러운 반응이다."
- 내가 가장 잘한 훈련을 떠올리며 → "나는 이미 충분히 준비되어 있다."
- 출발 직전, 나에게 마지막 다짐하기 → "내 페이스대로 차분하게 달리자."

대회 전날과 당일의 긴장을 훈련처럼 다루는 것도 마라톤 준비 과정의 일부입니다. 철저한 준비와 마음가짐이 있다면, 출발선에 자신 있게 설 수 있습니다. 대회 전날과 당일, 차분한 마음으로 준비하고 최상의 컨디션으로 레이스에 임해 보세요.

잠깐만요

편안한 마음으로 달리기 위해 이것만은 기억하세요

- 대회 전날: 모든 준비를 마친 후, 긍정적인 마인드셋 유지
- 대회 당일: 평소 루틴을 그대로 유지하며, 심호흡과 루틴 동작으로 긴장 완화
- 출발선에서: 긴장을 '긍정적인 에너지'로 바꾸고, 차분하게 페이스 조절

44. 멘탈 강화를 위한 훈련법

"더는 못 뛰겠어."

장거리 훈련 중, 누구나 한 번쯤 이런 생각을 해 본 적이 있습니다. 다리가 무거워지고, 숨이 턱 끝까지 차오를 때면, 머릿속에는 수많은 핑계가 떠오릅니다. '오늘은 여기까지만 하자.' '내일 다시 뛰면 되잖아.' 그 순간, 정말 멈춰야 할까요? 아니면 한 걸음 더 내디뎌야 할까요?

마지막까지 버티게 만드는 힘은 멘탈에서 나옵니다. 강한 러너는 단지 몸이 강한 사람이 아닙니다. 포기하고 싶은 순간에도 다시 한 걸음 내디딜 수 있는 사람, 그가 진정한 러너입니다.

"훈련은 시작했는데, 꾸준히 하기가 너무 힘듭니다."
"장거리 훈련 중간에 자꾸 포기하고 싶습니다."
"경기 후반이 되면 정신적으로 무너집니다."

이런 고민을 한 번이라도 해 본 적이 있다면, 지금부터 소개할 멘탈 강화 훈련법에 주목해 주세요. 이 장에서는 마라톤을 준비하는 러너들이 훈련을 지속하고 경기 중에도 집중력을 유지할 수 있도록 돕는 실전 멘탈 훈련법을 소개합니다. 지금부터 함께, 강한 멘탈을 가진 러너로 성장하는 방법을 배워 봅시다.

훈련의 완성은 '멘탈'

러닝은 '자신과의 싸움'이기 때문에, 나 자신을 컨트롤하는 힘이 필요합니다. 또한 장거리 레이스에서는 반드시 '한계를 넘어야 하는 순간'이 찾아옵니다. 강한 멘탈은 컨디션이 좋지 않은 날에도 훈련을 지속할 수 있는 힘이 되어 주고, 또 경기 후반부, 페이스가 떨어지는 순간 '포기하지 않는 힘'을 발휘하게 합니다.

따라서 강한 멘탈을 기르는 것은 단순한 선택이 아니라 훈련의 연장선이며, 마라톤 완주를 위해 반드시 필요한 요소입니다.

훈련 중 멘탈 강화법: '포기하고 싶은 순간'을 대비하라

'멘탈 구간' 설정하기

러닝 훈련을 할 때, 힘든 구간을 미리 설정하고 그 순간을 대비하는 훈련을 합니다. 긴장되는 지점이나 체력이 급격히 떨어질 구간을 미리 설정하면, 그 순간에 스스로 집중을 끌어올리는 연습이 가능합니다.

훈련 적용법
- 15km 훈련 중, 12km 지점을 '멘탈 구간'으로 설정합니다.
- 해당 구간에 진입할 때 '지금부터 집중이 필요한 순간이다'라고 스스로 각인합니다.

> **알아 두세요**
>
> **멘탈 구간 정하는 방법**
> ● 장거리 훈련에서는 전체 거리의 70~80% 지점을 '멘탈 구간'으로 설정하고 끝까지 집중력을 유지합니다.
> ● 고강도 훈련(인터벌, 템포런)에서는 마지막 한 세트를 '멘탈 세트'로 지정하여 강하게 마무리합니다.

- 그 지점을 중심으로 페이스 유지, 자세 정렬, 호흡 조절에 집중합니다.

러닝 중 '리셋 단어' 사용하기

힘든 순간에는 부정적인 생각이 밀려오기 쉽습니다. '지금 멈춰도 괜찮아.' '이 정도 했으면 충분하지.' 하지만 실제 경기에서는 이 순간을 스스로 극복할 수 있어야 합니다. 그럴 때 멘탈을 바로잡아줄 짧은 문장이나 단어(리셋 단어)를 준비해 두면 좋습니다.

훈련 적용법

- 목표 거리 구간별(5km, 10km 등)로 자신에게 긍정적인 말을 건네며 집중력을 유지해 봅시다.
- 마라톤 출발선에 섰을 때는 자신만의 '출발 다짐 문장'을 만들어 반복적으로 되뇌는 연습도 효과적입니다.

리셋 단어 예시

- "내가 달린 만큼 더 강해진다."
- "지금부터 집중."
- "이 순간도 지나간다."
- "지금 힘든 건 모두가 똑같다. 내 리듬만 유지하면 된다."
- "1km만 더."

경기 중 멘탈 강화법: '30킬로미터의 벽'을 넘는 법

마라톤에서 가장 힘든 순간은 30킬로미터 이후 구간입니다. 이 구간에서는 체력뿐 아니라 정신력도 빠르게 소진되며, 포기하고 싶은 마음과 싸워야 하는 본격적인 멘탈 구간에 진입하게 됩니다. 이때 멘탈을 지키고 페이스를 유지하려면, 사전에 충분히 대비해 두는 것이 중요합니다.

거리를 '세분화해서' 달리기

42.195킬로미터는 누구에게나 부담스러운 거리입니다. 하지만 이 거리를 한 번에 달린다고 생각하지 않고, 작은 구간 단위로 나눠 달린다고 생각하면 심리적인 부담을 줄일 수 있습니다.

훈련 적용법

- '10km씩 4번 달리는 것'이라고 생각하면 심리적으로 조금 더 편안하게 느껴집니다.
- '30km 지점까지는 최대한 체력을 아낀다' → '30km 이후는 5km씩 끊어 버티기'
- 구간별 목표를 '하나씩 클리어하는 게임'처럼 설정하고 집중합니다.

'브레이크 포인트' 설정하기

마라톤 후반부에는 정신적으로 무너질 수 있는 순간이 반드시 찾아옵니다. 이때를 대비해 미리 작은 휴식 포인트를 설정해 두면 심리적으로 안정감을 유지할 수 있습니다.

훈련 적용법

- 30km 이후에 '마음속 휴식 지점'을 정합니다(예: 35km에서 잠깐 페이스 점검+물 한 모금).
- 실제 경기에서는 급수대, 반환점, 표지판 등을 활용해 스스로 멘탈을 리셋합니다.
- '35km까지만 버티자' → '40km까지 한 번 더!' → '마지막 2km는

전력 질주!'

이렇게 거리를 한 번 더, 한 번 더로 나누며 자신을 설득하고 리듬을 이어가는 것이 30킬로미터 이후 페이스 유지의 핵심입니다.

경기 후 멘탈 유지법: 완주 후 목표를 다시 설정하라

마라톤을 완주하면 큰 성취감이 찾아옵니다. 하지만 동시에 허탈감이나 목표 상실감도 뒤따를 수 있습니다. 이를 방지하려면, 완주 이후에도 새로운 목표를 설정하고 훈련을 이어가는 것이 좋습니다.

완주 로그(Log) 작성하기

'완주 로그'는 단순히 '몇 분에 완주했다'는 기록이 아니라, 러닝 경험 전체를 복기하고 다음을 준비하는 나만의 성장일지입니다. 기록을 남기면 다음 대회 준비 시 비교 자료가 되고 경험과 피드백을 함께 정리하면 나만의 전략이 완성됩니다.

잠깐만요

완주 로그 작성법

아래 4단계를 따라 차근차근 정리해 보세요

① **대회 정보 기록:** 대회 이름, 날짜, 거리(5KM/10KM/하프/풀), 날씨 등을 기입합니다. 다른 대회와 비교할 때 기준점이 됩니다.
② **기록과 페이스 분석:** 총 완주 시간, 평균 페이스, 구간별 페이스 변화를 정리합니다. 러닝 앱이나 GPS 시계를 활용하면 보다 정확한 데이터 분석이 가능합니다.

③ **컨디션과 전략 회고:** 아침 식사, 몸 상태, 어느 지점에서 힘들었는지, 어떤 전략이 효과적이었는지 기록합니다.
④ **느낀 점과 개선점 정리:** '보급 타이밍은 좋았지만 초반에 너무 무리했다'와 같이 짧고 구체적인 문장으로 솔직하게 작성합니다.

다음 목표를 설정하는 3단계 방식

완주 후 멘탈을 유지하려면, 다음 목표를 체계적으로 정리하는 루틴이 필요합니다.

1단계 감정 정리
- '30km까지는 페이스가 좋았는데, 이후 흔들렸다.'
- '초반에 너무 빠르게 달렸던 것 같다.'

2단계 데이터 분석
- '평균 페이스 5:30/km인데 후반부 6:00/km로 하락함. 25km 이후 체력 보강 필요.'
- '보급 타이밍, 10km, 20km는 적절했으나 30km 이후 부족함.'

3단계 다음 목표 설정
- '다음 대회에서는 30km 이후 페이스 유지 훈련을 추가하겠다.'
- '보급 훈련을 20km 이후 구간 중심으로 집중하겠다.'

▶ **관련 영상**

마라톤을 하며 배운 것들-
인내와 절제의 중요성

부록

데이터 기반 러닝이란?

러닝은 단순히 감각만으로 하는 운동이 아닙니다. 러너가 부상 없이 올바르게 성장하고 더 나은 기록을 만들기 위해서는 데이터를 기반으로 한 체계적인 접근이 필수적입니다.

이전에는 러너들이 자신의 기록을 일지에 적어두거나, 기억과 감각에 의존해 훈련하는 경우가 많았습니다. 하지만 이제는 스마트워치, 러닝 앱, 웨어러블 센서 등 다양한 기술을 통해 훈련을 정밀하게 분석할 수 있는 시대입니다. 과거에 내가 어떻게 달려왔고 어떤 상태였는지를 명확히 확인할 수 있죠. 단순히 거리와 시간만을 체크하는 것을 넘어, 심박수, 케이던스, VO_2max, 젖산역치까지 측정할 수 있습니다. 이 데이터를 활용하면 러닝 강도를 조절하고, 부상 위험을 줄이며, 자신만의 러닝 패턴을 최적화할 수 있습니다.

러닝 데이터, 왜 중요한가?

데이터는 러닝 퍼포먼스 향상과 부상 예방의 핵심적인 역할을 합니다. 특히 다음 4가지 데이터 항목은 러너에게 가장 중요합니다.

	거리&페이스	심박수&VO_2max	젖산역치	케이던스&보폭
의미	일정한 속도로 달렸는지, 목표 페이스를 유지했는지 파악하는 지표	심폐지구력과 훈련 강도를 평가하는 데이터	신체가 젖산을 제거하는 속도보다 더 빠르게 축적되기 시작하는 지점	러너의 효율성과 경제성을 결정하는 요소
활용법	인터벌 훈련, LSD, 레이스 페이스 조절에 활용	훈련 시 목표 심박수 구간을 설정하여 유산소 및 무산소 훈련을 최적화할 수 있음(예: Zone 2, Zone 3 구간)	이 수치를 향상시키는 훈련(템포런, 언덕 훈련)에 집중하여 퍼포먼스를 높일 수 있음	본인에게 맞는 케이던스(평균 160~180spm)를 유지하고 불필요한 에너지 소비를 최소화하는 데 활용
기록 방법	스마트워치, 러닝 앱	심박수 측정이 가능한 스마트워치 및 웨어러블 기기	CPET 측정 또는 스마트워치 활용	스마트워치 또는 러닝 센서

데이터를 활용하면 훈련을 최적화할 수 있다

● 페이스와 거리

러닝에서 가장 먼저 체크해야 하는 것은 자신의 페이스와 거리입니다. 이를 위해 러닝 앱이나 스마트워치를 활용해 자신의 평균 페이스를 분석하고, 변화하는 패턴을 기록하도록 합시다. 인터벌 훈련 시에는 속도를 급격히 올리고 낮추는 과정에서 심박수 변화를 체크해야 하며, 장거리 훈련에서는 후반부 페이스 저하를 방지하는 전략을 세워야 합니다.

● 심박수

심박수 데이터는 러너가 자신의 한계를 이해하는 데 중요한 역할을 합니다. 자신의 최대 심박수를 기준으로 목표 심박수 구간을 설정하고, 유산소 훈련과 무산소 훈련을 적절히 배분해야 합니다. 예를 들어, 60~70퍼센트의 심박수 구간에서는 장거리 지구력 훈련을 진행하고, 80퍼센트 이상의 강도로는 템포 런이나 인터벌 훈련을 수행하는 것이 이상적입니다. 훈련 후 심박수가 얼마나 빠르게 안정되는지를 분석하면 회복 능력까지 평가할 수 있습니다.

● 젖산역치

젖산역치 데이터도 중요한 요소입니다. 젖산역치는 신체가 젖산을 제거하는 속도보다 더 빠르게 축적되기 시작하는 지점으로, 이를 높이는 것이 러닝 퍼포먼스 향상의 핵심입니다. 젖산역치를 높이려면 템포런과 같은 중강도 훈련을 꾸준히 수행해야 합니다. 또한, 심박수와 결합해 분석하면 언제 피로가 쌓이는지 예측할 수 있는데, 마라톤과 같은 장거리 레이스에서는 후반부 피로도 관리를 위해 이러한 데이터 분석이 필수적입니다.

데이터 분석을 통한 훈련은 기록을 개선할 뿐만 아니라, 부상을 예방하는 데에도 큰 도움이 됩니다. 많은 러너들이 부상을 겪는 이유 중 하나는 훈련 부하를 조절하지 못했기 때문입니다. 스마트워치를 통해 자신의 주간 훈련 부하를 측정하고, 회복이 필요한 시점을 파악해 봅시다. 훈련 강도를 높이기 전에 몸이 충분히 회복되었는지 확인하고, 피로 누적과 근육 손상을 초래하여 지속적인 부상으로 이어질 가능성이 있는 과도한 훈련을 방지하는 것이죠.

러닝에서 데이터를 활용하는 또 다른 방법은 페이스 전략을 세우는 것입니다. 레이스를 앞두고 훈련 데이터를 분석하면, 자신의 강점과 약점을 명확하게 파악할 수 있습니다. 예를 들어, 초반 페이스가 너무 빠르면 후반부에 급격한 체력 저하가 발생할 수 있는데요. 데이터를 활용해 자신의 가장 효율적인 페이스를 찾아

내고, 이를 기반으로 레이스 전략을 수립할 수 있습니다. 마라톤을 준비하는 러너라면, 연습 레이스에서 데이터를 확인하고 자신의 목표 페이스를 정확하게 조정하는 것이 중요합니다.

데이터 해석을 통한 실전 적용 예시

● 예시 1 – 초보 러너

5km를 처음 완주한 초보 러너의 기록을 분석했더니, 페이스가 첫 2km에서 너무 빨랐고 후반에 급격히 떨어지는 경향을 보였다. 이를 개선하기 위해 점진적 페이스 전략(네거티브 스플릿(Negative Split: 레이스의 후반부를 전반부보다 빠르게 완료하는 레이싱 전략))을 적용하여 후반에도 일정한 속도를 유지하는 연습을 진행했다.

● 예시 2 – 마라토너

한 마라토너가 30km 이후 극심한 피로와 체력 저하를 경험했다. 훈련 데이터를 보니, 장거리 훈련 중 회복이 부족했고 훈련 부하가 과도했음을 알 수 있었다. 이를 보완하기 위해 훈련 부하를 조절하고, 장거리 훈련 후 회복 시간을 추가했다.

부록 — 추천 앱과 장비

러닝을 좀 더 과학적으로 접근하고 자신의 잠재력을 최대한 끌어올리고 싶다면, 다양한 러닝 애플리케이션과 도구를 활용하는 것이 필수입니다. 엔듀로레이스 코치진이 러너들에게 실질적인 도움이 될 수 있는 앱과 장비를 소개합니다.

추천 러닝 애플리케이션

● 스트라바(Strava) - 전 세계 러너들의 필수 앱

전 세계에서 가장 많이 사용되는 러닝 및 사이클링 앱 중 하나입니다. 단순히 거리와 시간을 기록하는 것을 넘어, 페이스 분석, 훈련 로그 관리, 그리고 강력한 커뮤니티 기능까지 제공합니다. 특히 같은 코스를 달린 러너들끼리 기록을 비교하며 경쟁할 수 있어, 훈련에 대한 동기부여 효과가 매우 큽니다. 중급 이상의 러너들에게 특히 추천합니다.

● 나이키 런 클럽(Nike Run Club, NRC) - 초보 러너에게 최적화된 코칭 앱

러닝을 처음 시작하는 초보 러너라면 NRC 앱부터 시작하는 것이 좋습니다. 가이드 러닝 기능이 있어 러닝 중에도 실시간 코칭을 받을 수 있으며, 개인 맞춤형 훈련 계획을 제공합니다. 마치 전문 트레이너가 옆에서 지도해 주는 느낌으로 훈련할 수 있어 초보 러너들에게 강력히 추천합니다.

● 가민 커넥트(Garmin Connect) - 가민 사용자 필수 분석 앱

가민 스마트워치를 사용하는 러너들에게 필수적인 앱입니다. 심박수, 러닝 이코노미, 회복 시간 등 세부적인 데이터를 분석해 줍니다. 특히 인터벌 훈련을 체계적으로 관리하고 싶은 러너에게 유용하며, 과거의 훈련 데이터를 손쉽게 비교하고 확인할 수 있습니다. 러닝 수준과 관계없이 모든 가민 사용자 러너들에게 추

천합니다.

러닝을 더 편리하게 만들어 주는 필수 도구

● 스마트워치

러너에게 스마트워치는 이제 필수적인 도구입니다. 단순한 거리 측정을 넘어, 심박수, 보폭, 케이던스(분당 발걸음 수) 등 러닝 퍼포먼스에 중요한 데이터를 실시간으로 제공합니다.

- 가민 포러너 시리즈(Forerunner 165, 265): 마라톤과 장거리 훈련에 최적화된 러닝 워치입니다.
- 갤럭시 워치 울트라(Galaxy Watch Ultra): 실용성과 다양한 기능을 갖춘 다목적 러닝 워치입니다.
- 코로스 페이스(Coros Pace 3): 가볍고 배터리 성능이 뛰어나 가성비가 좋은 러닝 워치로 평가받습니다.

● 블루투스 이어폰

러닝 중 음악을 듣거나 오디오 코칭을 활용하는 러너들에게 필수적인 장비입니다. 안정적인 착용감과 방수 기능이 무엇보다 중요합니다.

- 샥즈(Shokz OpenRun Pro): 골전도 이어폰으로 외부 소리를 들을 수 있어 안전한 러닝이 가능합니다.
- 소니(Float Run): 가볍고 안전한 오픈형 이어폰으로 외부 소리를 들으며 안전하게 러닝할 수 있습니다.
- 애플 에어팟 프로: 뛰어난 노이즈 캔슬링 기능을 제공하며, 러닝 중에도 안정적인 착용감을 자랑합니다.

● 러닝 벨트

러닝 중에 물, 에너지젤, 스마트폰 등 필수 소지품을 편리하게 휴대할 수 있는 장비입니다.

- 데카트론 러닝 스마트폰 벨트 베이직2: 가성비가 좋으며 모든 수준의 러너에게 적합한 가벼운 러닝 벨트입니다.
- 카멜백 울트라 밴드: 러닝과 트레일 러닝 모두에 적합하며, 허리에 안정적으로 밀착되는 것이 특징입니다.

부록 — 대표적인 마라톤 대회

세계 7대 마라톤이란?

'세계 7대 마라톤'은 세계에서 가장 권위 있고 상징적인 마라톤 대회를 일컫습니다. 애보트(Abbott)가 후원하고, Abbott WMM(World Marathon Majors)라는 협의체가 공동 운영하죠. 2006년 보스턴, 런던, 베를린, 시카고, 뉴욕 5개 대회로 시작해, 2013년 도쿄 마라톤이 추가되며 6대 메이저 체제를 완성했습니다. 2025년부터는 호주 시드니 마라톤이 공식 편입되어 '세계 7대 마라톤' 시대가 열립니다.

이 7개 대회를 모두 완주한 러너에게는 특별한 상징인 '식스 스타 메달(시드니 추가 후 새로운 형태 도입 예정, 비공식 'Seven Star Medal'로 불림)'이 주어집니다. 이는 단순한 기념품을 넘어, 세계 각지를 달리며 자신의 여정을 완성한 러너에게 주어지는 상징적인 훈장입니다.

세계 7대 마라톤(개최 순)

1. 도쿄 마라톤(3월 첫째 일요일): 아시아 유일의 메이저 대회. 정교한 운영과 빠른 코스가 특징입니다.
2. 보스턴 마라톤(4월 셋째 월요일): 1897년 시작된 세계에서 가장 오래된 마라톤. '패트리어츠 데이'에 개최되며 높은 위상을 자랑합니다.
3. 런던 마라톤(4월 마지막 일요일): 유쾌한 분위기와 대규모 자선 참여로 유명하며, 도심 코스가 매력적입니다.
4. 시드니 마라톤(8월 말): 하버 브릿지를 지나는 호주 대표 마라톤. 2025년부터 정식 메이저 대회로 승격되었습니다.
5. 베를린 마라톤(9월 마지막 일요일): 세계 기록이 가장 많이 탄생한 코스. 기록 경신을 목표로 하는 러너들에게 인기입니다.
6. 시카고 마라톤(10월 둘째 일요일): 평탄한 도심 순환 코스. 개인 최고 기록(PB)을 노리는 러너에게 적

합합니다.

7. 뉴욕 마라톤(11월 첫째 일요일): 세계에서 참가 인원이 가장 많은 대회. 뉴욕의 다섯 자치구를 모두 가로지르는 코스가 특징입니다.

한편, WMM은 메이저 대회 확대를 위해 평가 제도를 운영 중이며, 현재 중국 상하이 마라톤과 남아프리카 공화국 케이프타운 마라톤이 공식 후보로 올라 있습니다. 이 대회들은 향후 메이저로 편입될 가능성이 있습니다. 세계 7대 마라톤은 단순한 참가를 넘어, 러너에게 한계와 가능성을 시험할 수 있는 세계적인 무대이자, 각 도시의 역사와 문화를 경험하는 특별한 여정입니다.

대한민국 대표 마라톤 대회

세계에 메이저 마라톤이 있다면, 우리나라에도 러너들 사이에서 상징적인 의미를 지닌 대표 마라톤 대회들이 있습니다. 국내 러닝 문화의 흐름, 대회의 공신력, 그리고 대한육상연맹의 공식 일정을 고려해 대한민국 3대 마라톤과 6대 주요 마라톤을 선정했습니다. '대한민국 6대 마라톤 완주' 또한 러너에게 의미 있는 도전 목표가 될 수 있습니다.

대한민국 3대 마라톤(개최 순)

1. 서울마라톤 겸 동아마라톤대회(3월): 1931년 시작된 국내 최장수 마라톤이자, 세계육상연맹(World Athletics) 플래티넘 라벨을 유지하는 유일한 국내 대회입니다.
2. 전국마라톤선수권대회 겸 춘천 조선일보마라톤대회(10월): 엘리트 선수권과 시민 참가를 겸하는 대회로, 대한육상연맹 공식 일정에 포함된 핵심 마라톤입니다.
3. JTBC 서울마라톤대회(구 서울중앙마라톤, 11월): 최근 급성장한 도심형 대회로, 젊은 러너를 중심으로 큰 인기를 끌고 있습니다.

대한민국 6대 마라톤(3대 포함)

1. 대구마라톤대회(2월): 초봄의 쾌적한 기후에 열리며, 2025년까지 연속 3회 골드 라벨 대회로 개최되고 있습니다.
2. 서울마라톤 겸 동아마라톤대회(3월): 플래티넘 라벨 보유, 전통과 권위를 모두 갖춘 대표 마라톤입니다.
3. 군산새만금마라톤대회(4월): 넓은 방조제 경관을 달리는 이색 코스와 지역 특산 이벤트가 결합된

참여형 마라톤입니다.
4. 경주국제마라톤대회(10월): 문화유산 도시 경주에서 열리며, 관광과 마라톤이 결합된 전통 있는 국제대회입니다.
5. 전국마라톤선수권 겸 춘천 조선일보마라톤대회(10월): 3내 마라톤 중 하나로, 엘리트 선수와 시민이 함께 달리는 권위 있는 대회입니다.
6. JTBC 서울마라톤대회(11월): 젊은 러너 중심으로 빠르게 부상한 하반기 대표 도심 마라톤입니다.

마라톤 라벨 시스템이란?

세계육상연맹(World Athletics)은 전 세계 마라톤 및 도로 레이스의 수준을 평가하여 '라벨(Label)'이라는 공식 인증을 부여합니다. 이 라벨은 단순히 기록만이 아닌, 대회의 운영 체계, 안전성, 도핑 관리, 국제 방송 중계, 의료 시스템, 환경 보호 기준 등 다양한 요소를 종합적으로 평가하여 결정됩니다. 라벨을 받은 대회는 세계육상계에서 공신력을 인정받으며, 신뢰할 수 있는 국제적 기준을 갖춘 마라톤임을 보장합니다.

2023년부터 세계육상연맹은 라벨 체계를 4가지 등급으로 정비했습니다.

- 플래티넘 라벨(Platinum Label): 가장 높은 등급. 세계 최고 수준의 운영, 엘리트 선수 유치, 국제 방송 중계 등을 필수 조건으로 합니다.
- 골드 라벨(Gold Label): 높은 수준의 경기력, 운영, 기록, 도핑 시스템을 갖춘 대회입니다.
- 엘리트 라벨(Elite Label): 국제적 기준을 일정 수준 이상 충족하는 대회입니다.

  (* 라벨 레이스(Label Race): 기존 실버·브론즈 라벨을 통합한 형태로, 일정 기준을 만족하는 국내외 도로 레이스에 부여됩니다)

우리나라에서는 서울국제마라톤(동아마라톤)이 2025년 현재까지 국내 유일의 플래티넘 라벨을 유지하고 있으며, 이는 세계적으로도 손꼽히는 최상위 인증 대회입니다. 1931년 시작된 오랜 역사와 안정된 운영을 바탕으로 2020년부터 플래티넘 라벨을 연속 유지하고 있습니다. 대구국제마라톤은 최근 몇 년간 골드 라벨 대회로 인증받았고, 경주국제마라톤, 군산새만금마라톤, JTBC 서울마라톤 등은 현재 라벨 레이스(Label Race) 등급에 해당하는 주요 국내 대회로 운영 중입니다.

한편, 러너들에게 더욱 익숙한 '세계 7대 마라톤'은 세계육상연맹의 라벨과는 별개로, WMM 협의체가 독자적으로 운영하는 시리즈입니다. 도쿄, 보스턴, 런던, 베를린, 시카고, 뉴욕, 그리고 2025년부터 편입된 시드니 마라톤으로 구성됩니다. 이 대회들은 모두 플래티넘 라벨을 보유하고 있지만, 단순한 등급을 넘어 역사, 브랜드 가치, 세계 러닝 문화에 대한 영향력 등을 종합적으로 고려해 '세계 메이저 마라톤'으로 인정받고 있습니다.

결국 마라톤 라벨은 대회의 품질과 신뢰도를 객관적으로 보여 주는 지표입니다. 라벨이 높을수록 대회 수준은 더 정교하고 까다로우며, 참가하는 러너 입장에서도 도전의 가치와 의미가 큽니다. 어떤 대회에 도전할지를 판단할 때 라벨은 중요한 기준이 될 수 있으며, 이를 완주한 경험은 러너에게 깊은 자부심과 성취감을 안겨줄 것입니다.

부록　러닝 커뮤니티 정보

'혼자 달리면 멀리 못 가지만, 함께 달리면 먼 거리도 갈 수 있습니다.' 러닝은 흔히 혼자 하는 운동이라고 생각하기 쉽지만, 사실 러닝을 오래 지속하고 더 큰 성취감을 얻기 위해서는 함께 달리는 것이 큰 도움이 됩니다. 러닝 훈련도 마찬가지고요. 러닝 크루, 러닝 커뮤니티, 그리고 소셜 네트워크는 단순히 함께 운동하고 정보를 공유하는 공간을 넘어섭니다. 서로의 목표를 응원하고 동기를 부여받으며, 러닝을 더욱 즐겁고 의미 있게 만들어 주는 훌륭한 방법이죠.

혼자 러닝을 시작하면 일정 기간이 지난 후 동기 부여가 떨어지거나 단조롭게 느껴질 수 있습니다. 특히 초보 러너들은 달리기의 즐거움을 충분히 느끼기도 전에 포기하는 경우가 정말 많습니다. 이때 러닝 커뮤니티는 강력한 동기 부여가 되어 줍니다. 러닝을 함께하는 사람들과 교류하면 꾸준히 러닝할 수 있는 동기를 얻고, 다양한 훈련법을 배우며, 러닝을 지속하는 즐거움을 찾을 수 있습니다.

러닝 커뮤니티의 장점

러닝 커뮤니티에 참여하면 단순한 운동이 '경험의 공유'가 됩니다. 러닝은 혼자 하는 순간보다 누군가와 함께할 때 훨씬 더 강한 의미를 갖게 되죠.

- 꾸준한 동기 부여: 러닝 크루나 동호회에서 함께 훈련하면 목표를 공유하며 지속적으로 동기를 얻을 수 있습니다. 특히 힘들거나 지루한 러닝일수록 함께하는 사람이 있으면 포기하지 않게 됩니다.
- 정보 공유: 신발 추천, 훈련 방법, 대회 정보 등 경험자들의 생생한 팁을 직접 들을 수 있어 시행착오를 줄이고 다양한 정보를 빠르게 얻을 수 있습니다.
- 러닝 이벤트 및 대회 참여: 많은 러닝 커뮤니티에서 자체적으로 이벤트를 기획하거나 마라톤 대회를 함께 준비하는 경우가 많습니다. 대회에 함께 참가하는 과정 자체가 러닝을 즐기는 좋은 계기가 될 수 있

습니다.

러닝 커뮤니티를 찾는 방법

러닝 커뮤니티를 찾는 방법은 크게 어렵지 않습니다. 최근에는 오프라인뿐만 아니라 온라인에서도 러너들이 활발하게 소통하며 정보를 나누고 있습니다.

- SNS 기반 러닝 크루: 인스타그램, 페이스북, 스트라바 같은 플랫폼에서 지역 러닝 크루를 검색해 보면 어렵지 않게 내 주변의 크루를 찾을 수 있습니다. 예를 들어, '서울 러닝 크루' 또는 '부산 러닝팀' 같은 키워드로 검색하면 쉽게 찾을 수 있습니다.
- 러닝 앱 커뮤니티 활용: 스트라바, NRC, 가민 커넥트 같은 앱에서는 러너들이 자신의 기록을 공유하고 함께 훈련할 수도 있습니다.
- 오프라인 러닝 동호회 가입: 지역 체육센터, 러닝 아카데미, 러닝 스토어, 마라톤 대회에서 운영하는 러닝 클럽에 가입하는 것도 좋은 방법입니다. 이런 곳에서는 체계적인 트레이닝을 받을 수도 있습니다.
- 러닝 이벤트 참가: 브랜드에서 주최하는 러닝 행사(예: 나이키 런, 아디다스 러닝 이벤트)에 참여하면 자연스럽게 러닝 크루와 네트워크를 형성할 수 있습니다.

러닝 소셜 네트워크 활용하기

러닝 커뮤니티와 소셜 네트워크를 함께 활용하면 더욱 효율적으로 러닝을 즐길 수 있습니다. 러닝 관련 SNS 플랫폼을 활용하면 자신의 러닝 기록을 체계적으로 관리하고, 다른 러너들과 소통하며 영감을 얻고, 지속적으로 러닝할 수 있는 동기를 부여받을 수 있습니다.

- 스트라바: 전 세계 러너들이 자신의 러닝 기록을 공유하는 가장 규모가 큰 플랫폼입니다. 러닝 코스를 추천받고, 자신의 기록을 비교하며 훈련을 최적화할 수 있습니다.
- 나이키런 클럽: 개인 맞춤형 훈련 프로그램을 제공하며, 가상 러닝 이벤트에도 참가할 수 있습니다.
- 러닝 유튜브&블로그: 러닝 관련 유튜브 채널이나 블로그를 구독하면 러닝 팁, 대회 준비 방법, 영양 관리 등 다양한 정보를 얻을 수 있습니다. 단, 잘못된 정보도 많으니 신뢰가 가는 채널을 구독하는 것이 중요합니다.

엔듀로레이스 소개

엔듀로레이스는 열다섯 살에 육상선수로 처음 만나 팀을 이룬 3명의 러너가 지금까지 함께 달려오며, 러닝에 대한 깊은 이해와 오랜 경험을 바탕으로 활동해 온 전문 러닝 팀입니다.
단순히 기술을 지도하는 것을 넘어, 러너들이 자신의 목표를 달성하고 한계를 뛰어넘도록 돕는 전인적 러닝 코칭을 지향합니다. 신체적·심리적 훈련을 아우르는 프로그램과 아카데미를 통해 러너의 성장 여정을 함께하고 있습니다.

러닝 교육과 전문성
엔듀로레이스는 러닝을 체계적으로 배우고자 하는 러너들을 위해 과학적인 원리와 실질적인 훈련 방법을 바탕으로 한 교육 프로그램을 제공합니다. 초보 러너는 기초를 다질 수 있고 고급 러너는 기록 단축을 위한 전략적인 훈련이 가능합니다.

함께 성공하는 러닝 커뮤니티
달리기는 혼자 하는 운동처럼 보이지만, 같은 목표를 가진 러너들과 함께할 때 더 큰 동기와 에너지가 생깁니다. 엔듀로레이스는 러너들이 소통하고, 영감을 주고받으며, 함께 성장해 나가는 커뮤니티 문화를 소중하게 생각합니다.

지속 가능한 러닝
러닝에서 가장 중요한 것은 바로 '꾸준함'입니다. 부상 없이 오랫동안 건강하게 달릴 수 있도록 올바른 자세와 훈련법, 회복과 컨디션 관리까지 함께 다루며 러너들의 지속 가능한 달리기를 지원합니다.

러너들의 든든한 동반자
엔듀로레이스는 단순한 정보 제공을 넘어, 러닝을 처음 시작할 때의 불안과 망설임, 중간에 찾아오는 슬럼프, 목표를 향한 긴 여정 속에서 러너들과 함께 뛰는 동반자가 되고자 합니다. 이 책은 그런 저희의 진심과 고민, 그리고 러닝에 대한 애정을 담아낸 결과물입니다.
러닝의 기본 원리부터 훈련법, 부상 예방과 회복, 영양, 심리적 전략까지, 더 나은 나를 만나고 싶은 모든 러너들에게 이 책이 단단한 기반이자 따뜻한 응원이 되기를 바랍니다.

여러분의 러닝을 진심으로 응원합니다.

엔듀로레이스 드림

참고문헌

첫째 마당 효율적인 러닝을 위한 자세와 기술

- Young, W. B. (2006). Transfer of strength and power training to sports performance. *International Journal of Sports Physiology and Performance*, 1(2), 74–83
- Haugen, T. A., McGhie, D., & Ettema, G. (2019). Sprint running: from fundamental mechanics to practice—a review. *European Journal of Applied Physiology*, 119(6), 1273–1287.
- Lieberman, D. E., Venkadesan, M., Werbel, W. A., Daoud, A. I., D'Andrea, S., Davis, I. S., Mang'Eni, R. O., & Pitsiladis, Y. (2010). Foot strike patterns and collision forces in habitually barefoot versus shod runners. *Nature*, 463(7280), 531–535.
- Gruber, A. H., Silvernail, J. F., Brueggemann, G. P., Rohr, E., & Hamill, J. (2013). Footfall patterns during barefoot running on harder and softer surfaces. *Medicine & Science in Sports & Exercise*, 45(5), 944–951.
- Hasegawa, H., Yamauchi, T., & Kraemer, W. J. (2007). Foot strike patterns of runners at the 15-km point during an elite-level half marathon. *Journal of Strength and Conditioning Research*, 21(3), 888–893.
- Bramble, D. M., & Lieberman, D. E. (2004). Endurance running and the evolution of Homo. *Nature*, 432(7015), 345–352.
- Hreljac, A. (2004). Impact and overuse injuries in runners. *Medicine&Science in Sports&Exercise*, 36(5), 845–849.
- Heiderscheit, B. C., Chumanov, E. S., Michalski, M. P., Wille, C. M., & Ryan, M. B. (2011). Effects of step rate manipulation on joint mechanics during running. *Medicine&Science in Sports&Exercise*, 43(2), 296–302.
- Crowell, H. P., & Davis, I. S. (2011). Gait retraining to reduce lower extremity loading in runners. *Clinical Biomechanics*, 26(1), 78–83.
- Lenhart, R. L., Thelen, D. G., Wille, C. M., Chumanov, E. S., & Heiderscheit, B. C. (2014). Increasing running step rate reduces patellofemoral joint forces. *Medicine&Science in Sports&Exercise*, 46(3), 557–564.

둘째 마당 안정적인 페이스를 만드는 호흡과 리듬

- Nummela, A., Keränen, T., & Mikkelsson, L. O. (2007). Factors related to top running speed and economy. *International Journal of Sports Medicine*, 28(8), 655–661.
- Moore, I. S. (2016). Is there an economical running technique? A review of modifiable biomechanical factors affecting running economy. *Sports Medicine*, 46(6), 793–807.

넷째 마당 러닝 퍼포먼스 향상을 위해 알아야 할 3대 지표

- Davis, J. A., Frank, M. H., Whipp, B. J., & Wasserman, K. (1979). Anaerobic threshold alterations caused by endurance training in middle-aged men. *Journal of Applied Physiology*, 46(6), 1039–1046.
- Beaver, W. L., Wasserman, K., & Whipp, B. J. (1986). A new method for detecting anaerobic threshold by gas exchange. *Journal of Applied Physiology*, 60(6), 2020–2027.
- Binder, R. K., Wonisch, M., Corra, U., Cohen-Solal, A., Vanhees, L., Saner, H., & Schmid, J. P. (2008). Methodological approach to the first and second lactate threshold in incremental cardiopulmonary exercise testing. *European Journal*

of Cardiovascular Prevention & Rehabilitation, 15(6), 726–734

- Hill, A. V., & Lupton, H. (1923). Muscular exercise, lactic acid, and the supply and utilization of oxygen. *Quarterly Journal of Medicine*, 16(62), 135–171.
- Meyerhof, O. (1920). The interrelation of lactic acid and sugar in muscular work. *Biochemische Zeitschrift*, 100, 334–369.
- Brooks, G. A. (1985). Lactate: Glycolytic end product and oxidative substrate. *Medicine & Science in Sports & Exercise*, 18(6), 360–368
- Brooks, G. A. (2000). Intra- and extra-cellular lactate shuttles. *Medicine&Science in Sports&Exercise*, 32(4), 790–799
- Gladden, L. B. (2004). Lactate metabolism: A new paradigm for the third millennium. *Journal of Physiology*, 558(1), 5–30
- van Hall, G. (2010). Lactate as a fuel for mitochondrial respiration. *Acta Physiologica*, 199(4), 499–508.
- Robergs, R. A., Ghiasvand, F., & Parker, D. (2004). Biochemistry of exercise-induced metabolic acidosis. *American Journal of Physiology-Regulatory, Integrative and Comparative Physiology*, 287(3), R502–R516.
- Hashimoto, T., & Brooks, G. A. (2008). Mitochondrial lactate oxidation complex and an adaptive role for lactate production. *Medicine&Science in Sports&Exercise*, 40(3), 486–494.
- Brooks, G. A. (2018). The science and translation of lactate shuttle theory. *Cell Metabolism*, 27(4), 757–785.
- Burns, G(2019). Analysis of cadence variability among elite ultramarathon runners. *Journal of Applied Physiology*
- Anderson, L. M., Bonanno, D. R., & Martin, J. F. (2022). Effects of altering running step rate on injury, performance, and biomechanics: A systematic review and meta-analysis. *Sports Medicine–Open*.
- Cavanagh, P. R., & Williams, K. R. (1982). The effect of stride length variation on oxygen uptake during distance running. *Medicine&Science in Sports&Exercise*, 14(1), 30–35.
- Sun, X., Ma, R., Liu, R., Wang, L., Liu, Q., & Zhang, S. (2024). Effects of curved carbon fiber plates on forefoot biomechanics and comfort in running. *Scientific Reports*.
- Hoogkamer, W., Kipp, S., Frank, J. H., Farina, E. M., Luo, G., & Kram, R. (2018). A comparison of the energetic cost of running in marathon racing shoes. *Sports Medicine*.
- Roy, J. P. R., & Stefanyshyn, D. J. (2006). Shoe midsole longitudinal bending stiffness and running economy, joint energy, and EMG. *Medicine&Science in Sports&Exercise*, 38(3), 562–569.
- Schwellnus, M. P. (2009). Cause of exercise associated muscle cramps (EAMC)—Altered neuromuscular control, dehydration or electrolyte depletion? *British Journal of Sports Medicine*, 43(6), 401–408.
- Bergeron, M. F. (2008). Muscle cramps during exercise—is it fatigue or electrolyte deficit? *Current Sports Medicine Reports*, 7(4), S50–S55.
- Wilson, J. M., Marin, P. J., Rhea, M. R., Wilson, S. M. C., Loenneke, J. P., & Anderson, J. C. (2012). Concurrent training: A meta-analysis examining interference of aerobic and resistance exercises. *Journal of Strength and Conditioning Research*, 26(8), 2293–2307.
- Lundberg, T. R., Fernandez-Gonzalo, R., & Tesch, P. A. (2014). Exercise-induced AMPK activation does not interfere with muscle hypertrophy in response to resistance training in men. *Journal of Applied Physiology*, 116(6), 611–620
- Fyfe, J. J., Bishop, D. J., & Stepto, N. K. (2014). Interference between concurrent resistance and endurance exercise: Molecular bases and the role of individual training variables. *Sports Medicine*, 44(6), 743–762.
- Alentorn-Geli, E., Samuelsson, K., Musahl, V., Green, C. L., Bhandari, M., Karlsson, J., & Cugat, R. (2017). The association of recreational and competitive running with hip and knee osteoarthritis: A systematic review and meta-

- analysis. *Journal of Orthopaedic&Sports Physical Therapy*, 47(6), 373–390.
- Timmins, K. A., Leech, R. D., Batt, M. E., Edwards, K. L., & Peirce, N. (2017). Running and knee osteoarthritis: A systematic review and meta-analysis. *American Journal of Sports Medicine*, 45(6), 1447–1457.
- Lloyd, R. S., & Oliver, J. L. (2012). The youth physical development model: A new approach to long-term athletic development. *Strength & Conditioning Journal*, 34(3), 61–72.
- Malina, R. M., Bouchard, C., & Bar-Or, O. (2004). Growth, maturation, and physical activity(2nd ed.). Human Kinetics.
- Pollard, C. D., Ter Har, J. A., Hannigan, J. J., & Norcross, M. F. (2018). Influence of maximal running shoes on biomechanics before and after a 5K run. *Orthopaedic Journal of Sports Medicine*, 6(6), 2325967118775720
- Fuller, J. T., Bellenger, C. R., Thewlis, D., & Tsiros, M. D. (2021). The effect of footwear on running performance and running economy in distance runners: A systematic review. *Sports Medicine*, 51(11), 2427–2444
- Willy, R. W., & Davis, I. S. (2014). Kinematic and kinetic comparison of running in standard and minimalist shoes. *Medicine&Science in Sports&Exercise*, 46(2), 318–323.
- Denham, J., O'Brien, B. J., & Charchar, F. J. (2016). Telomere length maintenance and cardio-metabolic disease prevention through exercise training. *Sports Medicine*, 46(9), 1213–1237.
- Baggish, A. L., & Wood, M. J. (2011). Athlete's heart and cardiovascular care of the athlete: Scientific and clinical update. *Circulation*, 123(23), 2723–2735.
- Mason, B. R., Page, K. A., & Fallon, K. (1999). An analysis of movement and discomfort of the female breast during exercise and the effects of breast support in three cases. *Journal of Science and Medicine in Sport*, 2(2), 134–144.
- Scurr, J., White, J., Hedger, W., & Brown, N. (2010). The influence of the sports bra on the kinematics of the breast during the running gait cycle. *Journal of Sports Sciences*, 28(11), 1193–1199.
- Seiler, S., & Tønnessen, E. (2009). Intervals, thresholds, and long slow distance: The role of intensity and duration in endurance training. *Sports Science Exchange*, 22(2), 1–6.
- Stöggl, T. L., & Sperlich, B. (2015). The training intensity distribution among well-trained and elite endurance athletes. *Frontiers in Physiology*, 6, 295.
- Bishop, D., Girard, O., & Mendez-Villanueva, A. (2011). Repeated-sprint ability—Part II: Recommendations for training. *Sports Medicine*, 41(9), 741–756.
- Wasserman, K., Whipp, B. J., Koyal, S. N., & Beaver, W. L. (1973). Anaerobic threshold and respiratory gas exchange during exercise. *Journal of Applied Physiology*, 35(2), 236–243.
- Poole, D. C., Rossiter, H. B., & Brooks, G. A. (2020). The anaerobic threshold: 50+ years of controversy. *The Journal of Physiology*, 599(3), 737–767.
- Shaw, A. J., Ingham, S. A., Atkinson, G., & Folland, J. P. (2015). The correlation between running economy and maximal oxygen uptake: Cross-sectional and longitudinal relationships in highly trained distance runners. *PLoS ONE*, 10(4), e0123101.
- Jones, A. M. (2006). The physiology of the world record holder for the women's marathon. *International Journal of Sports Science & Coaching*, 1(2), 101–116.
- Barnes, K. R., & Kilding, A. E. (2015). Running economy: Measurement, norms, and determining factors. *Sports Medicine*, 45(1), 47–56.

다섯째 마당 러닝 훈련의 종류

- Karvonen, M. J., Kentala, E., & Mustala, O. (1957). The effects of training on heart rate: A longitudinal study. *Annales*

Medicinae Experimentalis et Biologiae Fenniae, 35(3), 307–315.
- Astrand, P. O., & Rodahl, K. (1977). *Textbook of Work Physiology: Physiological Bases of Exercise* (2nd ed.). New York: McGraw-Hill.
- Swain, D. P., & Franklin, B. A. (2006). Comparison of cardioprotective benefits of vigorous versus moderate intensity aerobic exercise. *American Journal of Cardiology*, 97(1), 141–147. https://doi.org/10.1016/j.amjcard.2005.07.130
- Achten, J., & Jeukendrup, A. E. (2003). Heart rate monitoring: Applications and limitations. *Sports Medicine*, 33(7), 517–538.
- Levine, B. D., & Stray-Gundersen, J. (1997). "Living high-training low": Effect of moderate-altitude acclimatization with low-altitude training on performance. *Journal of Applied Physiology*, 83(1), 102–112.
- Saunders, P. U., Telford, R. D., Pyne, D. B., Cunningham, R. B., Gore, C. J., & Hahn, A. G. (2004). Improved running economy in elite runners after 20 days of simulated moderate-altitude exposure. *Journal of Applied Physiology*, 96(3), 931–937.
- Millet, G. P., Roels, B., Schmitt, L., Woorons, X., & Richalet, J. P. (2010). Combining hypoxic methods for peak performance. *Sports Medicine*, 40(1), 1–25.
- Brocherie, F., Girard, O., Faiss, R., & Millet, G. P. (2017). Effects of repeated-sprint training in hypoxia on sea-level performance: A meta-analysis. *Sports Medicine*, 47(8), 1651–1660.
- McLean, B. D., Gore, C. J., & Kemp, J. (2014). Application of 'live low-train high' for enhancing normoxic exercise performance in team sport athletes. *Sports Medicine*, 44(9), 1275–1287.
- Hamlin, M. J., Lizamore, C. A., & Hopkins, W. G. (2018). The effect of natural or simulated altitude training on high-intensity intermittent running performance in team-sport athletes: A meta-analysis. *Sports Medicine*, 48(2), 431–446.

일곱째 마당 러닝 보강 운동
- Chua, L.-K., Jimenez-Diaz, J., Puray, M., Park, B. K., & Wulf, G. (2021). Superiority of external attentional focus for motor performance and learning: Systematic reviews and meta-analyses. *Psychological Bulletin*, 147(6), 618–645.
- Wulf, G., McNevin, N., & Shea, C. H. (2001). The automaticity of complex motor skill learning as a function of attentional focus. *Quarterly Journal of Experimental Psychology* A, 54(4), 1143–1154.
- Wulf, G. (2013). Attentional focus and motor learning: A review of 15 years. *International Review of Sport and Exercise Psychology*, 6(1), 77–104.

여덟째 마당 부상 예방과 컨디셔닝
- Francis, P., Whatman, C., Sheerin, K., Hume, P., & Johnson, M. I. (2019). The proportion of lower limb running injuries by gender, anatomical location and specific pathology: A systematic review. *Journal of Sports Science and Medicine*, 18(1), 21–31.

아홉째 마당 영양과 식단
- Burke, L. M., Hawley, J. A., Wong, S. H. S., & Jeukendrup, A. E. (2017). Postexercise muscle glycogen resynthesis in humans. *Journal of Applied Physiology*, 122(5), 1055–1067.
- Witard, O. C., Hearris, M., & Morgan, P. T. (2025). Protein nutrition for endurance athletes: A metabolic focus on promoting recovery and training adaptation. *Sports Medicine*, 55(6), 1361–1376.

러닝&마라톤 무작정 따라하기

초판 1쇄 발행 · 2025년 8월 8일
초판 2쇄 발행 · 2025년 8월 22일

지은이 · 김병현, 문보성, 배성훈(엔듀로레이스)
발행인 · 이종원
발행처 · ㈜도서출판 길벗
출판사 등록일 · 1990년 12월 24일
주소 · 서울시 마포구 월드컵로 10길 56(서교동)
대표전화 · 02)332-0931 | 팩스 · 02)323-0586
홈페이지 · www.gilbut.co.kr | 이메일 · gilbut@gilbut.co.kr

기획 및 편집 · 송은경(eun3850@gilbut.co.kr), 유예진, 오수영 | **제작** · 이준호, 손일순, 이진혁
마케팅 · 정경원, 정지연, 이지원, 이지현 | **유통혁신팀** · 한준희
영업관리 · 김명자 | **독자지원** · 윤정아

디자인 · 김희림 | **일러스트** · 정민영, 임희 | **사진** · 장총명 | **영상** · 조영훈
CTP 출력 및 인쇄 · 정민 | **제본** · 정민

- 이 책은 저작권법의 보호를 받는 저작물로 이 책에 실린 모든 내용, 디자인, 이미지, 편집 구성은 허락 없이 복제하거나 다른 매체에 옮겨 실을 수 없습니다.
- 인공지능(AI) 기술 또는 시스템을 훈련하기 위해 이 책의 전체 내용은 물론 일부 문장도 사용하는 것을 금지합니다.
- 잘못 만든 책은 구입한 서점에서 바꿔 드립니다.

© 김병현, 문보성, 배성훈(엔듀로레이스), 2025

ISBN 979-11-407-1489-6 13690
(길벗 도서번호 090275)

정가 27,500원

독자의 1초까지 아껴주는 정성 길벗출판사

㈜도서출판 길벗 | IT단행본, 성인어학, 교과서, 수험서, 경제경영, 교양, 자녀교육, 취미실용 www.gilbut.co.kr
길벗스쿨 | 국어학습, 수학학습, 주니어어학, 어린이단행본, 학습단행본 www.gilbutschool.co.kr

인스타그램 · thequest_book | 페이스북 · thequestzigi | 네이버포스트 · thequestbook